广州市"图书馆之城"建设案例汇编

方家忠 主编

中山大学出版社
SUN YAT-SEN UNIVERSITY PRESS

·广州·

版权所有　翻印必究

图书在版编目（CIP）数据

广州市"图书馆之城"建设案例汇编/方家忠主编.—广州：中山大学出版社，2021.4

（广州市"图书馆之城"丛书）

ISBN 978-7-306-07070-8

Ⅰ.①广…　Ⅱ.①方…　Ⅲ.①公共图书馆—图书馆事业—案例　Ⅳ.①G259.276.51

中国版本图书馆 CIP 数据核字（2020）第 227845 号

出 版 人：	王天琪
策划编辑：	王延红　吕肖剑
责任编辑：	王延红
封面设计：	曾　婷
责任校对：	周昌华
责任技编：	何雅涛
出版发行：	中山大学出版社
电　　话：	编辑部 020-84111946，84113349，84111997，84110779，84110776
	发行部 020-84111998，84111981，84111160
地　　址：	广州市新港西路 135 号
邮　　编：	510275　　　　　传　真：020-84036565
网　　址：	http://www.zsup.com.cn　E-mail:zdcbs@mail.sysu.edu.cn
印 刷 者：	广州一龙印刷有限公司
规　　格：	787mm×1092mm　1/16　21.5 印张　300 千字
版次印次：	2021 年 4 月第 1 版　2021 年 4 月第 1 次印刷
定　　价：	68.00 元

如发现本书因印装质量影响阅读，请与出版社发行部联系调换

广州市"图书馆之城"丛书编委会

主　　编：方家忠
副 主 编：黄广宇　刘平清　李慧敏　罗小红　陈深贵
执行主编：陈深贵
编　　委：刘双喜　肖红凌　张江顺　陆庆强　陈　荧
　　　　　招建平　林志成　袁兴薇　唐　琼　黄臻雄
　　　　　潘拥军　付跃安　冯　莉　巫朝滨　李少鹏
　　　　　肖秉杰　张　伟　张希慧　陈丽纳　陈　欣
　　　　　陈思妍　陈思航　陈智颖　林　静　罗逸生
　　　　　黄小娟　黄新慧　蔡晓绚　颜运梅　魏文晖
　　　　　卢致尤　沈艺红　曾　茜
常务编辑：邵　雪

《广州市"图书馆之城"建设案例汇编》编委会

主　　编：方家忠

副 主 编：陈深贵　罗小红

编　　委：刘双喜　陈丽纳　龙思宇　邱　骋　沈翠婷
　　　　　蒋啸南　张希慧　张春华　龚晓华

前　言

2015年5月1日,《广州市公共图书馆条例》(下称《条例》)正式颁布实施,标志着广州市公共图书馆事业的建设实现法治化,广州市"图书馆之城"建设亦迈入快车道。"十三五"期间,广州市及各区政府对"图书馆之城"建设高度重视,稳步推进《条例》落实,加大资源投入保障力度。目前,全市公共图书馆服务体系建设基本健全,服务保障水平大幅提升;公共图书馆的服务与阅读推广工作也在不断追求创新、取得突破,形成多个业界知名品牌,在提升市民文化素养、丰富市民精神文化生活方面发挥积极作用。

"十三五"时期,广州市公共图书馆在服务体系建设层面取得令人瞩目的成绩,受到业界学界高度评价,文化和旅游部公共服务专家委员会首席专家李国新在2019年广东公共文化研讨会上提出:"广州市'图书馆之城'建设,是中国目前最好的图书馆服务网络体系之一,也是全世界一流的城市图书馆服务网络之一"。广州市各区因地制宜、积极探索各具特色的总分馆体系发展路径。例如,黄埔区坚持"一馆一策"打造特色阅读空间,采用"政府资源补给+企业自主运营+社会力量参与"的模式建设企业分馆;从化区采取"北优(先)南拓(展)"的路径,通过打造"帝田典型""莲麻样板"带动全区分馆建设;越秀区建设多种形态的专业分馆、特色分馆、社区分馆、自助图书馆、移动智慧图书馆等,为广大市民建设"家门口的图书馆"。截至2019年年底,广州市实现通借通还的公共图书馆、服务点、自助图书馆共有433个。在建设主体方面,整体上呈现出政府主导、社会积极参与的局面,政府通过财政小投入撬动社会力量大投入,截至2019年年底,广州市各级公共图书馆与社会力量合建的、实现通借通还且对所有公众开放的分馆达75个，社会力量参与成为"图书馆之城"建设的一大亮点，并取得良好的社会效应。服务效益方面，广州市公共图书馆在接待读者访问量、注册读者数量、文献外借量、举办读者活动数量等效益指标连续数年保持较大幅度增长，服务效益位居全国城市公共图书馆前列。

当前，国内外公共图书馆阅读推广发展迅速，已成为图书馆服务的主要类型之一。近年来，广州市公共图书馆的阅读推广服务也涌现出很多好的经验和做法。如曾入选2018年国际图联营销大奖十个最富于启发性项目的广州图书馆"广州新年诗会"项目，打破一般诗歌朗诵的单一表现形式，从诗歌创作、节目编排、场景设置等各方面围绕诗会主题设计，使读者置身于立体的艺术享受之中；"一个故事 一国文化——广州少年儿童图书馆各国领事讲故事"项目以"一带一路"倡议为切入点，通过邀请各国驻穗总领事馆官员担任"儿童阅读的点灯人"，以真人图书馆的形式，让广州的小读者了解各国文化风情，拓展阅读视野，促进面向少儿群体的多元文化交流；让科普阅读动起来——海珠区图书馆"STEM科普系列活动"将科学、技术、工程、数学四个学科的知识整合起来，向青少年普及推广科学知识和读物，培养青少年的科学思维，提高青少年的科学素养，等等，不一而足。

为梳理总结"十三五"时期广州市公共图书馆建设与服务所取得的成效、经验，广州图书馆策划编辑了这部《广州市"图书馆之城"建设案例汇编》，本书共收录广州市公共图书馆建设案例35个，分为上下两编。其中，上编收录服务体系建设与创新案例20个，下编收录优秀阅读推广案例15个，全方位呈现广州市各级公共图书馆在体系建设、服务创新、阅读推广等工作中的现状、典型做法和优秀经验。书中案例以图文并茂的形式，从案例背景、案例实践以及案例的成效与反思等三个层面展开介绍。其中，案例背景部分，阐述案例实施前的情况、存在问题等；案例实践部分，阐述案例的运作机制、具体实践过程与要点等；案例成效与反思部分，分析案例设计与实践过程中的成功与不足之处，梳理总结出可复制或有参考借鉴意义的经验。期待本书能够给业界学界同仁带来思考和启发。

本书从策划、选题、组稿到最终定稿，离不开广州市各公共图书馆和广州市图书馆学会阅读推广委员会同仁的参与和支持，在此向他们表示由衷的敬意和感谢。另外，由于水平有限、时间较紧，本书错漏在所难免，敬请各位专家与读者指正。

目录 CONTENTS

上编　广州市公共图书馆服务体系建设及服务创新　　1

◇ 服务体系建设　　2

履行中心馆职责，推动全市服务体系建设　　3

广州少年儿童图书馆馆外服务体系情况概览
（2015—2019）　　13

政府主导　社会参与　体系创新
——黄埔区图书馆总分馆建设案例　　25

夯实区域总馆地位，精准发力北部山区
——从化区图书馆区域总分馆建设案例　　36

共建共享　多元创新　普惠于民
——打造越秀区公共图书馆多元总分馆制
"越秀模式"　　48

发挥政府主体作用，以法规为抓手
——白云区公共图书馆总分馆服务体系建设实践　　61

因地制宜打造特色分馆，满足群众多元文化需求
——海珠区图书馆总分馆服务体系建设案例　　70

拓展创新基层服务，打造图书馆之城
——增城区图书馆推进"图书馆之城"建设案例　　81

均等服务，多元合作
——天河区公共图书馆总分馆体系建设案例　　92

番禺区总分馆服务体系建设实践与思考
　　——设施成网、资源共享、服务联动　　104
花都区图书馆服务体系发展中的少儿服务实践　　111
老城区街道分馆建设的困境与对策
　　——以荔湾区图书馆西村街分馆为例　　120

◇ 服务创新　　127

以创新思维激发社会治理活力
　　——"爱心电脑俱乐部"老年人信息技能培训
　　　服务案例　　128
浅谈图书馆的政府购买服务
　　——以南沙区图书馆为例　　139
花都区公共图书馆文化志愿服务案例　　143
走访村落，搜集零次文献　　153
南沙图书馆与人工智能的深度融合实践　　163
智能管理总分馆　智慧书香惠万民
　　——越秀区总分馆智慧服务云平台建设案例　　169
天河区图书馆基于"天河云学习中心"的数字
　　阅读服务实践　　179
黄埔区启动对社会力量分馆一次性日常运营防疫补助　　186

下编　广州市公共图书馆优秀阅读推广　　189

◇ 大众阅读推广　　190

公共图书馆地方文献阅读推广的"广图样本"
　　——以"阅读广州　悦读分享"系列活动为例　　191
诗意空间　美学体验
　　——广州新年诗会阅读推广案例分析　　201
联结社会力量的平台
　　——"广州公益阅读"案例　　212

令古典音乐飞入千家万户

　　——"音乐零距离"阅读推广案例　　222

广州人文生活的引领者

　　——广州图书馆羊城学堂讲座案例　　232

创新思维打开创造之门

　　——黄埔区图书馆品阅黄埔·思维部落工作坊　　242

◇ 少儿阅读推广　　253

"一个故事　一国文化——各国领事讲故事"项目案例　　254

创定制服务　享快乐阅读

　　——广州少年儿童图书馆"图书馆探秘"定制
　　服务案例　　265

打造未成年人 PDA 高效能模式

　　——广州少年儿童图书馆未成年人"你拣书，
　　我埋单，即借走"实践案例　　271

阅读风帆，婴幼起航

　　——广州少年儿童图书馆婴幼儿早期阅读
　　推广案例　　279

在玩中读，与科学和图书做朋友

　　——越秀区图书馆"创客好望角"系列
　　活动案例　　289

让科普阅读动起来

　　——海珠区图书馆 STEM 科普系列活动案例　　298

◇ 特殊人群阅读推广　　305

"爱"悦读

　　——广州图书馆特殊儿童阅读推广案例　　306

阅读助残　精准服务

　　——白云区图书馆"云语者"捐声活动　　315

精彩暑假与来穗"小候鸟"共享

　　——海珠区图书馆"悦读夏令营"活动案例　　324

上　编

广州市公共图书馆服务体系建设及服务创新

服务体系建设

履行中心馆职责，推动全市服务体系建设[①]

自 2015 年 5 月 1 日《广州市公共图书馆条例》（下称《条例》）施行以来，广州市委市政府扎实推进"图书馆之城"建设出新出彩，着力打造社会主义文化强国的城市范例。广州市公共图书馆事业在政策制度、设施设备、管理体制和服务效能等方面均取得显著进展，各项服务指标持续快速增长，总体服务绩效位居全国前列。文化和旅游部国家文化和旅游公共服务专家委员会首席专家李国新在 2019 广东公共文化研讨会上对此给予高度评价，认为广州市"图书馆之城"建设是目前中国最好的图书馆服务网络体系之一，也是全世界一流的城市图书馆服务网络之一。

1 高标准全面履行中心馆职责

广州图书馆（如图 1 所示）作为全市服务体系的中心馆，充分发挥专业引领作用，积极推进"图书馆之城"和公共图书馆服务标准化、均等化建设。《条例》第十二条、第二十五条分别明确了中心馆的法定地位和法定职

图 1 广州图书馆内景

[①] 本文系 2019 年广东省图书馆科研课题"改革开放以来广州市公共图书馆服务体系发展研究"（课题编号：GDTK1904）研究成果。

责。为推动《条例》实施,广州图书馆于2015年向广州市委机构编制委员会办公室申请增加内设机构中心图书馆办公室,并向市财政局申请设立中心图书馆运行专项工作经费,组建专门团队负责中心馆工作,全面履行法定职责。

1.1 指导和协调全市公共图书馆业务

广州图书馆建立并运行全市公共图书馆协调机制。成立区域总分馆体系建设协调小组,实现专人对接,提供精准的业务指导和支持。定期召开馆长联席会议(如图2所示),协调推进广州读书月、街镇图书馆新建或专业化改造等总分馆体系建设重点、难点工作。配合市人大完成《条例》执法检查与立法后评估;配合广州市文化广电旅游局(下称"市文广旅局")完成首次广州市公共图书馆第三方评估。

1.2 制定和组织实施全市公共图书馆统一的业务标准和服务规范

广州图书馆先后协助市文广旅局制定《广州市"图书馆之城"建设规划(2015—2020年)》等4项《条例》配套制度,以及《广州市公共图书馆统一标识》等5项其他相关制度,公共图书馆事业发展顶层设计基本完成,法规政策体系基本完善。先后组织制定并实施《广州市公共图书馆馆长联席会议章程》等6项全市统一业务标准,以及4项技术标准。全市公共图书馆全面实现免押金注册、一卡通服务,实行统一借阅规则,有力促进服务保障水平、服务效能和读者满意度的提升。编印《广州市公共图书馆服务体系建设制度汇编》,内容涵盖政策法规、规范性文件以及业务规范,为各级公共图书馆建设和发展提供参考。至此,逐步形成符合广州实际、顺应行业发展趋势的图书馆法规政策体系,为广州市公共图书馆事业

图2 广州市公共图书馆馆长联席会

的高速度、高质量发展提供强有力的制度保障。

1.3 统筹全市公共图书馆通借通还服务网络、信息化管理系统和数字图书馆建设

一是完善通借通还服务网络。2012年，广州市、区两级公共图书馆实现通借通还。之后不断增加可通借通还的文献类型、提升通借通还外借册数。截至2019年年底，全市实现通借通还的公共图书馆（分馆）、服务点、自助图书馆共计433个，市级和区级图书馆之间的物流配送实现常态化。2019年，全市通借通还外借文献量合计达到365.63万册次，约是2015年《条例》实施时的6.4倍。2020年4月23日起，广州市公共图书馆服务体系内注册读者证可外借文献量上限由20册（件）提升至30册（件）。

二是健全信息化管理系统。密切结合业务发展需求，做好信息化系统的运维和功能研发，信息化管理和信息公开水平显著提升。探索应用大数据技术，在10个区图书馆安装客流统计系统，并利用微信平台实时展示全市公共图书馆注册读者量和外借文献量等主要服务效能指标。同时，推进全市公共图书馆服务数据综合展示平台"图书馆之城"数据墙的建设与测试等。

三是建设广州数字图书馆，宣传推广数字化服务。广州图书馆作为中心馆，负责广州数字图书馆的建设和维护。2016年，广州数字图书馆服务全新上线后，广州图书馆将本馆24个通用数字信息资源库开放给全市公共图书馆用户使用；2017年，进一步拓展注册服务通道，为异地务工者开通数字图书馆服务专用通道；2018年，整合广州少年儿童图书馆数字资源库，市级图书馆35个数字资源库面向全市共享，进一步完善广州数字图书馆共享平台；2019年，实现"广州数字图书馆"门户在从化、荔湾、花都三个区馆共享应用，并开发了"广州公共图书馆局域网共享数字资源"网页，聚合商业、自建、开放获取等80个数据库供读者使用。2019年，广州数字图书馆网站访问量超1.47亿次，数字信息资源下载、浏览量合计达9831.63万篇（册）次，同比增长均超20%。

1.4 组织全市公共图书馆工作人员专业化培训

广州图书馆依托广州市图书馆学会，自2016年开始逐步建立制度化的培训机制，提供多层次、专业化的系列培训，有效提升全市公共图书馆工作人员的专业素养。一方面，举办两届全市公共图书馆新入职人员培训班，举办中层管理人员和业务骨干培训班；另一方面，开展常规化培训，2016年至

2019年，共举办培训98场，累计提供575学时的继续教育课程。上述专业化培训有效推动全市人才队伍建设，专业化水平不断提升。此外，协助市文广旅局举办两届"广州市公共图书馆高级人才研修班"，正在牵头开发工作人员入职培训教材。

1.5 开展图书馆领域的国内外交流与合作

2015年，参与举办高水平的中国图书馆年会，对宣传、促进事业发展起到积极的推动作用。近年来，在人力资源保障等体系建设重点领域与中山大学等合作开展系统性研究，为制度建设提供支撑；在业界牵头或深度参与开展年度报告编制、行业标准《公共图书馆总分馆业务规范》编制、图书馆统计等主题研究和交流，并发挥引领作用；邀请德、法等国公共图书馆馆长等业界专家分享体系建设经验，国内外交流与合作的广度、深度不断延伸。例如，2019年，广州图书馆与中国图书馆学会公共图书馆分会等合作举办"提升效能、创新发展与图书馆统计"国际学术研讨会（如图3所示），达成《图书馆统计工作共识》。同年，广州图书馆在市文广旅局指导下，联合广东省立中山图书馆等12家公共图书馆和文献机构共同发起成立"粤港澳大湾区公共图书馆联盟"，并担任首任轮值主持单位。

图3 "提升效能、创新发展与图书馆统计"国际学术研讨会

1.6 建立业务统计分析与信息公开制度

中心馆落实业务统计分析与信息公开制度，连续五年编印《广州市"图书馆之城"建设年度报告》，并连续三年以图书形式出版，主动、及时、公开的信息有力维护了公众的知情权和监督权。在中心馆的示范下，黄埔区、增城区、白云区等区域总馆已基于统计数据编印出区域总分馆服务体系年度报告。年报及时、专业地记录了《条例》实施进展，有利于及时把握"图书馆之城"建设进展与现存问题，为领导决策提供支持，已成为推动"图书馆之城"建设的重要工具。同时，年报也起到加强社会宣传、争取社会各界支持等作用，体现出广州市公共图书馆行业管理水平走在全国前列。其中，《广州市"图书馆之城"建设2017年度报告》被称为"中国图书馆界最早正式出版的年度报告之一"。2019年，编印两期《广州市"图书馆之城"建设季度报告》。

1.7 与佛山市图书馆合作推进广佛同城化建设

2019年4月，广州图书馆与佛山市图书馆合作启动通借通还项目和"广佛同城共读"活动，实现两馆读者证互认、文献资源互通，下一步将推进广州区级图书馆与佛山市图书馆实现公共图书馆广佛通。2019年8月，"广佛同城共读一本书"推荐书目在"南国书香节"发布。此外，广州图书馆与佛山市图书馆推进共建南海天河城"智能文化家＋"项目。积极探索创新模式，在广佛线4个沿线分馆设置数字图书馆服务终端。2020年3月，广州图书馆、佛山市图书馆启动第二届"广佛同城共读"阅读活动。

1.8 引导、支持、规范社会力量参与分馆建设

广州图书馆持续推进完善政府与社会力量互利合作共建机制，取得显著的建设与服务成效。2019年3月，协助市文广旅局出台部门文件《广州市公共图书馆与社会力量合建分馆工作指引》，在分馆建设、管理与服务各环节严格把关，切实提升业务管理与读者服务质量。截至2019年年底，全市共有75个实现通借通还且面向所有公众开放的与社会力量合建的分馆。2019年，社会力量向分馆投入资金超8000万元、人员139人、场地近6万平方米，全市社会力量分馆年接待读者近300万人次，外借文献超过78万册次，与社会力量合建分馆已成为广州市公共图书馆服务体系的重要组成部分。

2 指导和支持区域总分馆体系建设

一是指导支持区域总馆履行法定职责。截至2019年年底，各区馆初步实现区域总馆职能：全市11个区域总分馆体系全部实现纸质文献信息资源的统采统编、统一物流配送、通借通还、标准化服务；11个区域总馆均已设置总分馆体系建设职能部门或有承担相应职责的部门，并配备专职或者兼职

人员从事体系建设；除荔湾、从化、海珠外，其他各区域总馆均有专项经费支持总分馆服务体系运行；南沙、越秀、增城、白云、从化等5个区实现区域总馆向分馆直接派驻工作人员等。

二是支持区域总馆做大做强。支持从化、增城、越秀、海珠区域总馆建设，并为南沙、番禺、白云、花都等区新馆建设提供专业意见。截至2019年底，支持各区馆、分馆等共61个，支援图书超110万册（件），书架类设施496件，借阅设备类85件。

三是支持各区镇街分馆实现专业化改造。截至2019年7月底，共支持7个区16个镇街分馆完成专业化改造，支援图书24.3万册（件）。

四是重点支持北部山区从化吕田镇、花都梯面镇等6个镇街分馆完成专业化设计、设施设备改造等，并支援图书9万册（件）。

五是将南沙万顷沙分馆、金花街分馆、天河石牌街分馆、猎德街分馆等示范性服务体系直属分馆专业化改造提升后移交区图书馆。

3 引领全市服务效能实现跨越式增长

3.1 推动制定全市服务效能量化指标

服务效能是公共图书馆服务保障水平的重要体现，也是公共图书馆服务体系建设成果和运行效果的客观显现。在《关于全面推进我市公共图书馆总分馆制建设的实施意见》（下称《实施意见》）制定过程中，中心馆从专业角度出发，大力推动设置注册读者率、人均外借纸质信息资源量、人均访问图书馆次数、参加图书馆活动人次、数字信息资源利用量五项服务效能量化指标，并明确规定其中四项按照市区两级"2∶3"的比例分配。客观上督促各区加大总分馆体系的建设力度，为全市服务效能的持续提升提供强有力的制度保障。

3.2 全市服务效能显著提升，体系化服务效应初步显现

全市公共图书馆服务效能持续提升，服务结构持续优化。2019年，全市公共图书馆读者到馆人数合计为2940.84万人次，人均读者到馆人次合计为1.92次，提前一年实现《实施意见》要求的2020年全市公共图书馆"人均访问图书馆次数达到1.8次"的目标；外借文献量合计为3263.50万册次，首次突破3000万册次，人均外借文献量合计为2.13册次，首次突破2册次；

注册读者量合计为357.69万人，注册读者率为23.37%；举办读者活动17921场，参加读者活动人次合计为692.70万人次，每万人参加读者活动人数为4526人次；数字资源下载、浏览量为11656.59万篇（册）次，人均利用数字资源7.62篇（册）次。2019年全市公共图书馆读者进馆人次、外借册次、注册读者量、举办读者活动场次、参加读者活动人次，与2015年相比分别增长128.24%、137.69%、91.66%、420.96%、292.40%。

以中心馆为示范，引领并提高服务效能。作为城市文化地标，广州图书馆自2014年起连续6年主要服务效能指标位居全国公共图书馆第一位，跻身世界公共图书馆前列。2019年，广州图书馆全年接待公众访问798.4万人次，日均进馆2.5万（峰值约5.2万）人次，创造了公共图书馆单馆单日接待访问量新纪录。此外，中心馆统筹开展5届"广州读书月"，联动全市公共图书馆举办丰富多彩的阅读活动；积极引导区域总馆将服务资源下沉到基层图书馆，进一步提升服务效能，推进读者服务专业化。

各区公共图书馆服务效能不断提升，增长幅度均超过市级图书馆。同时，随着广州市公共图书馆服务体系不断完善，分馆服务效益大幅增长，其占全市公共图书馆总量的比重亦较2018年有较大提高。2019年，全市分馆读者到馆人次、外借文献量、新增注册读者量、举办读者活动场次、参加读者活动人次分别为927.70万人次、410.76万册次、8.34万人、7011场、93.91万人次，同比分别增长98.74%、119.87%、50.65%、59.96%、157.67%，分别占全市的31.55%、12.59%、15.26%、39.12%、13.56%。

4 积极探索示范性服务体系建设

自2016年起，广州图书馆着力打造示范性服务体系，为各区区域总分馆体系建设提供专业化的案例参考。2019年，广州图书馆向示范性服务体系直属分馆配备13名业务馆长；与广州城市职业学院合建广东省首家公共图书馆高校自助图书馆。目前，广州图书馆示范性服务体系包括24个直属分馆（服务点）、16个流动图书馆服务点、9个自助图书馆。示范性服务体系服务效能持续提升，2019年外借文献合计135.67万册次，同比增长34.90%，共有约1.2万人次参加读书会、阅读推广等读者活动252场。以文献外借量为例，示范性服务体系分馆馆均外借文献4.48万册次，是全市分馆平均值（1.67万册次）的2.68倍。与此同时，分馆定期开展阅读推广活动，服务内容日益完善。

在持续总结实践经验的基础上，中心馆逐步推进分馆建设、管理与服务的标准化、专业化：明确分馆选址应在人口密集、交通便利、配套设施完善的地点，服务人口需在5万人以上，且服务对象有较强的文化信息需求；分馆藏书量不少于3万册（件），并定期更新馆藏文献；服务效能实现较大提升，明确规定各项服务效能量化目标；与合作方签订具有法律约束效用的合作协议，明确最短合作期限不少于5年；

图4　广州图书馆品秀星图分馆

配备业务馆长1名，主要承担服务及业务管理职责，每年提供专业化培训不少于5天；定期开展阅读推广活动，每年不少于24场。

在持续推进服务创新上，2018年5月30日，"送书上门"服务试运行，2018年底，配套设立馆藏资源25万余册的"网借分馆"。在2019年"广州读书月"期间，推出为期一个月的"免费送书上门"服务活动。同时，开启"优惠读者证"功能，在为视障读者提供免费送书上门服务的基础上，全面推出面向其他类型持有残疾证人士的免费送书上门服务，充分体现公共图书馆人文关怀，积极保障特殊群体的文献信息需求，进一步提升服务均等化水平。新冠肺炎疫情期间，广州图书馆通过优化网络借阅平台、馆藏资源，以及微信推送、4·23"悦读地铁·码上阅世界"数字阅读地铁专列、为隔离人员送书上门等方式强化宣传力度，积极发挥网上借阅优势，为读者提供便捷的送书上门服务，取得一定的效果。2020年3月至5月，读者借书订单7666个、外借图书45998册，同比分别增长32.48%、32.67%。

图5　广州图书馆万科城分馆

5 反思与展望

回顾"图书馆之城"建设实践，仍有几点问题尚待解决：部分区域保障投入不足，各区发展不平衡；图书馆人才队伍建设整体滞后；基层图书馆建设管理与服务仍需持续提质增效。今后，广州图书馆将围绕业务统筹和专业引领，推进全市服务体系的工作重心由建设转向服务，实现高效能、优结构、专业化。

5.1 多措并举，协助推进《条例》贯彻落实

积极发挥中心馆作用，协助市文广旅局推进《条例》落地见效，推动全市公共图书馆事业朝高质量发展。加强《中华人民共和国公共图书馆法》《中华人民共和国公共文化服务保障法》以及《条例》等法律法规的普法宣传，增加公众对《条例》的知晓度；邀请业界知名专家开展对《条例》立法实施效果的评估，全面、系统梳理"图书馆之城"建设成绩与问题，把脉未来发展；持续完善《条例》配套制度和广州市公共图书馆业务规范、标准。

5.2 优化服务结构，提升体系服务效能

广州图书馆要发挥中心馆引领作用，在全市公共图书馆体系优化、服务精细化、活动品牌化上下功夫；各区域总馆要以区域总分馆体系服务效能提升为抓手，加大人力资源和文献信息资源保障投入，创新服务内容，拓展服务功能，聚焦少年儿童等重点群体，将阅读推广活动资源下沉到基层分馆，着力大幅提升区域总分馆服务体系整体效能，并持续优化服务结构，争取达到《实施意见》规定标准；镇街级分馆应进一步提高管理和服务水平，切实解决基层分馆服务效能低下问题。

5.3 加强业务指导、协调与支持

有效发挥中心馆示范引领作用，指导各区馆更好履行区域总馆职责，指导和支持各区区级新馆和分馆专业化改造、达标建设；强化业务协调，推进阅读推广活动、数字图书馆服务、文献信息资源建设、信息技术等协调工作；继续支持北部山区、经济基础较弱区服务体系建设；落实规范的从业人员培训制度，加强人员培训力度，提升人员专业化水平，夯实事业发展的人

才基础。

5.4 强化事业发展的技术支撑

加快推进广州图书馆与广州少年儿童图书馆两大业务集群系统整合，积极构建"图书馆之城"统一服务格局，尽早形成全市统一业务管理与服务系统；优化全市公共图书馆服务体系运行机制，便利读者使用公共图书馆服务，进一步加快"图书馆之城"建设进程；及时推进全市公共图书馆服务数据综合展示平台"图书馆之城"数据墙的建设和测试等工作，实现服务体系建设情况、服务效能等数据信息的实时统计、展示。

5.5 配合市文广旅局做好业务工作

配合推进广州科技图书馆建设工作，协助完成"图书馆之城"建设"十四五"规划的编制工作，推动完善图书馆基础设施网络，优化图书馆总分馆体系建设，提升图书馆服务效能，促进"图书馆之城"高质量的建设与发展。

参考文献：

［1］方家忠. 关于图书馆年报工作的回顾与思考［J］. 图书馆建设，2018（12）：13－16.

作者信息：

陈深贵，广州图书馆副馆长、副研究馆员；
张诗阳，广州图书馆馆员；
陈丽纳，广州图书馆中心图书馆办公室副主任、副研究馆员；
周　远，广州图书馆助理馆员。
电子邮箱：gttuiguang@gzlib.org.cn。
通信地址：广州市天河区珠江东路4号广州图书馆。

广州少年儿童图书馆馆外服务体系情况概览
(2015—2019)

1 背景情况

广州少年儿童图书馆于1996年6月1日创建于广州市越秀区沿江西路149号永安堂，从此羊城少儿有了自己专有的阅读天地。1996年12月起，广州少年儿童图书馆相继在天河区新蕾学校等单位建立图书流通点。1998年5月28日，广州少年儿童图书馆在花都区建立首个联合分馆。2007年10月16日启动广州第一座"广州少年儿童汽车图书馆"。2013年起，广州少年儿童图书馆与广州市第二中学（萝岗校区）、广州外国语学校（南沙）、从化区第四中学等12间学校合作建设校园智慧图书馆。

经过多年的探索和实践，广州少年儿童图书馆在广州市文广旅局的指导和支持下，通过联合分馆、图书流通点、汽车图书馆服务点和校园智慧图书馆等服务形式，逐步建立起较完善的馆外服务网络。2015年广州少年儿童图

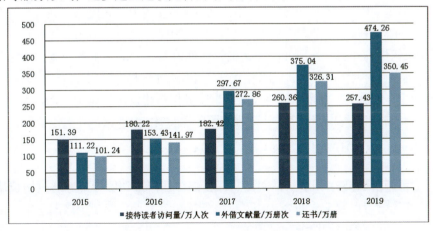

图1　2015—2019年广州少年儿童图书馆馆外服务体系发展情况

书馆迁址中山四路新馆，新馆开放后，在《广州市公共图书馆条例》及本馆"十三五规划"的指引下，通过精细化的服务、专业性的阅读推广，在新平台上实现了服务效益跨越式的发展，馆外服务体系建设同步长足发展（如图1所示），2015—2019年，经过5年的努力，年外借图书从111万增长到474万册次，此外，年新增读者数量从近3万增长到5万，馆外活动参与人数从120人次增长到64.5万人次。

2 案例概述

2015年5月，《广州市公共图书馆条例》（简称《条例》）施行。同年12月，《广州市"图书馆之城"建设规划（2015—2020）》（下称《规划》）实施。《条例》第四十九条规定，"少年儿童图书馆应当推进与中小学校图书馆的合作，通过流动站、流动车等方式向中小学生提供服务"。《规划》第9点指出，"实施馆际合作与共建共享服务项目。建立图书馆联盟，推进与省级公共图书馆、学校图书馆、科学与专业图书馆以及其他类型图书馆开展馆际互借、文献传递、联合参考咨询等资源共建共享服务"。

为做好《条例》和《规划》实施工作，广州少年儿童图书馆于2016年在辅导部专设馆外服务组，成员由参与起草《条例》和《规划》的同志和一批有馆外服务经验的同事组成，共同推进此项工作。

2.1 建章立制，规范馆外服务体系建设和服务发展

按照《中华人民共和国公共文化服务保障法》《中华人民共和国公共图书馆法》的相关规定，结合《条例》《规划》，2017年修订了分馆、流通点、汽车图书馆建设办法、管理办法和文献管理规则等9个馆外服务制度；新增分馆、流通点、汽车图书馆、校园智慧图书馆考核办法和应急预案等馆外服务规章15个；编制《广州市未成年人图书馆服务体系建设工作指南（2018版）》，为全市未成年人图书馆服务体系建设和服务发展提供制度依据和工作指引。

2.2 分工协作，结合不同模式的发展情况精耕细作

经过竞岗，5名同事从借阅部、综合部等部门来到辅导部，通过岗位培训、交流学习以及工作磨合，分别承担分馆和流通点、校园智慧图书馆、汽车图书馆和馆外书库服务和管理等工作，大家各司其职、精耕细作，形成了分工有序、协作无间的合作氛围，有效推进馆外服务工作蓬勃发展。

2.3 搭建平台,加强全市未成年人图书馆从业人员培训

一是成立专业委员会,指导全市未成年人图书馆服务工作。2016年,广州市图书馆学会未成年人服务专业委员会成立,挂靠广州少年儿童图书馆,为全市少儿图书馆和中小学图书馆工作提供业务指导(如图2所示)。

二是开展全市未成年人图书馆从业人员继续教育。2017—2019年,广州少年儿童图书馆组织面向全市未成年人图书馆从业人员的专业化培训(如图2所示),共开展"公共图书馆法解读""广州市未成年人图书馆服务发展趋势""通借通还服务实践与对策""图书馆阅读推广活动开展""图书馆日常管理入门"等专题培训42场,惠及专业技术人员逾4415人次,取得了良好的培训效果。

图2 全市未成年人图书馆从业人员专题培训——故事衣制作

三是开展区域图书馆巡回培训。为进一步推广先进服务经验、扩大培训受惠面,2018年,广州少年儿童图书馆各区图书馆组织开展"手绘地图创作方法""图画书故事讲述技巧"等巡回培训7次,为更多的基层未成年服务人员提供培训,提高其专业素养。

2.4 对口帮扶,缩小文化差距和知识鸿沟

一是对口帮扶清远市、梅州市。按照市对口帮扶的工作部署,根据清远市、连州市的具体需求,通过设立广州少年儿童图书馆分馆或电子阅览室的形式,提供纸质文献或电子资源,并通过专家咨询、现场指导、来穗学习交流、开展读书活动或文化展览等,以"鱼和渔并授"的方式推进对口扶贫地区的文化发展和社会宣传。2018年,广州少年儿童图书馆文化扶贫乡村振兴

案例"深度定制 精准帮扶"荣获全国图书馆文化扶贫乡村振兴案例一等奖,帮扶清远图书馆(如图3所示)典型案例"从授人以鱼到授人以渔"荣获中国图书馆学会扶贫工作典型服务案例一等奖。

二是联合民主党派,帮扶其他贫困地区。

图3 广州少年儿童图书馆清远分馆、清远少儿分馆成立

与中国致公党广州市委员会合作,在广东清远连州、广西崇左和贵州毕节等贫困地区小学分别建设13间广州少年儿童图书馆致公电子阅览室,提供了包括中少快乐阅读、中华数字书苑、乐儿数字资源、健康运动大富翁、广州记忆等23个电子资源库、约25TB容量的少儿电子资源。

2.5 智能书车接力,奔跑的大书房插上高科技的翅膀

广州少年儿童图书馆第一代"汽车图书馆"于2008年启航,服务已逾十年。在总结"汽车图书馆"十周年服务经验的基础上,2019年3月30日上午,第二代智能汽车图书馆在中山四路广场进行开放展示,漂亮的外观、舒适的环境和智能设备、与阵地无差异的服务,吸引了众多读者前来,短短不到3个小时接待读者300多人次,外借图书1078册次。

图4 幼儿园小朋友体验第二代智能书车丰富的电子资源

3 创新点与经验

3.1 文教融合,更加贴合未成年人需求

按照《条例》,"少年儿童图书馆应当推进与中小学校图书馆的合作,通过流动站、流动车等方式向中小学生提供服务"的要求,广州少年儿童图书馆加大与市教育局、市教育装备中心以及学校的联系,通过建设学校服务点、校园智慧图书馆、图书流通点、汽车图书馆服务点(如图5所示)和共同开展阅读推广活动等方式,使我馆对少儿的服务更为深入、贴近需求。

图 5 孩子们排队到广州少年儿童汽车图书馆借书

一是送书到校,送服务到少儿身边。截至2019年年底,在中小学及幼儿园建设学校服务点15个、校园智慧图书馆25个、图书流通点13个、汽车图书馆服务点13个,仅2019年各学校服务点(指原为学校分馆的15个点,不含书车点和智慧图书馆点)接待读者约3.78万人次,外借图书约20.36万册次。

二是将丰富的数字资源共享到广州智慧阅读平台(如图6所示)。为解决少儿无法到馆借阅图书的问题,广州少年儿童图书馆联合广州市教育研究院,将约25TB的海量少儿数字资源共享到广州智慧阅读App上,为全市中小学生提供免费阅读。

图6 广州少年儿童图书馆丰富的少儿数字资源

三是馆校互动，信息素养培训助力"书香校园"校园建设。与建设大马路小学、东川路小学等学校共建青少年课外阅读基地。2019年2月，广州少年儿童图书馆用情景剧的形式，为东川路小学1500名师生献上别具一格的开学第一课"图书馆推介微课堂"。这个课堂不是干巴巴的说教，而是由可爱的小悦悦（广州少年儿童图书馆吉祥物）和4位带着动物头套、帅美萌趣的馆员哥哥姐姐们用表演的方式立体生动地展现，分别从最大借阅册数、通借通还、过期免罚款、微信公众号平台、个人阅读单、读者证丢失、多介质借书、阅读积分、图书转借、数字资源推广、"你拣书 我埋单 即借走"、应急安全宣教馆、图书馆探秘等角度进行情境对话，为同学们介绍图书馆丰富的服务内容。诙谐幽默的对话哄得同学们哈哈大笑，满满的图书馆服务干货在欢笑中已悄然深入脑海。这个生动活泼的图书馆知识微课堂（如图7所示），是丰富我馆活动在内容形式上的创新，受到学校师生的一致喜爱和欢迎。

配合教学需要，在学校开展多种形式的阅读推广活动。2019年馆校共同开展读书活动逾300场，惠及少儿逾2.66万人次。

图7 "图书馆推介微课堂"受到学校师生一致好评和喜爱

3.2 活动助推,提高服务效益和社会影响力

阅读活动与送书阅览配套进行,由广州少年儿童图书馆举办、承办的全市大型活动或创新性的阅读推广方法均同步延伸到馆外服务网络。根据分馆、校园智慧图书馆和汽车图书馆服务点等不同服务模式的特点和读者需求,并结合"我们的节日""广州读书月""科普月"等不同的节日,开展"书香筑童梦·阅读新启航""阅读启未来 悦读越精彩""书行千里·奔跑的大书房""羊城之夏"等系列活动,以活动带动人气,提升服务效益。

3.3 数字为媒,新形式阅读模式蓬勃发展

一是探索虚拟借书证模式。从2018年起,汽车图书馆相继走进祈福新邨、龙归城等多个超大社区,考虑到服务群体众多、实体借书证容易误取和节约借书卡耗材等多个因素,率先在祈福新邨服务点探索虚拟借书卡模式,即:读者凭身份证成功办理虚拟借书证后,借书时只需输入个人的身份证号或借书证号,又或者进行面部识别,并输入个人密码,即可享受无卡借书的便利。

二是合作开展声阅推广基地。2018年,携手广东肯德基、《广州日报》社启动"同声童阅"项目,在肯德基广州购书中心店打造首个以声音为特色的阅读推广基地"广州少年儿童图书馆·肯德基声阅推广基地"(如图8所示),同时,征集100个有声微故事和开启声阅剧场训练营,并联合市内多家肯德基开展"为小候鸟送童书"等系列活动,让广大小朋友们可以边体验声音阅读乐趣,边做公益。同年11月,将收集到的有声微故事送到从化区吕田镇的留守儿童学校,让同龄人的声音陪伴"小候鸟"们共同成长。基于白云区流动人口数量庞大,第二个"广州少年儿童图书馆·肯德基声阅推广基地"特别选址白云区万达广场肯德基店,2019年9月起对外开放,让更多

图8 "广州少年儿童图书馆·肯德基声阅推广基地"成立

的"小候鸟"体验用声音传递阅读的快乐（如图9、图10所示）。

图9 "小候鸟"们在听"广州少年儿童图书馆·肯德基声阅推广基地"送来的故事

图10 孩子们在"同声童阅"声阅墙前体验声音阅读的乐趣

三是数字服务扩大服务辐射面。基于数字资源的共享和传输便利，我馆不仅将本馆购买和自建的海量少儿数字资源分享给全市中小学校师生，而且走出广州，到广东清远、广西崇左和贵州毕节等贫困地区，让边远地区的孩子也能和广州的孩子们一起享受阅读的乐趣。

4 建设成效

4.1 联合区域总馆,服务效益连年提升

为了服务城乡、缩小文化鸿沟,相继在文化资源较为缺乏的花都、从化、增城、白云等区建设联合分馆、流通点,配置纸质文献信息资源,共享少儿数字资源,将馆内优质阅读推广活动延伸到分馆,2016—2019年,共为分馆配置图书近50万册,外借图书逾87.8万册次(如图11所示),极大地丰富了边远地区孩子们的阅读生活。尤其是2016年未成年人服务专业委员会成立后,广州少年儿童图书馆对各区图书馆的少儿服务指导作用进一步增强,通过专题讲座、业务交流与案例分享、现场教学等形式,持续为各图书馆未成年人服务人员开展培训,提高了分馆服务水平,服务效能增幅明显。

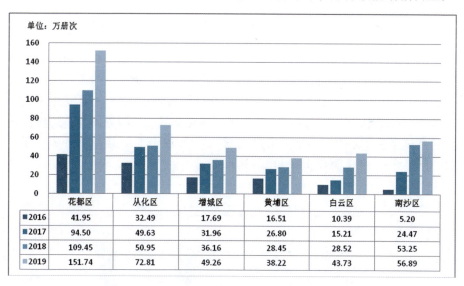

图11　2016—2019年广州市六区少儿文献外借量

4.2 紧密联系学校,以读书活动促阅读,活跃"书香校园"建设

按照《条例》中"少年儿童图书馆应当推进与中小学校图书馆的合作"的要求,我馆继续加强与中小学校的沟通联系,在学校建设服务点、流通点、校园智慧图书馆,将图书送到学校,送到少儿身边。2016—2019年,累计增加注册读者2.7万人次,借书近14.85万人次、88.5万册次(如图12所示)。

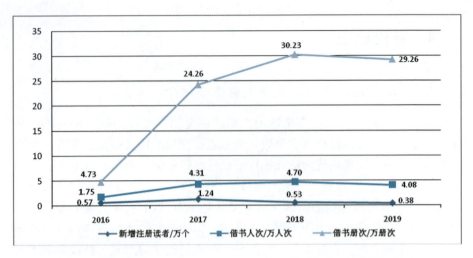

图12 2016—2019年学校服务点、流通点、校园智慧图书馆服务情况

4.3 奔跑的大书房,"书与远方"共赴美丽"约会"

广州少年儿童汽车图书馆作为广州第一座专门服务少年儿童的汽车图书馆,利用自身灵活机动的优势,每月定期驶进白云、黄埔、荔湾等地区,以"流动图书馆+图书、活动、展览"等多种模式,为边远地区留守儿童、外来务工人员子弟开展图书巡回服务,送书、送阅读、送服务到校、到村,是备受乡村孩子喜爱的"移动大书房"。2016—2019年,共接待读者9.5万人次,外借图书54.7万册次(如图13所示)。

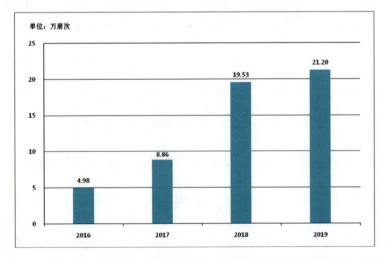

图13 2016—2019年广州少年儿童汽车图书馆服务情况

4.4 帮扶兄弟城市，促进地域间沟通交流和文化振兴

通过馆藏、技术的输送，有针对性地加强地域间文化资源的交流和人才培养，与广东清远和梅州、广西崇左、贵州毕节等地建立长效帮扶、合作共赢的关系。以清远为例，在广少图丰富文献信息资源的不断更新和补充、优秀服务经验的指导和带动下，2015年8月至2018年4月，不到三年，清远市图书馆、清远市少年儿童图书馆的服务水平得到了大幅度的提升，持证读者、外借册数、活动参加人次分别比2014年提升了312%、264%、534%；清远市图书馆打造了阅读推广活动品牌，实现了品牌活动从无到有、从小到大、从阵地到馆外的跨越式发展，2015—2017年，共举办读者活动624场，受众人数达51.9万余人次；清远市图书馆创新水平提升，荣获多个奖项，2015年获清远市"全民终身学习活动周优秀组织奖"，2016年获广东图书馆学会首届全省图书馆阅读推广案例大赛优胜奖、全国少年儿童绘本创作大赛优秀组织奖，实现了清远地区公共图书馆在国家级奖项零的突破。此外，2017年清远市有32件故事衣作品在全国少年儿童"图画书故事衣"创作大赛中获奖，清远市图书馆、英德市图书馆、连州市图书馆、连南县图书馆均获得优秀组织奖。在广州少年儿童图书馆的帮扶下，清远市图书馆在社会可视度、美誉度和影响力等多方面均有提升（如图14所示）。

图14　广州少年儿童图书馆帮扶后清远市图书馆服务量增长情况

5 结语及展望

广州少年儿童图书馆今后将继续按照《公共文化服务保障法》《图书馆法》和《条例》的要求，推进总分馆体系建设，加强与教育系统的沟通与合作，完善全市未成年人图书服务网络、优化服务流程、提升服务效能，及时启动"十四五"规划编制工作，科学谋划、扎实推进，推动服务创新与高质量发展。

作者贡献说明及简介：

策划人：吴翠红，广州少年儿童图书馆副馆长、研究馆员；
　　　　卜雪敏，广州少年儿童图书馆高级管理师、副研究馆员；
　　　　周小英，广州少年儿童图书馆辅导部主任、副研究馆员。
撰稿人：柯欢玲，广州少年儿童图书馆辅导部副研究馆员（联系电话：020-83671896）。
数据统计：李颖然、温志伟、邱卓荣、张希、吴小曼、林燕。

政府主导　社会参与　体系创新
——黄埔区图书馆总分馆建设案例

前　言

近几年，在省、市、区各级政府的大力支持和指导下，在黄埔区文化广电旅游局的直接领导下，黄埔区图书馆围绕建设现代高效公共文化服务体系为目标，在"政府主导、社会参与"的图书馆总分馆服务体系建设上进行了有效的实践探索，形成了全社会共同参与公共图书馆总分馆体系建设的生动局面，推动公共图书馆多元化服务的发展，打造可复制和推广的图书馆总分馆制"黄埔模式"，很好地拓展和改善了公共文化服务空间，助力提升区域营商环境，扩大了我区公共文化服务为经济发展助力的价值和能量，有效地解决人民日益增长的美好生活需要和不平衡不充分的发展之间的矛盾。

1　建设背景：潮平两岸阔　风正一帆悬

新黄埔区成立于 2015 年 9 月，全区面积 484 平方公里，辖下 16 街 1 镇，常住人口 115.12 万人。新黄埔区以城乡结合为主，既有新老城区居民生活聚集区，又有多个不同类型的经济功能园区。区划调整后，黄埔区图书馆是国家一级图书馆。由新建黄埔区图书馆香雪馆、黄埔区图书馆大沙馆、黄埔区图书馆西区馆三个独立馆舍组成，总面积达 3.27 万平方米。合并之初，全区从硬件设施到软件条件，黄埔区的文化基础发展不平衡相对明显，普遍存在资源分散、供需不足、运行效能低、可持续性不够等问题。为此，我们以总分馆制建设为抓手，构建现代公共图书馆服务体系，解决地区文化发展不平衡。认真落实《中华人民共和国公共文化服务保障法》《中华人民共和国公共图书馆法》相关法规，保障群众基本文化权益；把贯彻实施《广东省县（市、区）图书馆总分馆试点建设方案》《广州市公共图书馆条例》作为建设广州市"图书馆之城"的重要举措;把整合公共文化资源、共建共享共发展作为提升服务效能的助推器,更大地满足群众文化生活需求,真正达到共建共管共融共赢新格局。

2 建设历程:忽如一夜春风来 千树万树梨花开

2016年4月、5月,黄埔区图书馆先后成为广东省、广州市首批总分馆制建设试点单位。为更好地落实省、市图书馆总分馆制试点建设要求,黄埔区委、区政府高度重视,把图书馆总分馆服务体系建设列入当年政府工作改革要点。2017年、2018年连续两年列入"十大民生"实事。2017年4月,黄埔区图书馆通过广东省首批图书馆总分馆试点验收并转为示范地区进行推广,2018年3月通过广州市首批公共图书馆总分馆服务体系建设试点验收,2018年9月获得"广东省县级图书馆总分馆制试点建设示范地区"称号。

截至目前,黄埔区已建成各类型图书分馆33个和服务点12个,并全部实现通借通还。正在建设的分馆10个。建筑面积共计67568平方米,按目前常住人口115.12万人计算,每千人建筑面积达64.18平方米,实现了每3.49万人拥有一个图书馆。创造了"图书馆+"分馆,拓展、改善了公共阅读空间,助力优化区域营商环境,提升公共阅读服务水平,为区域经济发展赋能。

3 建设做法:一枝独秀不是春 百花齐放春满园

3.1 创新顶层设计,构筑总分馆制建设体系

根据黄埔区的基础现状,区文化广电旅游局高起点地规划总分馆体系,设计《黄埔区图书馆总分馆服务体系逻辑图》,从顶层完善区域总分馆制体系建设布局。建设总体思路是围绕着总分馆制体系总体目标,以总分馆试点建设工作为抓手,构建"总馆+分馆+服务点"三级图书馆(如图1所示)服务空间布局(如图2所示)。即以黄埔区图书馆香雪馆为区域总馆,以黄埔区图书馆大沙馆、西区馆为直属专题分馆,以街镇图书馆为基础分馆,以产业园区、企业、社区、学校、部队为特色分馆,以社区为服务点,构建服务均等化、标准化、便利化、多样化的高效能现代公共图书馆服务体系,积极打造"10分钟阅读服务圈"。

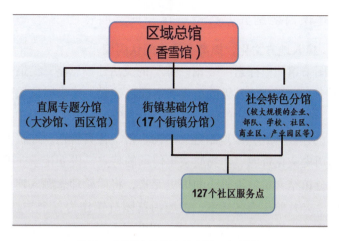

图1 黄埔区图书馆总分馆三级网络

图2 黄埔区图书馆总分馆体系网络分布

3.2 建设因地制宜，打造一馆一策空间特色

3.2.1 植入地方文化，提高阅读空间认同度

黄埔区图书馆积极探索"一馆一策"的灵活建设思路，街道分馆依托镇街文化站图书室进行环境升级改造或场室改造建设。建设时注重融入街镇本地文化特色，打造群众身边的阅读空间。街道分馆采取"政府主推，成熟一个建一个"的建设方式，因地制宜、不拘一格、各具特色。如长洲街分馆结合长洲岛内历史文化资源、非物质文化传承的特点，设立传承非遗阅读主阵地；黄埔街分馆结合黄埔港码头的历史元素，将船舱理念融入建设，用心旅舱、才艺舱、升凡舱等命名场室；黄埔街荔园分馆作为首个文教融合典范，集图书馆与街道、社区、学校于一体，以集装箱建筑形象，保留港口印记；大沙街分馆由星堂罗公祠改建而成，在保留祠堂传统建筑风格不变基础上，让"横沙古风，悠悠书香"得以传承；云埔街分馆升级改造后填补无少儿阅览区短板，为大量的外来工子女提供精神栖息地；穗东街分馆结合星光老人之家一并建设，成为体育公园书香恬静之所；萝岗街香雪绘本馆（如图3所示）结合香雪文化改造为绘本专题馆，深受附近居民喜爱；龙湖街分馆与广州少年儿童图书馆、黄埔区图书馆、龙湖街三方共建，成为黄埔区北部"乡村振兴"工程一大文化成果；此外，文冲街分馆、联和街分馆、金丽社区分馆等分馆均结合街道、社区的党群服务中心共建，为当地文化繁荣发展注入新活力。

图3　黄埔区图书馆萝岗街香雪绘本分馆

3.2.2 创新建设思路，提升社会力量参与度

企业文化是一个企业的灵魂，在企业园区或企业中植入图书馆，其必将

成为园区、企业最焕发活力和企业文化最重要的组成部分。在建设企业分馆时，黄埔区结合企业、园区实际需要，通过政企、政商合作的形式，创新了"政府资源补给＋企业自主运营＋社会力量参与"分馆建设模式，精心打造了社会力量企业分馆17个。每个企业分馆成为园区、企业最美的阅读空间，成为员工最想驻足停留的地方，甚至成为许多创业者工作、学习的第二空间。

在企业共建中，黄埔区图书馆针对企业不同群体，不同需求和特点，采取由政府提供图书资源及少量建设启动资金，指导企业配套投入场地和建设资金进行空间布局设计、施工建设、运营服务等分馆建设。从2016年至今，黄埔区财政累计投入413.96万元，用于社会图书馆分馆建设，撬动企业投入4683.2万元用于图书馆分馆建设和服务水平的提升（不含场地、水电及运营费用），并得到园区和企业在场地、人员运营等方面的保障，有效地激活了社会力量在资金、空间、资源等方面对公共文化的有效投入和利用，放大了公共文化资源的使用价值。这不仅有效地提高了社会力量参与基层公共阅读服务建设的积极性和参与度，而且较大程度上弥补了街镇分馆覆盖范围有限的不足。

在企业分馆建设过程中，黄埔区采用试点建设方式，根据企业园区不同需求实行因需建设、因需服务，由社会力量参与建成不同类型的分馆。如2016年示范点企业园区华新园分馆建成后，以其为载体，积极导入和整合政府投入、中介机构等各类资源，让每一个人都有理由走进图书馆。2020年再度携手，在另一个园区建设玉树华新园图书馆分馆，现已建成运营；中医药——白云山中医药业分馆（如图4所示）以医药文化为特色，推动我区医药文化的科普与传播，该分馆也成为全国职工书屋示范点；文化＋科技——励弘文化旗舰园分馆是我区首个集图书馆、文化＋科技展示和体验、咖啡吧于一体的多维融合、互动体验式的数字文化图书馆；众筹共享——缘创咖啡分馆（如图5所示）是广州首家7×24小时全天候提供对外开放服务的图书馆分馆，实行"政府补给＋自主运营＋社会众筹"，由11家企业和273位社会人士参与众筹合建而成，提供24小时的图书阅读、娱乐健身、咖啡简餐等创业、读书、娱乐的一站式服务；街道企业——云埔街联创空间分馆是首个街道与企业合作，将村居旧物业进行"微改造"，搭建集企业高管社群、商务交流和社区群众文化等功能于一体的众创空间分馆。此外，房地产——

万科山景城分馆是社区楼盘图书馆、社工服务——乐飞家园分馆、党建主题——创新基地分馆、军工企业——4801分馆（如图6所示）、民营企业——莱迪分馆、首个无纸化数字图书馆——纳金科技分馆（如图7所示）；等等。这些社会力量参与建设的分馆，也为文企融合注入了新的文化动力。

图4　黄埔区图书馆白云山中医药业分馆

图5　黄埔区图书馆缘创咖啡分馆

图6　黄埔区图书馆4801分馆

图7　黄埔区图书馆纳金科技分馆

4　管好用好：问渠那得清如许　为有源头活水来

4.1　创新管理机制体系，管理常态化

4.1.1　建立建设支持机制，强化政府保障

黄埔区政府每年设有总分馆建设专项经费，用于如街镇分馆建设设计、场室环境升级，购买阅览设施，通借通还设备、网络、业务管理平台及文献资源、活动资源配送等建设支持。

4.1.2　建立服务管理机制，确保高效运行

黄埔区图书馆建立了区域三级服务统一管理长效机制，包括总分馆建设

标准、服务规范、运营管理及退出机制；充分发挥其在总分馆服务体系中联络协调、整合资源、规范服务、共同协作等作用，有效地形成图书馆总分馆统筹服务、互联互通、高效便捷的管理运行机制。实现了管理八个统一，即统一图书采编、统一服务规范、统一业务培训、统一资源配送、统一业务平台、统一标志标识、统一设施标准、统一街道分馆人员管理。

4.1.3 协作管理运行机制，发挥多元优势

一是创新总馆、分馆、服务点的协作运行模式，从独立运转的孤岛状态转变为共享协同状态，由总馆统筹把不同类型分馆资源有效地协调、整合，更大程度上满足不同读者获取更多信息资源的需求；二是创新了"政府资源补给—企业自主运营—社会广泛参与"的公共文化运营模式，使公共文化服务从体制内向体制外延伸发展。分馆既能得到区政府相关资源的补给，又能得到所在企业或社会的支持补充，其提供的资源服务更大程度上弥补政府和公共图书馆的不足，大大推动了公共文化向各类产业融入。

4.2 筑牢终端服务体系，获取便利化

终端是什么？在广州市"图书馆之城"建设中，对区级图书馆来说，终端是街道（企业）、社区分馆和服务点，也是图书馆服务的"最后一公里"。图书馆总分馆要获得可持续发展，关键要激活图书馆总分馆服务体系的终端，这是建设图书馆总分制服务体系中的重点。不能停在建完分馆、服务点或送上几千册书上，要切实发挥分馆和服务点的效能和群众对分馆的黏连度，真正让它用起来、活起来！总馆要统筹、整合、利用、盘活各种可利用资源，为终端提供便利性、常规性、高效性的阅读服务。其最终目的是更好地满足人民群众的精神文化需求。

为此，黄埔区图书馆建立了一个"1112"的终端服务体系，即一个数字资源服务平台、一个总分馆管理平台、一次到总馆上岗培训、两种资源配送。一个数字资源服务平台，是指建立了黄埔区文化系统跨部门资源数据统一平台，依托广州图书馆强大的力量实现几十个数据库的一站式登录馆外访问，同时将微信公众号、App阅读平台整合起来，实现数字资源和移动阅读端统一。一个总分馆管理平台，是我们建设的重点工作之一，它是集总分馆服务数据展示、设施设备管理、业务数据统计等于一体的业务运营平台，真正实现总分馆业务管理智能化。一次到总馆上岗培训，是指每一个分馆建成投入使用前，要求其工作人员到总馆进行一周岗前培训，这对提升分馆人员管理和服务的水平和能力非常有效。此外，黄埔区还强化分馆（服务点）日

常业务指导、技能培训的力度，总分馆协调部、信息技术部的人员经常到分馆进行具体业务指导和辅导。近年，总馆对分馆人员集中培训达54次，培训人员达2343人次，到基层业务辅导达到462次，整体有效提升分馆工作人员的业务服务水平。两种资源配送，一种是指文献资源配送，另一种是阅读活动资源配送。要把分馆（服务点）用好，这两种资源缺一不可。从2017年年底起，黄埔区图书馆加大对分馆资源配送的力度，尤其社会力量分馆（服务点）的日常活动配送工作，对分馆配送文献资源达184.7万册次，阅读推广活动763场。服务覆盖全区17个街镇、40个点，有效打通了公共阅读服务的"最后一公里"。为黄埔区企业员工、群众提供更优质的公共文化活动，让企业员工和群众更好地享受政府提供的公共文化服务，让群众在文化体验中获得满足感和幸福感。

4.3 完善阅读服务体系，供给多元化

为加快黄埔区构建全民阅读推广服务体系，为人民群众提供更好的阅读条件。黄埔区图书馆以多元化的阅读活动为载体，带动群众走进图书馆、了解图书馆、利用图书馆资源。并承担全区阅读推广活动策划、组织、实施的总统筹，进一步整合区域内外资源，尤其是社会优质资源，通过多种方式与时俱进地推出公众影响力大、群众满意、服务内容丰富的阅读品牌活动。

4.3.1 运用线上服务供给共享数字资源

利用图书馆网站、阅读App、微信公众号等构成电脑终端、移动终端"一线三式"的线上数字阅读服务，从"+互联网"到"互联网+"，让读者驶入"云时代"阅读体验快车道。尤其是2020年受新冠肺炎疫情影响，在公共场所关闭、广大读者足不出户的情况下，利用线上平台为读者提供阅读服务便显得尤为重要。黄埔区图书馆提供数字阅读不打烊、战"疫"不孤"读"、阅读陪您宅家抗"疫"、共克时艰、阅读战"疫"等系列线上贴心阅读服务，深受广大读者的好评。

4.3.2 运用线下推广共享阅读活动资源

一是黄埔区图书馆结合区域自身特点和读者阅读需求、充分挖掘资源，分类别、分层面、分专题推进阅读活动品牌化、多元化、系列化，并与分馆开展联动阅读、联动展览，如举办黄埔阅读季、黄埔区读书月、黄埔图书馆之旅、黄埔科普季、黄埔移动书院等系列阅读活动。通过开展形式多样和内容丰富的阅读活动，增强全社会参与阅读活动积极性。二是着力打造与时俱进、别具风格、公众影响力大、服务内容丰富的阅读品牌活动——黄埔有故

事。邀请具有社会影响力的专家、学者、艺术家、企业家走进图书馆，以现场"我说，你们听"的方式，深入挖掘黄埔特色、风土人情、人文历史，讲述关于黄埔的点点滴滴的故事，展示黄埔独特的文化底蕴、弘扬黄埔文化。2018年，黄埔区图书馆举办了9场线下大型活动，邀请了9位各行各业的代表如学者、艺术家、企业家、环卫工人走进图书馆讲述他们的故事。2019年，邀请了100名黄埔企业家通过线上线下的渠道讲述他们在黄埔创业的故事。在这大众创业、万众创新的时代，激励着更多创业创新者不断奋进。三是按需定制，提高社会力量分馆阅读活动配送资源的质量。2019年起，在黄埔区文化广电旅游局统筹规划下，以文化惠民、精准点单，通过引入第三方运营服务，为社会力量分馆量身打造适合它的活动内容，拓展公共文化服务的资源效能和方式，大大地满足了企业、周边群众文化供给与日益增长的精神文化需要。黄埔区图书馆通过线下阅读活动推广，不仅统筹各分馆阅读推广活动资源，提升资源利用率，而且有效扩大公共阅读服务的影响力和覆盖面，提升黄埔文化的显示度。这种多方联动、资源共享、优势互补的公共文化服务效能取得新突破。

5 效能成果：千淘万漉虽辛苦　吹尽狂沙始到金

5.1 共建共享，服务效能结硕果

近年来，黄埔区图书馆以阅读空间建设为载体、配送活动资源为媒介、文化惠民为核心，三位一体地激活公共阅读服务阵地，形成了"总馆+分馆+服务点"三级服务网络运作体系。各项阅读服务指标的增长点和服务效能、社会效益显著提高，多项阅读服务指标均居广州市各区公共图书馆首位。2016年，黄埔区图书馆在广州市各区中率先实现三个"超百万"，即读者接待量、图书借阅量、馆藏量超百万，成为广州市公共图书馆事业发展的标志性事件。2017年，接待读者量首破200万；2018年，接待读者277.78万人次，文献借阅量首破200万（204.36万册次）；2019年，接待读者量破300万（322万人次），借阅量224.3万册次，新增办证读者4.98万人，累计办证读者23.26万人，开展各类活动826场次，参与人数71.49万人次，网站和微信公众号访问量36.19万人次，数字资源阅读与下载量91.38万人次，微信公众号关注量8.61万人次，黄埔区图书馆文化志愿者服务1355人次，累积服务时间2.4万志愿时。黄埔区图书馆获得省级以上奖项11项、

市级奖项 20 项。2017—2018 年连续两年获得中国图书馆学会颁发的"综合服务效能之星"的荣誉称号，广东省县级图书馆总分馆制试点建设示范地区、广东省社会科学普及基地、广州市社会科学普及基地等荣誉称号。

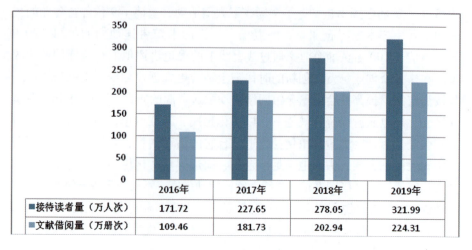

图 8　2016—2019 年黄埔区图书馆服务效能统计

5.2　示范引领，建设成果显特色

黄埔区图书馆按照中央、省、市关于加快构建现代公共文化服务体系实施意见精神，在黄埔区委、区政府的高度重视下，区财政支持和区文广旅局直接指导下，创新思路、提升品质、完善机制，着力构建全覆盖、均等便捷、实用高效的现代化公共图书服务体系，有效提高现有公共文化资源整合利用、优化服务功能及助力提升营商环境。

2017 年 1 月，时任文化部党组书记、部长雒树刚前往黄埔区调研，对黄埔区通过创新服务机制推进公众阅读、实现公共文化服务均等化、便利化、标准化工作给予充分的肯定；4 月，黄埔区通过广东省第一批图书馆文化馆总分馆试点验收，并转为示范地区推广；9 月下旬，广州市图书馆总分馆制现场会在黄埔区举办；2018 年 6 月，广东省文化厅党组书记、厅长汪一洋到黄埔区调研，对黄埔区总分馆制建设工作给予肯定；2019 年 1 月，公共服务司李宏司长到黄埔区调研，对黄埔区图书馆总分馆制建设工作给予肯定。图书馆总分馆建设工作被《人民日报》《中国文化报》等国内各大知名媒体报道 224 篇次。

黄埔区图书馆在总分馆体系建设中不断探索实践、改革创新，既强化政府主导，又凝聚各界力量，引入社会力量参与总分馆建设和运营，提升基层群众文化生活水平、改善营商环境，有效地解决阅读供需的问题，打造全社会共同参与的公共图书馆服务体系建设，对推进黄埔区经济发展发挥重要作用。黄埔区总分馆制建设成果先后转化为建立标准化制度体系。如《黄埔区图书馆总分馆建设标准》《黄埔区图书馆总分馆服务规范标准》《黄埔区总分馆文献编目加工标准》《黄埔区图书馆文献信息资源剔除规定》《黄埔区图书馆分馆建设标准》《黄埔区图书馆分馆设备配置标准》《广州市黄埔区公共图书馆与社会力量合建分馆工作指引》等。图书馆总分馆制建设经验已向全省复制推广，接待来自全国各省、市、地区的领导、专家、业界人士参观考察达255批次，近万人。

6　探索思考：雄关漫道真如铁　而今迈步从头越

实践证明，黄埔区以图书馆总分馆制建设为抓手，利于补齐城乡文化短板，打通图书馆服务的"最后一公里"；能改变过去城区、街镇、村居资源的孤岛状态，整合分散资源和促进优质资源进企业、社区、农村；有效缩短群众与图书馆的距离，更好地完善便捷的服务网络；能盘活、利用社会资源和社会力量，实现上下联通，实现优质服务有效覆盖；能有效提升社会效益和服务效能。但如何持续发挥总分馆自身优势，使优质资源得到充分利用？如何打造一个完善的政府主导、市场运作、社会力量参与、群众共享的公共文化服务框架，实现信息互通、资源互用、管理互动、优势互补、成果互享、文化共建共享共融共赢新格局？如何更好地以用户需求为导向，在数字服务和阅读阵地双轮驱动，实现管理智能化、服务智慧化，更大程度地满足群众的需求，使公共图书馆高质量地发展？这些都是今后我们进一步努力的方向。

传承文明，服务社会。黄埔区将继续深入探讨"图书馆+"，把社会各类资源和力量有效整合利用，多措并举，凝聚成服务于经济发展的软实力，让阅读成为群众的一种生活方式，让它无处不在、无时不在，努力为黄埔区长远发展提供文化软支撑，为增强群众文化生活的幸福感和获得感继续奋斗。

作者信息：

孔玉华，广州市黄埔区图书馆馆长，图书资料副研究员。
电子邮箱：715270459@qq.com。
通信地址：广州市黄埔区开萝大道4号图书档案大楼。

夯实区域总馆地位，精准发力北部山区
——从化区图书馆区域总分馆建设案例

2020年3月，随着从化区图书馆太平镇分馆"惊艳"亮相，从化区公共图书馆建设规划（2015—2020）的1个区域总馆、7个镇街分馆建设任务全面完成。从化区在产业基础相对薄弱的情况下，借势起势、精准发力，在谋事推动落实上下功夫，高质量完成了本区域图书馆总分馆阶段性任务。

自广州市"图书馆之城"建设启动以来，从化区共投入6400万元（其中市财政补助3000万元），完成了从化区图书馆二期1.6万平方米的场馆建设；投入1358万元（其中市财政补助408万元），完成了镇街分馆5300平方米场馆的改扩建工作。截至2019年年底，从化区图书馆总分馆建筑面积3.23万平方米，每千人图书馆建筑面积达49.7平方米（按64.95万常住人口计算[1]）。

1 多方推进，形成关注"图书馆之城"建设的合力

1.1 政府重点推进，以问题为导向，打开了建设的"症结"

从化区委、区政府高度重视图书馆建设，印发了《从化区公共图书馆建设规划（2015—2020）》[2]《关于加快推进"图书馆之城"建设实施方案》[3]等通知。2017—2020年，"加快'图书馆之城'建设"连续4年被写入区政府工作报告，仅2017年，区政府常务会议就两次讨论"图书馆之城"建设议题；2019年，从化区政府办复函同意招聘区图书馆、文化馆镇（街）分馆专职管理人员；2019年，区总工会也印发了《关于支持职工书屋与图书馆合作共建的通知》。为了加快推进"图书馆之城"建设，区文化广电旅游体育局（下称"区文广旅体局"）成立了图书馆总分馆专责工作组，派遣2位副研究馆员、5位馆员担任镇街分馆业务副馆长。

"区领导现场会议"解决主要问题。2017年7月，从化区分管副区长亲自带队到各镇街，对照广州市"图书馆之城"建设要求进行督导，统一各镇

街领导的认识，协调部门落实场馆，并对今后文化服务的需求也进行了综合考虑，"区领导现场会议"由此形成。"现场会议"轮流在各镇街图书馆召开，原则上每月一次，由分管副区长主持，发展改革委员会（下称"发改委"）、财政、文广旅体局以及各镇街负责人、文化干部参加。要求镇街主要领导对查出的问题进行回应，各部门红脸出汗提出解决办法。"区领导现场会议"前期以解决场地问题为主，2019年后的议题转到人员配置、效能提升、案例交流等方面。

1.2 人大监督使贯彻《广州市公共图书馆条例》落到实处

2016年2月，从化区图书馆二期项目接受了市第十四届人大六次会议专题审查；2018年9月，从化区人大常委会专题调研"图书馆之城"建设，形成《关于从化区"图书馆之城"建设工作情况的专题调研报告》，经区第二届人大常委会第十九次会议审定，印送到区政府及有关部门。对标《广州市公共图书馆条例》，区人大调研报告明确指出：区政府要提高责任意识，加大财政投入，强化队伍建设和服务工作，加快推进"图书馆之城"建设工作的落实。2017年，从化区图书馆财政预算指标759.29万元（年底追加39万元，共计798.29万元），之后逐年增长，2020年达到1094.84万元。

《广州市公共图书馆条例》颁布施行后，已在区图书馆合署办公多年的区文化广电新闻出版局（下称"区文广新局"）主动整体搬迁，还空间于市民。

1.3 政协跟进使图书馆建设持续受到关注

2017年以来，从化区政协委员每年都有关于图书馆建设的提案，包括《关于迁移5路公交车图书馆站的建议》《关于加强公建配套文化设施利用的建议》《关于服务乡村振兴战略，优化从化图书馆服务的建议》《关于进一步加强我区中小学图书馆（室）建设的建议》，以及《关于进一步推进我区"图书馆之城"建设的建议》专委会提案。在区政协委员的提议下，区交管部门及时协调公交公司设立5路车新图书馆总站，并调整2路车、4路车的运行线路经停新馆，使新图书馆在短时间内成为从化区最聚人气的文化场所。为进一步做好提案培育，区政协文化文史和学习委员会还召集区文广旅体局、区教育局等部门专题调研"区中小学图书馆与区图书馆共建"，推动区内中小学图书馆加快融入广州"图书馆之城"建设体系。

2017年广州市政协十三届一次会议第4040号重点提案《支持我市北部山区公共图书馆（室）建设，打好"扶贫扶智"的文化扶贫攻坚战的建议》引起各方对山区文化建设的持续关注。[5] 提案建议对包括从化区吕田、良口、温泉、鳌头4镇在内的广州市北部8个山区镇公共图书馆建设进行扶持。从2017年7月起，广州市委宣传部、市文广新局、广州图书馆的领导、专家密集对从化区北部4镇调研、指导，明确指出必须以读者为中心、以提升效能为导向进行场馆建设。从化区委、区政府分管领导也对提案的落实多次进行了指示。北部4镇图书馆建设的完成，使从化区图书馆总分馆建设的形势豁然开朗。

2 先总后分，夯实区域总馆服务基层能力

2016年，从化区图书馆被列入广州市首批区域总馆建设试点单位。同年，区图书馆新馆全面建成开放。从化区图书馆新馆由成人馆、少儿馆、多功能报告厅三幢建筑组成，是一组按照国家绿色建筑二星认证标准进行设计的节能建筑，2017年获得"国标二星"绿色建筑评价标识，2019年获评广州市"建筑节能与墙材革新示范工程"。从化区图书馆新馆建筑面积2.7万平方米，其中青少年活动区域达到1.2万平方米。

试点工作开展以来，从化区图书馆在资源保障、员工辅导能力方面有了大幅度提升，服务效能明显增长，2018年3月顺利通过了广州市总分馆试点验收。

图1 从化区图书馆（2016年6月1日全面建成并对外开放）

2.1 资源保障能力有了大幅度提升

为贯彻落实《广州市公共图书馆条例》相关规定，指导和支持从化区建设示范性区级图书馆，推动区域总分馆服务体系建设，2015年11月，广州图书馆与从化区文广新局、区图书馆三方合作建设"广州图书馆从化分馆"。

广州图书馆一次性向从化区图书馆提供基础馆藏文献信息资源18万册（件），以及部分专业设备，用于支持从化分馆建设。从化区图书馆则承诺：分馆建成后全馆当年实现外借人次、册次增长和读者办证量比上一年增加30%以上，之后每年保持增长15%以上，全馆实现协议期满后（2020年）的外借人次、册次和读者办证量比签订协议当年增长100%以上。据统计，总分馆建设以来，广州图书馆、广州少年儿童图书馆分别向从化区总分馆配置图书34.31万册、32.25万册。

2016—2019年，从化区图书馆购书经费1320万元，年均藏书增长8.8万余册，人均新增0.14册。从化区图书馆通过"统一平台、统一编目"的方式为学校分馆加工图书，累计已有21.68万册区教育系统的图书纳入通借通还服务体系。截至2019年12月底，从化区图书馆总分馆馆藏123.28万册，此外，广州图书馆、广州少儿馆共配送66.56万册图书，馆藏总量合计达190.14万册。

2.2 员工辅导能力有了大幅度提升

2016年从化区图书馆年开展阅读推广活动285场，2019年达到1302场。这一千多场活动分6大类、48项，分别由馆内12位馆员任项目负责人。图书馆活动形成了品牌化、常态化、项目化、社会化的模式。活动也从早期简单的培训、讲座、视频放映，逐步向定制化服务、口述历史、创客培训、文旅融合等方向发展。由从化区图书馆参与指导的纪录片《守望家声》先后荣获"中国公益映像节2017展映季入围奖""2018金相册纪录短片大赛提名奖""2019首届大学生数字影像作品展最佳影片一等奖"。

在这次总分馆建设中，从化区图书馆派遣了7位馆员担任镇街分馆业务副馆长，这些馆员需要参与所在镇街分馆的升级改造、图书转藏、上架以及系统调试、环境布置、活动策划等工作。区图书馆还鼓励其他馆员担任"馆长助理"，通过"传、帮、带"的方式，使年轻馆员快速积累农村文化工作经验。

表1 2014—2019年从化区图书馆服务效能基本情况

业务指标	2014年	2015年	2016年	2017年	2018年	2019年
注册读者量/万人	2.40	4.31	5.08	6.74	7.51	9.78
外借文献量/万册次	20.00	24.57	40.50	68.73	70.61	98.3
接待访问量/万人次	20.00	22.33	30.00	51.00	70.69	116.1

3 北优(先)南拓(展),全面启动镇街分馆专业化改造

3.1 "扶贫扶智",优先以北部山区4镇图书馆建设作为突破口

从化区图书馆总分馆建设难点在镇街分馆,尤其以北部山区为甚。从化区的北部4镇东与惠州市龙门县、北与韶关市新丰县、西与清远市佛冈县接壤,是广州市最北的"生态屏障"。北部山区4镇面积1545平方公里,人口为27.5万人(2017年),以农业人口为主,城市化发展水平较低,属于广州市相对落后的地区。2011年广州市实施的"一个区帮扶一个镇"的对口帮扶制度,2013年启动的第二轮帮扶,以及2016年出台的《广州市北部山区特色小镇实施方案》,都将这些镇列为重点帮扶镇及重点实践区。[6]市政协关于北部山区文化建设的第4040号重点提案,使北部4镇的图书馆分馆建设融入广州加快北部山区贫困镇发展的战略部署之中。2017年,从化区启动了镇街文化站图书馆的"专业化升级改造",北部的吕田镇、良口镇图书馆被列入第一批改造。同年,广州市财政给予北部山区4镇图书馆建设补助资金240万元。这笔补助资金成了撬动北部4镇分馆升级改造的杠杆。

3.2 树"典型",建"样板","小马"也能拉动"大车"

针对建设之初各镇街普遍存在的观望态度,从化区在远离中心城区的鳌头镇帝田村和吕田镇莲麻村建立试点分馆,由区图书馆直接创建,打消了镇街的畏难情绪。

一是树"帝田典型"。帝田村位于从化西部,该村有一支强有力的村"两委"干部队伍,这支队伍不但出"凝聚力、战斗力",还出"文化力"。该村2013年腾出100多平方米的厂房将其开辟为农家书屋(如图2所示),并投入8万元进行改造,2015年8月与区图书馆通借通还。区图书馆集中为附近小学的全体学生办理了借书证,并连续几年在该村举办"挑战21天阅读"活动。由于村内阅读氛围浓厚,区关工委、科协、妇联及区内高校也纷纷将资源下沉,帝田成了从化西部乡村的"文化高地"。

图2　帝田图书馆（2015年8月建成并投入使用）

二是建"莲麻样板"。莲麻村位于从化最北面，2017年被列入全省首批特色小镇之一，以"生态小镇"定位。村内有黄沙坑革命旧址、古驿道，集红色文化、客家文化于一身，是广州"把从化建成全省乃至全国乡村振兴示范区"的排头兵，经过几轮的扶贫攻坚，乡村产业已初露端倪，其示范意义不言而喻。[7]该村图书馆选址于游客服务中心，书架、阅览桌椅、屏风、窗帘都采用竹子制作，整体设计、装修与村的生态浑然一体。2017年5月，市文广新局给予该村专项补助经费20万元，购置了通借通还设备，以及一批红色文化、休闲保健、少儿绘本类书籍。"莲麻大书房"于2017年10月1日正式对外开放，参观人员纷至沓来。2019年，"莲麻大书房"被评为"广州最美基层图书馆"（如图3所示）。

图3　莲麻图书馆（2017年10月1日建成并对外开放）

帝田、莲麻的意义，在于集新时代文明实践、图书阅览、旅游问询、游客休憩、文化创意展示等功能于一体，给乡村图书馆建设提供了一个可复制的样板。之后，各镇街干部对乡村图书馆建设理念的认识焕然一新。2018年以后陆续开建的各镇街分馆以及社区图书馆，均体现了以人为本的功能布局，有了较为强烈的设计感和鲜明的文化特色。

3.3 对标扶贫成果，盘活公共资源

在从化区镇街图书馆建设过程中，一些多年悬而未决的难题得到化解。特别是通过对各级部门援建的农村公共服务类、文化设施类、社会服务设施类项目进行梳理，分管区领导现场协调，各部门协同跟进，有6个镇街场馆得以重新调整、扩大。北部4镇图书馆全部进行了搬迁，"下沉"到一楼开放，成功实现弯道超越，场馆建设、藏书质量、技术保障、人力资源配置、阅读活动推广等多项指标都排在区内分馆前列。

表2 从化区各镇街图书馆整改前后面积及常住人口情况

区域	整改前图书馆面积（㎡）	整改方式	整改后图书馆面积（㎡）	2018年末常住人口（万）
全区合计	2100	—	5300	64.71
街口街	300	扩充、改造	500	9.01
江埔街	200	改造公建配套用房，实现整体搬迁	900	8.78
城郊街	300	扩充、改造	300	8.1
太平镇	100	改造回收厂房，实现整体搬迁	500	10.01
鳌头镇	200	改造汽车站，实现整体搬迁	1200	15.11
温泉镇	100	改造教育指导中心，实现整体搬迁	700	5.51
良口镇	500	改造旅游问询中心，实现整体搬迁	700	4.95
吕田镇	400	改造政务服务中心，实现整体搬迁	500	3.24

在北部4镇中，有3个镇盘活了广州市"一区一镇"援建项目中的闲置资源，这些场馆在实现文化功能优化的同时，原有的功能并未弱化。例如：良口镇分馆在馆内设旅游问询、展示窗口，做到了文旅融合；吕田镇分馆（如图4所示）由4楼迁至1楼，在馆内设置政务服务窗口，同时解决了政务服务和文化服务直面群众的问题；鳌头镇成功将原萝岗区援建的"鳌头客运站"休闲区打造为集图书馆、文化馆功能于一体的综合文化体，客运站功能实现了向"思想延伸"的扩展，一跃成为全区最大的镇街分馆（如图5所示）。

图4　与政务服务功能融合的从化区吕田镇图书馆（2017年）

图5　改造后的从化区鳌头镇图书馆（2018年7月建成并投入使用）

3.4　馆校融合，用"车轮"开拓阅读空间

从化区地势自北向南倾斜，南部4个镇街加上鳌头镇，产业聚集，集中

了区内79%的常住人口，目前从化区图书馆的学校分馆和流动图书车（校园服务点，如图6所示）87%集中在这一区域（主要针对具有最刚性阅读需求的人群——九年制义务教育内的青少年——开展服务）。

图6　从化区图书馆流动图书车服务点（2018年于太平镇木棉小学）

2016年以来，少儿借阅在从化区图书馆年外借量所占的比例一直在75%以上，2019年更高达85.85%。学校分馆及流动图书车（校园服务点）的作用功不可没。

表3　2019年从化区图书馆业务统计

业务指标	馆藏总量（册/件）	累计有效注册读者量（个）	当年新增注册读者量（个）	读者到馆总人次（人次）		年文献外借量（册次）		举办读者活动场次（次）
				区域总馆	分馆	区域总馆	分馆	
总数	1233258	97805	21141	936854	223976	672557	310921	1225
少儿	409363	61910	15716	546009	—	550805	293509	1115
少儿占比	33.19%	63.30%	74.34%	58.28%	—	81.90%	94.40%	91.02%

2019年，从化区图书馆总分馆文献外借量98.3万册。其中，学校分馆外借量29.35万册、流动图书车（学校服务点）外借量7.7万册，相较于2018年，实现了成倍的增长。

表4　2019年从化区图书馆学校分馆（含流动图书车服务点）业务统计

名称	小学（所）	小学人数	学校分馆数	办证数	外借量（册）
全区	70	58050	46	47109	370573
鳌头	12	12150	2	12150	59
温泉	6	3516	3	2427	5413
良口	5	3538	1	1194	2771
吕田	4	1585	0	1209	0
4镇占比	38.6%	35.8%	13.0%	36.0%	2.2%

至2019年年底，从化区图书馆学校分馆35间，流动图书车服务点11个。2019年，中心馆、区域总馆累计向各分馆配送图书超过20万册。针对服务效能南北不均衡的现象，从化区图书馆于2019年对北部4镇的未成年人实行了"拉网式"办证，办证量达1.2万个，同时将8个校园智慧图书馆纳入"图书馆之城"建设体系。2020年，在区政协的推动下，区图书馆将与区内中小学全面合作。

图7　从化区太平镇图书馆（2020年3月建成，8月对外开放）

从化区太平镇图书馆分馆的建成具有里程碑意义。太平镇文化站曾是广州最早的一批特级文化站之一，20世纪90年代拆建，让步于商业广场，图书馆名存实亡，各级文化部门为此呼吁了20年。此次太平镇在该镇新时代文明实践广场划出500平方米场地设立图书馆，并投入近400万元进行装修。至此，从化区总分馆建设2015—2020年规划任务圆满完成。

"图书馆之城"建设几年来，从化区总分馆在硬件上有了质的飞跃，但是在管理上、服务效能上依然不尽如人意。接下要"稳得住"，则必须与"乡村振兴"战略更有机地衔接，久久为功，实现由"输血"扶贫向"造血"扶贫的转变。特别是需要培养一批扎根乡村的"文化能人"，让群众围着能人转、让能人围着阵地转、让阵地按照群众需求办。

一是进一步提升区域总馆服务基层能力。总分馆从业人员要提高文化自觉意识、主动担当作为，"精准对接、精准服务"。在资源配置要"精准"对接服务对象，根据阅读需求的差异分层次提供服务，尽量将有限的纸质文献资源向阅读需求旺盛的青少年均衡提供；在技术支撑上提升自己"腾云驾雾"的本领，将"云服务"能力做强做实，在统一平台上实现活动预约、场馆预约，总馆、分馆、读者之间实现信息对称。

二是馆校合作力度还可以加大。区图书馆除了与中小学开展合作外，还应充分发挥区内高校图书馆的作用。从化区内有9所高校（其中7所为民办高校），分布在除吕田镇、良口镇外的6个镇街，民办高校有强烈的"校地共建"意愿。近几年，从化区图书馆与区内高校图书馆组建了"图书馆联盟"，围绕从化丰富的生态旅游资源、历史文化资源，在展开智力服务、产学研结合、人才引进及培养等方面作出了很多积极尝试。假以时日，在从化的高校内一定会涌现一批深耕乡村的"文化能人"。

三是要与新时代文明实践相结合。2018年6月份以来，从化区陆续在全区建设新时代文明实践阵地，至2019年年底，全区8个镇（街）、221条行政村已实现文明实践所（站）全覆盖，配套各类文明实践点1100多个。[8]从化区图书馆是区新时代文明实践中心所在地，馆内配置了新时代市民学堂、红色书吧、红色影院、百姓舞台等文明设施。如何充分利用这些资源，与基层的农家书屋、村民法治议事大厅等公共服务阵地资源配套完善，形成集宣讲、教育、文化、科普于一体的新时代文明实践体系，推动文明实践活动常态化开展，将是从化区图书馆总分馆服务体系要面临的下一场大考。

参考文献

[1] 2019年广州市人口规模及分布情况 [EB/OL]. (2020-03-11) [2020-06-16]. http://tjj.gz.gov.cn/tjgb/qtgb/content/post_5729556.html.

[2] 广州市从化区人民政府. 从化区公共图书馆建设规划（2015—2020）

[EB/OL]. (2017-11-10) [2020-06-16]. http://www.conghua.gov.cn/zwgk/zdlyxxgk/whxx/tsg/content/post_3182658.html.

[3] 广州市从化区人民政府. 关于加快推进"图书馆之城"建设实施方案 [EB/OL]. (2018-04-24) [2020-06-16]. http://www.conghua.gov.cn/zwgk/zdlyxxgk/whxx/tsg/content/post_3182659.html.

[4] 广州市人民代表大会常务委员会. 广州市公共图书馆条例 [EB/OL]. (2015-01-26) [2020-6-17]. https://lf.rd.gz.cn/law/lawLocal/content.html?id=2510000002541438&baseUrl=https://lf.rd.gz.cn/law.

[5] 中国人民政治协商会议第十三届广州市委员会常务委员会关于十三届一次会议以来提案工作情况的报告 [EB/OL]. (2018-01-13) [2020-06-16]. http://dhzw.gzzx.gov.cn/cf132/zxdt/201801/t20180113_81320.htm.

[6] 张锐生. 广州市北部地区农村脱贫增收长效机制研究 [D]. 兰州：兰州大学管理学院MBA，2019.

[7] 曾银燕. 特色小镇"生态文化"品牌建设路径研究：以广州市从化区为例 [J]. 经济界，2019（3）：17-24.

[8] 广州市从化区：让新时代文明实践之风吹遍乡村大地 [EB/OL]. (2019-04-25) [2020-07-7]. http://www.wenming.cn/dfcz/gd/201904/t20190428_5095584.shtml.

作者信息：

邱跃，广州市从化区图书馆馆长，图书资料副研究员。
电子邮箱：65898949@qq.com。
通信地址：广州市从化区河滨北路616号。

共建共享　多元创新　普惠于民
——打造越秀区公共图书馆多元总分馆制"越秀模式"

1　建设背景

2015年,《广州市公共图书馆条例》(下称《条例》)颁布实施后,拉开了广州市"图书馆之城"建设的帷幕。在《条例》实施前,越秀区公共图书馆总分馆制建设虽然有一定成绩,但仍面临全区图书馆馆藏纸质信息资源人均拥有量差距较大、人手紧张、临聘人员流动性较大且综合素质较低、区域总馆无专职部门和专职人员负责分馆建设、部分分馆馆舍面积不达标、分馆馆藏较旧且流通量不大、分馆无专业工作人员等问题。

越秀区作为老城区,寸土寸金,土地空间资源紧张,人口密度全市最大,区内各类文化服务资源丰富。基于以上客观情况,2017年越秀区图书馆提出建设"多元"总分馆制的工作思路,充分利用越秀的区情优势,与街道、书店、学校、文化企业等合作共建分馆,做到分馆构成多元、馆藏资源多元、读者服务多元、人员统一管理,提高全区公共图书馆事业发展质量和效益,增进文化民生福祉。

在2019年广州市公共图书馆第三方评估工作中,越秀区成绩优异,在全市各区中率先实现街道分馆建设完成率100%、街道分馆达标率100%,是唯一双百城区,有8个街道分馆为示范馆(本次参评的140个街镇图书馆中,全市示范馆共16个,越秀区占50%),越秀区公共图书馆总藏量、到馆总人次、注册读者总量等12个指标均居全市前三,服务效益突出。

截至2020年,越秀区建成1个区域总馆、1个专业性分馆(越秀区少年儿童图书馆)、16个街道分馆、5个新型阅读空间(越读吧)、3个24小时自助图书馆,并稳步推进社区分馆等的升级,将总分馆服务体系横向扩张、纵向延伸,搭建全方位、立体性的公共文化服务网络。越秀区公共图书馆多元总分馆制建设陆续得到《人民日报》《中国文化报》《南方日报》《南方都市报》《羊城晚报》《新快报》《广州日报》《信息时报》和中国文明网、中国图书馆学会网站、广东图书馆学会网站、广州市图书馆学会网站、广东电视珠江频道、广东电视新闻频道等媒体的宣传报道，并获得省、市、区有关领导的肯定及专家的好评。

2 建设亮点

2.1 打造总分馆制"多元"模式，搭建立体性服务网络

在推进越秀区公共图书馆多元总分馆制建设过程中，与街道合作共建图书分馆、造福社区居民是基本方向。此外，越秀区图书馆还紧密结合区情、街情，采用灵活多样、各具特色的建设方案和建设模式，建设专业性分馆、社区分馆、新型阅读空间、自助图书馆、移动智慧图书馆等，做到分馆构成多元，在线上、线下为广大市民建设"家门口的图书馆"。

越秀区建设专业性分馆——越秀区少年儿童图书馆，位于美丽花城，坐落在珠江边上，采用"珠水花香"的设计理念，用鲜花和海洋元素为读者营造舒适、自由的阅览环境（如图1、图2所示）。根据少年儿童的阅读需求，该馆设置文学、艺术、科普、绘本、综合等馆藏借阅区和公共电子阅览区、亲子借阅区、创客空间、多媒体视听区、3D电影播放区等，将其建设成少年儿童阅读、求知、学习、交流的"儿童阅读乐园"。该馆是全国首个5G网络全覆盖的少年儿童图书馆，在全省首次实现机器人导航找书功能（如图

图1　越秀区少年儿童图书馆二楼是以"花香"为设计主题的"童趣阅读乐园"

图2 越秀区少年儿童图书馆三楼是以"珠水"为设计主题的"智趣阅读乐园"

图3 越秀区少年儿童图书馆全省内首个图书导航机器人

3所示)。该馆是弘扬红色文化、发挥红色文化资源教育功能的重要阵地,充分利用红色文化资源优势,编织"建筑+展览+活动+馆藏"等立体化、多层次的红色教育网络,在红色建筑永安堂内推广红色文化,让少年儿童在潜移默化中接受生动的爱国主义教育;同时,该馆也是越秀区历史建筑活化利用、激发空间载体新活力的一个典型样本,通过对历史文物建筑的开发、利用,实现"老建筑新活力",不仅激发了空间载体的新活力,也促进了文物建筑的保护与自身价值的提升。

越秀区图书馆与广东新华发行集团合作在书店内共建越秀区图书馆四阅

分馆——图书馆+书店，探索公共图书馆与实体书店网络化融合新模式；与矿泉街道办事处、广州市第七中学实验学校合作共建越秀区图书馆矿泉分馆——图书馆+街道+学校，打造公共文化服务进校园、学校资源与市民共享的新模式；与光塔街道办事处、卓越教育集团三方合作共建越秀区图书馆光塔分馆，并与卓越教育集团合作在其分校内共建社区分馆——图书馆+街道+企业，打造"集团式"阅读服务模式，不断扩大惠民辐射面。

为了更好地延伸读者服务触角，越秀区图书馆与街道、企事业单位等合作，在社区建设自助图书馆，采用"图书馆+ATM"模式，新建光塔街24小时自助图书馆、华乐街24小时自助图书馆、越秀区图书馆青龙里社区分馆、越秀区图书馆元运街社区分馆等，将越秀区公共图书馆总分馆服务体系建设向纵向延伸。

越秀区图书馆在建设实体馆的同时，还注重打造"移动智慧图书馆"（含PC版和移动版），在线上整合全区总分馆数字阅读资源，为广大市民免费提供数字资源阅读服务；同时，还提供远程自助办证、图书快递上门、阅读分析荐书、文化活动推荐、多点直播互动等服务，让公共文化资源可以实时分享到各分馆，让广大市民更好地利用图书馆资源。

2.2 线上、线下相结合，加强对分馆和工作人员的管理

越秀区图书馆在全市各区中率先建设越秀区总分馆智慧服务云平台PC版与手机版，利用大数据、云计算、远程监控、语音交互等技术，通过远程巡检分馆实时开放情况，与分馆工作人员进行实时互动、交流等，在线上实现统一的人员管理、设备管理、业务指导等。线下，越秀区图书馆定期开展

图4 越秀区图书馆业务馆长前往广州图书馆参观、学习

业务培训和现场业务辅导（如图 5 所示），通过面对面的交流与实训，更直接、细致地夯实分馆工作人员的业务知识，提升分馆工作人员的服务能力和技能水平。线下的业务培训和辅导，配合线上实时的统一智能管理，双管齐下，打破时间、空间壁垒，加强对分馆和分馆工作人员的管理。

图 5　越秀区图书馆人民分馆的业务辅导活动

2.3　提供优质服务，全方位满足读者阅读需求

越秀区图书馆基本服务健全，创新服务惠民。在基本服务方面，越秀区图书馆、越秀区少年儿童图书馆与各分馆为公众提供免费的办证、借阅、讲座、展览、自修、上网、电影播放、培训等基本的公共文化服务。

同时，越秀区图书馆关注残障人士、少年儿童、老年人等重点群体的阅读需求，每年均承办越秀区庆祝国际盲人节活动，丰富视障人士精神文化生活；举办盲人阅读创意手工培训班，让视障人士沉浸于阅读和创作的乐趣（如图 6 所示）；成立"越图之声"志愿者服务队，为视障人士朗诵文章并录制成音频作品，赠送给盲

图 6　越秀区图书馆对视障人群的阅读推广系列惠民活动

人；为视障人士提供"越图听书"特色服务，让他们畅享"听"读资源；为特殊儿童举办专场文化活动，让特殊儿童也能享受阅读的快乐并得到正向启发；定期开展老年人计算机知识免费培训班，让老年读者也能尽情享受图书馆的数字阅读服务等，通过丰富的活动与贴心的服务，积极履行社会教育职能，不断满足重点群体的阅读需求，维护重点群体阅读权益，促进公共文化服务均等化。

在创新服务方面，越秀区图书馆不断开拓创新，在总馆或分馆提供24小时自助服务、365天不打烊服务、"一街一品牌"阅读圈、图书快递上门、信用借阅、远程办证等线下、线上特色服务，为人民群众提供丰富的阅读体验，充实广大读者的精神文化生活，深受广大读者喜爱。

线下开展24小时自助服务、365不打烊服务，打破时间壁垒，为读者提供不打烊的公共文化服务。无人值守服务，结合RFID自助服务技术和微信平台，实现智慧图书馆无人值守。打造"一街一品牌"阅读圈，根据各街道的街史、文化、风情等，为各街道分馆设立"一街一品牌"特色馆藏专区，结合特色馆藏开展"一街一品牌"阅读圈阅读推广活动，统筹推进优质公共文化资源向基层延伸，让社区居民在本土的积淀中吸收文化的养分。

线上通过图书快递上门服务，借助"互联网+"技术，整合利用邮政快递服务，在微信公众号和支付宝App上打造线上借阅新平台，让广大读者足不出户就能随时随地享受24小时不打烊的掌心阅读盛宴。在全省率先推出网上"信用借阅"模式，让信用变成阅读的通行证，该模式是公共图书馆在公民道德培养和社会信用体系建设中的一个新探索。网上办证，在线上完成读者卡办理流程，免去读者奔波之苦。其中，网借服务外借图书约2.5万册，咨询量约1.7万次，图书快递上门约3900单，服务效益明显。

图7 "阅读进校园"活动现场

3 建设经验

3.1 发挥政府主导作用,提供强有力保障

越秀区在建设公共图书馆多元总分馆制过程中,充分发挥市、区政府在公共图书馆服务体系建设的主导作用,在顶层设计、经费支持等方面有力地保障了公共图书馆总分馆制建设。市财政对越秀区部分分馆建设和专业化改造提供补助。越秀区委、区政府高度重视,成立越秀区公共图书馆总分馆制建设领导小组,定期研究协调越秀区公共图书馆总分馆服务体系建设重大事项、难点问题、存在困难等,就有关重大问题做出决策部署,为越秀区进一步推进公共图书馆服务体系建设提供强有力的组织保障;每年将越秀区公共图书馆所需人员、资源、运行经费列入本级财政预算,为越秀区公共图书馆总分馆制建设和运行提供资金支持。越秀区先后制定了《越秀区进一步推进广州市"图书馆之城"建设的实施意见》《越秀区图书馆分馆建设标准》《越秀区公共图书馆服务规范》《越秀区贯彻〈广州市文化广电新闻出版局印发关于全面推进我市公共图书馆总分馆制建设实施意见的通知〉工作方案》等,为越秀区公共图书馆总分馆制建设提供制度保障。越秀区文广旅体局开展"以'融合·创新·共享'为驱动,促进公共文化建设出新出彩"的公共文化调研(如图8所示),助推越秀区公共文化建设出新出彩。

图8 "以'融合·创新·共享'为驱动,促进公共文化建设出新出彩"专题调研会

3.2 引进优质社会力量,实现共享双赢

越秀区图书馆积极鼓励、支持、引进社会力量投入场地、人员等要素,参与公共图书馆建设,实现优势互补、共建共享、合作双赢。社会力量的参与,让公共图书馆丰富的办馆经验、专业的人才队伍、一系列专业资源和社会力量的场地资源、人力资源等实现共享双赢,较好地缓解了公共图书馆建设过程中场地、人员、经费紧张的现象,同时展示了社会力量的公益情怀和文化情怀,提高社会力量的美誉度和社会影响力。

如在广东省内率先与广东新华发行集团合作在四阅书店·东湖店内共建越秀区图书馆四阅分馆,该馆365天不打烊,环境优雅文艺,阅读推广活动丰富,长期开展线上、线下"你选书 我买单"活动(如图9所示),深受广大读者喜爱,该馆被广东省文化厅评为广东十大"最美粤读空间",共建方广东新华发行集团被广州图书馆评为2019年度广州市公共图书馆"好伙伴"。与矿泉街道办事处、广州市第七中学实验学校合作共建广东省首个街道少年儿童图书馆——越秀区图书馆矿泉分馆(如图10所示),该馆又名"四叶草图书馆",馆舍坐落在广州市第七中学实验学校内,沿用广州市第七中学总校图书馆古色古香的装修风格,因读者主要以学生为主,因此馆藏中有三分之二为少儿类图书,配有分级阅读的电子资源,阅读推广活动主要围绕少儿读者开展,共建方广州市第七中学实验学校被广州图书馆评为2019年度广州市公共图书馆"好伙伴"。与光塔街道办事处、卓越教育集团三方合作共建广东省首个英文文献特色街道公共图书馆——越秀区图书馆光塔分馆(如图11所示),该馆收藏英文图书和英文音像资料,结合英文文献开展英语沙龙、英语讲座、英语绘本分享等英文特色阅读推广活动,深受读者喜爱,为读者提供一个英文学习和交流的平台,成为读者学习英文的第二课堂,2019年,该馆

图9 越秀区图书馆四阅分馆"你选书 我买单"图书专区

被广州图书馆评为广州市"最美基层图书馆"。与中国建设银行广州越秀支行合作,在全国首个由政府和商业银行共建的党群服务中心内共建越秀区图书馆永胜上沙社区分馆(红船书吧),该馆既是为广大党员、干部、群众提供公共文化服务的场地,又是越秀区青年学习社。与中国共产主义青年团广州市委员会合作在广州市青年文化宫共建越秀区味道图书馆(如图12所示),该馆位于国家级4A景区——北京路步行街,是越秀区图书馆文旅融合的重要实践;该馆以粤菜文化为特色,利用文献、展览、3D模型、食物多种载体,让市民、游客通过视觉、味觉、触觉感受粤菜文化之美;作为粤港澳大湾区青年家园的重要组成部分,该馆通过特色化、多元化的公共文化服务,打造粤港澳大湾区青年文化交流服务阵地,为大湾区青年和广大市民、游客带来文旅融合新体验。

图10 越秀区图书馆矿泉分馆揭牌仪式

图11 越秀区图书馆光塔分馆英文文献借阅区

图12 越秀区味道图书馆

3.3 实行统一管理，有力推动总分馆制建设

在引领统筹方面，越秀区图书馆"擦亮"区域总馆"平民大书吧"的品牌，在越秀区公共图书馆总分馆制建设中发挥区域总馆的龙头和示范作用，引领各分馆不断加大优质公共文化服务供给，做到文化亲民、便民、惠民、悦民。在机构保障方面，越秀区图书馆在全市各区中率先成立推进总分馆制建设的专职部门——区域总馆办公室，负责越秀区分馆建设有关具体工作，为区域总分馆的统一管理提供机构保障。在人员保障方面，越秀区图书馆在全市各区中率先为街道分馆配备业务馆长，由业务馆长负责分馆管理和读者服务具体工作、开展阅读推广活动等，不断促进各分馆业务的规范化、专业化、特色化。在线上管理方面，越秀区图书馆在全市各区中率先建设越秀区总分馆智慧服务云平台 PC 版与手机版，利用大数据、云计算、远程监控、语音交互等技术，打破时间、空间壁垒，实现线上统一的人员管理、设备管理、业务指导等。

图 13　越秀区图书馆广州大典阅览室

3.4 实行一馆一校，撬动学校资源

目前，越秀区图书馆分馆通过与附近学校进行共建，实现公共图书馆与学校资源的共建共享，在图书馆、学校、家庭、社会之间形成循环阅读链，推广全民阅读，有效提高服务效益。

学校符合对外开放条件的，区域总馆可与学校合作共建分馆，作为临近街道分馆的有力补充；学校不符合对外开放条件的，可设为服务点，定期开

展"阅读进校园"活动或到馆阅读服务。

受馆舍规模、馆藏资源数量、工作人员数、服务时间、服务半径等实际情况影响，街道分馆一般只能与一所学校共建，实行"一馆一校"。区内其他未与街道分馆共建的中小学，可由少儿馆（或负责少儿阅读服务的部门）负责与之共建，将其纳入公共图书馆服务网络，有效延伸基层服务点建设触角。

越秀区图书馆分馆与附近学校进行共建后，开展馆校间馆藏图书资源建设的合作，实现公共图书馆与学校间藏书数据的共建共享；开展"阅读进校园"活动和学校师生到馆集体阅读活动，坚持"引进来"和"走出去"相结合，让学校师生共享到广州市、区、街三级公共图书馆和学校多元化、高品质的文化资源；将越秀区图书馆总馆、少儿馆、分馆等优质活动资源（如讲座、展览）送到学校，实现优质公共文化资源的共享；为学校师生提供志愿服务平台，让学校师生到越秀区公共图书馆参与志愿服务，为图书馆的公益事业贡献自己的力量；重视教育方面的地方文献搜集工作，与越秀区教育局及区属各中小学合作开展地方文献的普查与征集工作，丰富越秀区图书馆地方文献馆藏。

这种"馆校合作"模式，可以在有限的空间中，最大限度地调动图书馆、学校的资源，一方面既能提高公共图书馆的馆藏量、借阅量、办证量、阅读推广活动场次和人次等，提高公共图书馆的服务效能和知晓度；另一方面也能促进学校馆藏规范化管理，提高学校馆藏流通率，为学校师生带来更多的文化资源与服务，推动书香校园建设，实现互惠共赢。

3.5 注重多渠道媒体宣传，提高图书馆知晓度

越秀区图书馆注重通过纸质传媒、电视传媒、新媒体等多渠道宣传，提高图书馆和图书馆服务的知晓度。除通过各种媒体宣传图书馆外，越秀区图书馆还直接与媒体合作开展阅读推广活动，例如2019年开展的"点亮越秀阅读圈——pick你最喜爱的图书馆，2019年做'阅读推广小达人'"活动，借助《南方日报》的强大影响力，向广大读者介绍越秀区各分馆情况并引导读者走进图书馆，利用图书馆资源。活动反响热烈，对提高分馆知晓度有明显的成效。2020年，越秀区图书馆联合各街道分馆在线上开展"开卷读越秀 共塑阅读圈"活动，邀请街道分馆读者录制与各街道特色文化相关的视频短片，多部短片被"学习强国"平台采用并展播，得到广泛关注。

4 展望

4.1 主动对接群众需求，多措并举提高服务效益

越秀区公共图书馆将通过主动对接群众需求、完善服务体系、创新服务模式、增加服务项目、优化服务环境、改善服务手段、打造活动品牌、美化阅读环境、加大社会力量合作力度等举措，不断提升自身服务能力。总馆、少儿馆、分馆按比例分配效能提升任务，实现持证率、到馆人次、人均外借册次等服务绩效稳步提升，全面提高全区公共图书馆服务效益。

4.2 制定评估考核办法，全面评估社会力量合作成效

越秀区图书馆将以《广州市公共图书馆第三方评估管理办法》《广州市公共图书馆与社会力量合建分馆工作指引》《越秀区图书馆分馆建设标准》为指导，制定规范、标准的社会力量评估考核办法，综合考虑区位区情、配套服务、服务人口等多重因素，结合社会力量的自身参与度、投入度、配合度、创新能力等实际条件，全面、客观、专业地评估社会力量共建分馆或共享资源的稳定性和质量，通过评估来检验与社会力量共建共享的成效和问题，总结、推广好的经验，努力补齐短板，实现社会力量参与规范化、常态化和多元化，建立长效合作机制，达到以评促建，以评促管，以评促发展的目的。

4.3 深入挖掘街道文化资源，激活人民群众文化传承和推广热情

越秀区图书馆将更深入地挖掘街道本土文化积淀中的养分，通过制作公益宣传短片、开展文旅融合研读活动等形式宣传本土文化旅游景点，丰富本土文化和旅游资源的推广窗口，促进公共图书馆与旅游服务设施功能融合，推动文旅融合发展；邀请当地居民、传统文化传承人、志愿者等参与"一街一品牌"阅读圈阅读推广活动，传承和弘扬街道本土文化，丰富图书馆公共文化服务的内容和形式，让社区居民将在本土的积淀中吸收文化养分又反哺到本土文化传承和推广中，壮大本土文化推广人队伍。加强广大读者与图书馆活动的互动，通过分享沙龙、文章征集、阅读树等形式，引导读者分享参与活动的感想、收获，提高读者的参与感。在活动的过程中，加大对图书

的宣传，注重提升分馆的美誉度与知晓度，吸引广大读者进馆阅读，在线上、线下充分利用图书馆资源。

4.4 善用教育系统平台，扩大文化惠民辐射面

越秀区图书馆将充分利用"阅读进校园"活动和学校师生到馆集体阅读活动，为图书馆临近学校的少年儿童提供优质的公共文化服务，充分发挥图书馆的教育职能，吸引少年儿童走进图书馆、利用图书馆；同时，鼓励他们做阅读推广小达人，带动周围的家人、同学、伙伴一起到馆享受家门口的阅读，或在家享受图书馆线上公共文化服务，提高图书馆资源利用率，不断扩大文化惠民辐射面。

今后，越秀区图书馆将在越秀区文广旅体局的领导下，继续探索多元总分馆制建设的新模式，坚持以政府为主导，引入社会力量积极参与图书分馆的共建共享，整合公共文化资源，推动公共文化服务标准化、均等化，主动适应公众阅读方式多元化的趋势，加大优质文化产品和服务供给，不断提升越秀区公共图书馆的服务能力和服务效能，不断创新、丰富多元总分馆制的内容与形式，在不断增强自身造血能力的基础上，向政府和社会争取支持，把总分馆制建设做大、做强、做精，为广州市"图书馆之城"建设做出应有的贡献。

作者简介及贡献说明：

谢洁华，广州市越秀区图书馆副研究馆员。参与案例实施、提出案例选题、设计案例文章框架、撰写案例文章、修订案例文章、终审案例文章。

林遥芝，广州市越秀区图书馆助理馆员。参与案例实施、采集整理案例数据、撰写案例文章、修订案例文章。

发挥政府主体作用，以法规为抓手

——白云区公共图书馆总分馆服务体系建设实践

近年来，《中华人民共和国公共图书馆法》（下称《公共图书馆法》）、《广州市公共图书馆条例》（下称《条例》）、《广州市居住区配套公共服务设施管理暂行规定》（下称《规定》）等国家法律和地方法规的出台，为我市公共图书馆事业发展提供了重要的法律依据和行动指南。为加快构建覆盖全区的公共图书馆服务网络体系，打造"图书馆之城"，白云区科学统筹谋划，发挥政府主体作用，以法规为抓手，不断强化基础设施建设，积极调动社会各方力量参与，全面推动总分馆服务体系建设取得新成效。

1 实施背景

白云区行政管辖18个街道、4个镇，土地面积795.79平方千米，2019年年末全区常住人口277.96万人，是广州市中心城区中面积最大、常住人口最多的一个区。白云区行政区域大，人口基数大且分散，对公共图书馆服务的需求量大。现有馆舍开放以来，服务需求和服务效益逐年提升，2019年全区公共图书馆接待访问量、文献外借量、馆藏总量三个主要指标均突破了100万大关。

2015年，《条例》和《广州市"图书馆之城"建设规划（2015—2020）》（下称《规划》）发布后，白云区认真贯彻落实文件精神，进一步推动区域总分馆服务体系建设工作，全区的公共图书馆建设进入更快的发展阶段。

2 总分馆实施概况

近年来，随着白云区政府不断加大对图书馆事业的投入力度，镇街加强本级图书馆的规范化建设，越来越多的社会力量参与公共图书馆建设，白云区公共图书馆服务网络不断完善，公共图书馆事业不断发展壮大。

目前，白云区基本形成区、镇街、村居三级公共图书馆服务体系，并全部纳入全市通借通还服务网络。白云区现有区级图书馆1间、图书分馆36间。其中，镇街分馆23间（其中京溪街2间），全区22个镇街均已覆盖公共图书馆服务，覆盖率达100%；与企业合办分馆（服务点）7间；与事业单位、村社、社会服务机构等单位合办分馆（服务点）6间。全区公共图书馆总面积共3.25万平方米（含在建白云新城馆），纸质文献101.9万册，其中白云区总馆在用建筑面积0.55万平方米、在建建筑面积0.8万平方米，纸质文献约69.4万册；基层分馆和服务点总建筑面积1.9万平方米，纸质文献约32.5万册。

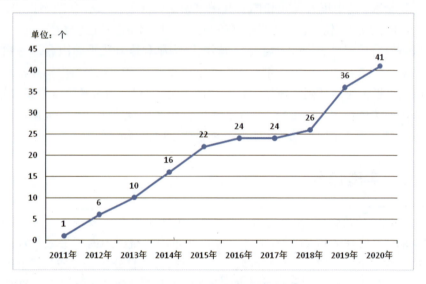

图1　白云区基层分馆历年数量分布

区级图书总馆1间	• 白云区图书馆
镇街图书分馆23间	• 截至2019年年底，所有镇街均已覆盖公共图书馆服务，覆盖率达100%，其中京溪街2间。
与企业合办分馆7间	• 可乐网盟、骑士网盟、优一、太和汇、央玺、林安、空港文旅小镇
与机关事业单位、村社、社会服务机构合办分馆6间	• 区直机关、柯子岭长安社区、人和镇新联村、黄石社工站、警犬基地、新市居家养老中心

图2　白云区公共图书馆服务体系分类统计

3 主要做法

3.1 先行先试,以体系优势补硬件短板

一直以来,白云区公共图书馆基础都较为薄弱,硬件设施和服务资源均难以满足本区域人民群众的需求。本着"为人民服务"的初心,白云区图书馆明确了以体系优势弥补硬件短板的服务模式。2010 年白云区图书馆率先与广州图书馆实现通借通还,打破体制的樊篱,为全市公共图书馆通借通还开了好头。2011 年,白云区在京溪街设立分馆,在全市率先启动镇街图书馆通借通还服务工作。

为进一步把优质的公共图书馆资源向基层倾斜,让公共图书馆服务来到群众身边,结合白云区经济社会发展实际,2012—2014 年,白云区不断探索和优化总分馆服务体系建设模式,至 2014 年年底已在辖区建立基层分馆 16 间,覆盖各个片区,初步形成城市图书馆群服务的"白云特色"。2015 年,《条例》《规划》发布,广州市提出在全市推行总分馆制建设,白云区的总分馆建设工作在全市各区中可谓领风气之先,走在前列。

3.2 发挥政府主体作用,探索分馆最优建设模式

按照《公共图书馆法》《条例》的精神,区级人民政府和文化行政主管部门分别是区域总分馆体系公共图书馆建设和管理的主体,白云区基层的文化服务一直是由镇街主导。同时,区级财政并不足以包办所有的基层文化服务。在这种情况下,白云区并不具备推行紧密型模式总分馆制的条件,但由于白云区地域较大、人口分散,客观上又对总分馆服务有较为迫切的需求。因此,白云区初始采取的是一种相对松散的运行模式。在管理上相对灵活,由镇街解决场地、人员及设备问题,开放时间和服务内容由分馆自行决定和提供;服务标准、文献加工标准、借阅规则都是统一的。2014 年年底,白云区已建立基层分馆 16 间,其中镇街分馆 13 间,以镇街分馆为主体的总分馆服务体系已经初具规模。

随着工作推进,为了适应服务开展,白云区图书馆又对一些管理措施进行相应调整,对分馆的场地规模、服务条件、开放时间提出了要求,统一了分馆服务的标识。为了响应《规划》要求,2016—2019 年,白云区共有 18 个镇街相继完成分馆专业化改造工作。2019 年年初,钟落潭新图书馆大楼落

成并对外开放,被称为"示范分馆中的示范"。2019年,白云区总馆为每个镇街分馆派驻了一名工作人员,在统一人员配备上走出第一步,总分馆工作也从相对松散型向相对紧密型转变。可以说,白云区的总分馆工作在总结和优化中发展,区、镇街两级职能部门认真履行政府的主体责任,始终将镇街分馆建设作为切入点和重点工作来抓。白云区图书馆总分馆服务体系建设与服务的核心力量始终是镇街分馆,在2019年广州市公共图书馆基层分馆服务效能前20名排行中,白云区镇街分馆占了6个。

在制度顶层设计上,白云区充分发挥政府引领作用,为总分馆的建设定方向、定标准。2018年,在经过多番征求意见后,白云区印发《白云区公共图书馆总分馆体系建设实施方案》。该方案明确了白云区公共图书馆建设的标准和任务分工,并建立了保障措施,明确了推进工作安排的时间节点,对白云区总分馆体系建设具有指导性意义。

在图书馆场馆选址问题上,白云区文化主管部门积极发挥主观能动性,镇街结合辖区实际情况,通过充分利用公建配套、整合党建资源、租赁场地、新建大楼等方式,完成图书馆的场馆建设和专业化改造工作。自2018年以来,白云湖、石井、京溪、鹤龙、新市、嘉禾、景泰、石门等镇街在建设街道党群服务中心的过程中,划出部分场地来建设图书馆,达到各方各取所需、共建共享、相互促进的目的,也实现了场地利用价值的最大化。部分镇街在原有场地的基础上进行升级改造,如同和、同德、均禾、太和等镇街通过整合利用、重新布局,最大化地增加了图书场馆使用面积。三元里街道以每年100多万元的租金租下地理位置优越的位于三元里古庙及三元里小学旁的整栋大楼,投入200多万元打造街道图书馆。钟落潭镇投入近100万元,新建一栋建筑面积达1300多平方米的大楼作为新图书馆馆舍,进一步满足了该地区群众的阅读需求,成为白云区公共文化服务的新亮点。

表1 截至2019年年底已基本完成专业化改造的镇街分馆场馆建设方式

与党建服务中心共建	白云湖街、石井街、京溪街(佳兆业分馆)、鹤龙街、新市街、嘉禾街、景泰街、石门街
在原场馆基础上升级改造	同和街、同德街、均禾街、太和镇
公建配套	金沙街、黄石街
租赁新场地	三元里街
新建图书馆大楼	钟落潭镇
与其他单位共建	松洲街、云城街

3.3 以法规为抓手，利用公建配套建设分馆

《规定》于2016年3月正式施行，这是白云区公共图书馆建设的一个重要契机。2016年8月，白云区以此法令为抓手，把白云新城一开发项目的新建公共配套设施争取建成白云区图书馆白云新城馆，率先启动公建配套建设图书馆。此后，在镇街图书馆建设过程中，也充分利用各类法律法规，解决了图书馆建设中最困难的场地问题。在2017年广州市镇街分馆试点专业化改造中，白云区金沙街分馆正是依据广州市最新实施的公建配套设施移交办法，争取到1000多平方米的小区公建配套文化场地。继金沙街分馆这一成功案例后，黄石街也利用公建配套完成了图书馆的专业化改造，永平街也争取到了公建配套场地，正在筹建一个1000多平方米的新图书馆。在目前城市建设进程不断加快的过程中，大量的公建配套设施将陆续移交，利用公建配套建设分馆的做法，具有一定程度的可复制性和推广价值，可为全市乃至全省、全国的同类单位提供参考借鉴。

3.4 加强分馆人才队伍建设，提升专业水平

"人才是第一资源。"在推进总分馆建设的过程中，白云区一贯重视分馆人才队伍建设，不断探索优化图书管理员配备管理模式。2019年，为解决基层公共图书馆管理人员不足、开放时间不够长的问题，图书馆积极争取区有关部门支持，统筹调配，通过购买服务的方式为每个镇街分馆派驻专职工作人员1名，进一步强化了总分馆体系人员保障。派驻管理员全部为大专以上学历，其中本科学历约占60%。目前，镇街分馆的管理员队伍基本上由总馆派驻人员、镇街配备人员共同组成。

随着总分馆工作的深入开展，区有关部门逐步加大对基层管理员职称申报工作的支持力度，不断提升基层图书馆队伍专业化水平。2018年，区图书馆首次组织分馆工作人员开展职称申报指导课程，积极鼓励并协助分馆服务人员参加图书资料系列职称申报，鼓励基层分馆员工开展业务研究，积极申报科研项目，发表研究成果。为配合分馆管理人员的专业水平提升，区文广新局以区政府雇员改革为契机，经与有关部门协调沟通后，印发了《广州市白云区文化广电新闻出版局关于2018年度申报图书资料助理馆员资格的指引》，为基层分馆人员打通了申报职称渠道。2018年，白云区有3名镇街分馆人员成功获得助理馆员资格，实现了零的突破。

从2011年起，区图书馆每年均定期组织一到两次基层分馆管理人员专

业培训班。近年来，区图书馆总分馆业务培训工作进一步规范化和标准化。2019年，委托广东省中心图书馆委员会组织举办总分馆专业技术人员培训班，邀请业内多位专家现场授课，培训课程针对性强，内容丰富，涵盖理论解读、操作实务、新技术动向等方面。总分馆专业技术人员培训班为白云区公共图书馆馆员学习搭建了一个很好的平台，有效帮助馆员提升自身综合素质和服务水平。为进一步提升基层图书管理员的业务水平，2019年12月，区图书馆编制并下发《广州市白云区图书馆业务工作指南》，方便基层管理员更好地掌握业务知识，及时解决工作中遇到的各类业务问题，提高服务效率。

3.5 创新思路，调动社会力量建设分馆

近年来，区图书馆充分调动学校、机关、企业等社会各方力量参与建设分馆和服务点，以区图书馆负责提供图书文献和业务指导、社会力量负责提供场地和配备工作人员的模式共建，成效显著。2016年，白云区图书馆与辖内两个网咖共建经典文化主题智能自助图书馆，并实现通借通还，把经典文化、全民阅读推广完美融入网吧经营环境，获得社会各界的一致好评，也受到国家文化部公共文化司的关注，这一创造性做法乃全市首创，为白云区利用社会资源共建公共图书馆迈出了成功的一步。2018年以来，白云区图书馆与辖内企业分别共建了优一分馆、太和汇自助服务点、央玺分馆、林安分馆、空港文旅小镇服务点；与人和镇新联村、景泰街柯子岭长安社区、新市街居家养老中心共建服务点，进一步将图书馆服务延伸至社区一线，惠及更多居民群众。

为破解社会力量合作服务效能不高、小型机构参与公共图书馆服务门槛较高的难题，2020年5月，区图书馆和第三方阅读推广组织合作，试点开展社区微型图书馆建设模式，由区图书馆提供图书文献、第三方提供借阅系统软件和硬件、社区或机构负责日常服务。各种社会力量的加入，让更多"家门口的图书馆"在白云区出现，更多居民群众能在家门口享受到公共图书馆的服务，公众的基本文化权利得到切实保障。目前，白云区共有社会力量参与建设的图书分馆（服务点）13个。据统计，2019年白云区社会力量参与建设的图书分馆（服务点）共接待读者25.87万人次，外借文献48778册次，新办借阅证1713个。

3.6 立足实际，打造特色分馆

前期，白云区在总分馆建设中主要以粗放型发展为主，侧重于硬件建设

和构建基本的服务体系。自2017年以来，白云区以试点镇街分馆专业化改造工作为契机，在图书馆建设中更侧重于特色挖掘。在统一平台、统一规范、统一标识、统一服务的基础上，在项目建设、馆藏建设、流通服务和阅读推广中注重融入地方特有的文化元素，打造特色分馆。

三元里分馆（如图3所示）在项目的建设中，充分挖掘、整合三元里特有的岭南文化和历史文化资源，三楼阅览区以"静·雅·博学"为服务宗旨，其空间和功能布局极具地方文化特色；一楼为三元里历史文化展览馆，分五个单元，从独特角度展示三元里历史文化，是三元里及至白云区的文化窗口。设立太和、均禾、鹤龙分馆时，充分考虑其周边少儿读者众多、少儿阅读需求量大的特点，与广州少年儿童图书馆合作，打造以少儿读物为主要馆藏文献的少儿服务特色馆。新市街居家养老中心服务点是一间主要服务于老年读者的图书馆，馆藏文献以医疗保健、休闲养生、历史故事为主。此外，分馆在日常的活动中，也着重反映当地民俗文化，如三元里分馆举办的粤语讲古、书画培训，金沙分馆的"云声朗朗·社区共读"，同和分馆的"书香同和"阅读活动都大力向外界传播本土的优秀文化。这些特色活动受到本地居民和外来人员的认可，提供外来文化和本土文化的交流和融合的空间，对外来人员融入本地社区起到很好的促进作用。

图3　三元里分馆内景

现代图书馆，尤其是公共图书馆很多时候被视为城市的文化名片。规范化是公共图书馆服务的基础，而特色才是图书馆的灵魂，才有成为"名片"

的资本。白云区在分馆建设的终极目标是一馆一特色，使每个分馆都成为能拿得出手的"名片"。

4 建设成效

4.1 场馆环境和硬件设施水平明显提升

随着一批新馆的建成开放，以及大部分镇街分馆升级改造的完成，白云区基层公共图书馆的硬件设施水平明显提升。一是场馆面积得到扩充。目前白云区共有15间镇街分馆的建筑面积和阅览面积达到《条例》《规划》要求，达标率为68.18%，比2018年增加约40个百分点。二是服务设施专业化水平提升。新建或改造后的分馆功能布局更为合理，均增设了不低于全馆借阅服务区域面积20%的少儿阅览区，三元里分馆更是拥有个性化学习空间和休闲交流空间等服务功能；馆内各项硬件设施得到完善，目前共有28间分馆配备了自助借还机，占比为77.78%。三是阅读环境的提升。完善的硬件设施、丰富的馆藏资源和周到的服务内容吸引了更多的读者走进图书馆，全新的阅读环境、别致温馨的装饰布置让人身心愉悦，爱上阅读。

4.2 开放时间与管理人员保障到位

白云区文化主管部门和各镇街在逐步完善图书馆场馆硬件设施建设的同时，也在想方设法保障图书管理员到位。新建或改造后的分馆基本上配备1至3名专职管理员。据统计，目前白云区36间分馆共有57名专职人员、55名兼职人员，其中5间镇街分馆的专职人员达到3人以上。在开放时间方面，有21间镇街分馆的周开放时间不少于40小时，达标率为95.45%；有7间镇街分馆的周开放时间不少于40小时且周末开放时间不少于8小时，达标率为31.82%。

4.3 服务效益日趋向好

随着白云区对公共图书馆总分馆建设力度的加强，对通借通还服务的宣传力度不断扩大，对全民阅读活动品牌的大力打造，白云区图书馆总分馆体系服务效益日益提升，特别是镇街分馆的服务效益排在全市前列，在白云区公共图书馆事业中扮演重要角色和发挥积极作用。2019年，白云区基层图书馆共接待读者166.91万人次，同比增长279.49%；外借文献68.99万册次，同比增长90％，占了白云区所有外借文献量的58％；新办借阅证20699个，同比增长226.01％，占了白云区所有新增注册读者量的78％。其中，钟落潭、太和、同和、永平、金沙、京溪、三元里等镇街分馆的服务效益尤为突出。各项业务数据表明，白云区各基层分馆的作用越来越大，效益越来越好，是白云区公共图书馆总分馆服务体系建设的重要力量。

作者信息：

陈国兴，广州市白云区图书馆馆员。
通信地址：广州市白云区机场路1035号。

因地制宜打造特色分馆，满足群众多元文化需求
——海珠区图书馆总分馆服务体系建设案例①

1 建设背景

海珠区位于广州市南部，总面积90.40平方千米，常住人口166万人，目前共有18个行政街道。《广州市"图书馆之城"建设规划（2015—2020）》实施前，海珠区总分馆建设面临区内图书馆分布不平衡、服务内容较为单一、不能满足群众日益增长的多元文化需求等客观情况。2015年前，海珠区图书馆总分馆总面积为6325平方米（其中总馆5000平方米），远达不到"图书馆之城"建设面积的标准。从行政区域上看，海珠区中西部地区设有含总馆在内的8个总分馆，东部地区面积较大，仅设有兴仁书院分馆，区内图书服务网点分布不均衡。分馆服务内容以图书借还为主，分馆面积普遍不大、馆藏量较少、更换频次低，不利于吸引更多读者进馆。2014年以前，海珠区年文献外借量均不超过20万，图书流转率不到55%，年文献外借量、读者到馆总人次、新增读者证等业务指标主要由总馆完成，总馆服务压力较大，分馆服务效能有待提升。

自2015年《广州市公共图书馆条例》（下称《条例》）颁布实施以来，海珠区积极推进"图书馆之城"的建设工作：2016年海珠区图书馆成为广东省公共图书馆总分馆建设第二批试点单位，2017年海珠区政府向全区印发《海珠区图书馆总分馆服务体系建设试点方案》，海珠区"图书馆之城"、图书馆总分馆服务体系建设正式拉开序幕。按照"政府主导，统一规划、多方投入，统一管理、开放共融，创新惠民"的基本原则，通过近几年的努力，海珠区初步形成了"总馆服务体系＋街道分馆＋社会力量合作共建分馆/服

---

① 本文系"2020广州市图书馆科研课题"《文旅融合背景下公共图书馆开展地区特色旅游公共信息服务研究——以广州市海珠区为例》（课题编号：2020GZTK09）研究成果之一。

务点"的矩阵模式,一批别具特色的分馆相继完成建设并投入使用,较好地满足了不同群体对公共图书服务的需求,基本实现了建设预期目标。总分馆、服务点、社区图书服务点共计34个,其中与社会力量共建分馆/服务点18个;服务体系新增面积17355.39平方米,新增馆藏48.57万册,基本解决了区内东西部图书馆分布不均衡问题;年文献外借量从2017年起实现跨越式发展,进馆人次分别在2018年、2019年首次突破百万、两百万大关(如图1所示),累计有效注册读者量在2019年首次突破10万人;海珠智汇分馆、琶洲建设者之家图书服务点、民艺设计分馆等一批特色图书服务点相继开放,提供多元文化供给,服务读者能力明显提升。

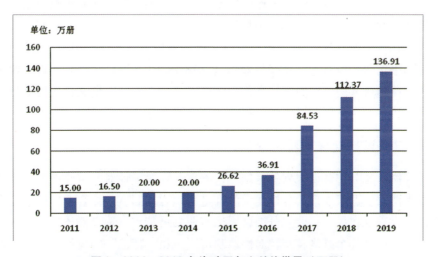

图1 2011—2019年海珠区年文献外借量(万册)

图2 万胜分馆自开放起服务效能在分馆中名列前茅

2 建设历程及亮点

近几年来,海珠区图书馆总分馆建设经历了从无到有、从西到东,上下一盘棋,供给服务渐趋多元化的发展过程,主要建设历程及亮点如下:

2.1 市区联动,规划先行

充分吃透上级政策,利用市文化广电旅游局下拨的基层公共文化服务建设专项资金,保障总分馆建设经费;同时由广州图书馆提供专业指导,指定专人负责海珠区总分馆建设工作的协调与沟通,保障了市区两级总分馆服务体系建设联动开展。在吃透上级扶持政策的基础上,经过多次讨论修改,制定了《广州市海珠区"十三五"时期文化发展规划(2016—2020年)》《海珠区图书馆总分馆服务体系建设规划(2018—2020年)》等规划文件,明确把加快构建公共图书馆服务体系作为海珠区"十三五"时期文化发展规划的重点工程,其中分馆建设作为工程中的核心工作之一,得以加速推进。

2.2 因地制宜,特色分明

在做好总分馆建设规划的基础上,海珠区开展了针对分馆建设的读者阅读需求调研。调研发现,分馆建设的推进必须因地制宜,综合考虑以下几个方面:在选址布局上,要充分结合周边产业发展特点、读者群体特性、区重点中心工作等几个维度,有针对性地制定"一馆一特色"的建设方案;在馆藏建设及图书更新上,既要满足大众化需求,也要提供专业化服务,同时图书的物流配送等效率必须逐步提升;在建设标准上,要根据分馆定位,既可以按《条例》等要求建设面积馆藏双达标馆,也可以采取嵌入服务共建,实现以通借通还服务为主,如此才能在经费有限的基础上快速普及公共图书文化的供给。思路明确后,海珠区图书馆总分馆建设紧跟区内经济和社会发展大势,将分馆建设重点放在区内科创基地及公共文化资源相对稀缺的东部地区,通过"图书馆+科创产业基地""图书馆+党群服务中心""图书馆+行业协会"等方式打造了一批主题丰富多彩、服务效能优异的分馆。主要亮点有:

2.2.1 服务科创添助力

近年来,海珠区创新发展跑出"加速度",一批科技创新园区和企业孵化器如雨后春笋般涌现。海珠区图书馆总分馆建设紧跟形势,在琶洲人工智能与数字经济试验区、唯品同创汇、海珠智汇等园区新建琶洲建设者之家图书服务点、FDC面料图书馆分馆、海珠智汇分馆等,为海珠区科技创新建设提供了良好的文化助力。

特色分馆实例1——琶洲建设者之家图书服务点(如图3所示)。琶洲人工智能与数字经济试验区位于海珠区东部,目前已有腾讯、阿里巴巴、复星、唯品会等数十家企业进场施工建设。琶洲建设者之家位于琶洲试验区的中心区域,是海珠区委为推进城市基层党建工作,聚焦琶洲粤港澳大湾区人工智能与数字经济试验区发展,为更好地服务试验区内企业、人才和广大建设者而打造的综合党建服务阵地。根据规划,2019年3月,海珠区图书馆在琶洲建设者之家设立图书服务点,服务点面积140平方米,目前共有藏书5000册,设有党建图书专架,并设有"互联网+"有声数字知名阅读平台百听听书项目,提供多角度、多层次优质有声书资源。琶洲建设者之家集政务服务、医疗服务、心理咨询服务、海珠主题展览、青年之家等服务于一体,由第三方企业入驻统一运营管理,自开放起深受建设者及周边居民喜爱,2019年共举办图书分享会、电影剧场等各类活动123场,图书服务点年进馆人次达21916人次。同年,琶洲建设者之家获第四届广州市社会创新榜"最佳社会共创项目"。

图3 琶洲建设者之家图书服务点

2.2.2 服务基层展初心

在党群服务中心嵌入图书配套服务,做好优化配套工作。借助党群服务中心建设工作的开展,与区机关党工委、各街道分别在晓港公园、华洲街、官洲街打造机关分馆、官洲分馆、华洲分馆等。

特色分馆实例2——华洲分馆（如图4所示）。华洲街位于海珠区东部，街道常住人口约10万，流动人口密集，占总人口80%以上。街道距离中大型公共图书馆如广州图书馆、海珠区图书馆、海珠区少年儿童图书馆等距离均在10千米以上，居民尤其是儿童获取阅读资源不便。2017年9月，为响应与支持海珠区实施乡村振兴战略三年行动计划，海珠区文广旅体局、海珠区图书馆、华洲街道办事处等共同打造华洲分馆，分馆面积520平方米，馆内藏书约3.2万册，设置少儿阅读区、绘本区、0～6岁亲子活动区等区域。分馆引入致力于乡村儿童阅读的第三方——满天星青少年公益发展中心——负责分馆管理与运营，从阅读资源、阅读环境、阅读活动、阅读引导、志愿服务等方面着手，为华洲街道辖内居民尤其是0～12岁儿童提供优质和免费的阅读推广服务，丰富居民文化生活，打造阅读型、学习型社区。经过两年时间的培育，华洲分馆取得了优异的服务效能，在海珠区乡村振兴中发挥重要作用。2019年度华洲图书馆开展阅读推广活动223场，直接服务超过6110人次，年度总借阅量24625册，年进馆人次达42346人次。同年，华洲分馆获广州市"最美基层图书馆"、广州市"十佳社会创新项目奖"、广州市"最美少儿阅读空间"、广州市"优秀志愿服务团队"等荣誉称号。

图4 华洲分馆开展丰富多彩的阅读推广活动

2.2.3 服务文化引潮流

海珠区公共文化资源丰富，艺术氛围浓厚，有"广东省民族民间艺术之乡"南石头街，"广东省粤剧艺术之乡"南华西街，入选广东省第二批非物质文化遗产名录的滨江街咸水歌等。在推进总分馆建设的过程中，海珠区侧重挖掘图书服务与文化创新的结合点，并尝试与广州市民艺创新中心合作，打造一间集颜值与民族民俗设计等内容于一体的分馆——民艺设计分馆（如

图 5 所示）。

特色分馆实例 3——民艺设计分馆。分馆面积 880 平方米，藏书 1.4 万册，以中国民俗民族、艺术设计、手工艺美学、纺织技术等优质书籍为主，主要为民艺工作者、学者、设计师、设计院校师生，以及相关领域的企业人员提供图书服务。通过提供第三空间教育，举办民艺爱好者聚会，联合广大手工业、非遗从业者、各界人士，探求民艺现代转化的有效途径，推动民艺创新设计的实验及生活化回归。民艺设计分馆聘请广州市知名广告人李伟斌担任分馆馆长，负责分馆运营与管理。一方面，李馆长充分发挥其设计才能，将民艺设计分馆打造成海珠区颜值最高的分馆之一；另一方面，通过其个人影响力，分馆吸引了一大批慕名而来打卡者。民艺设计分馆自开馆来，吸引了广州许多大"V"甚至明星前往，获广州广播电视台等多家媒体报道，成为海珠区内有名的网红打卡点。

图 5 以民族民俗设计等内容为主题的分馆——民艺设计分馆

表 1 海珠区 2016—2019 年部分新建特色分馆

分馆名称	面积（平方米）	藏书（万册）	特色
海珠区少年儿童图书馆（2017 年 7 月 14 正式开馆）	4500	30	少年儿童专题图书馆，馆藏资源丰富，阅读推广活动精彩纷呈，被媒体誉为"广州最美少儿图书馆"。

续表1

分馆名称	面积（平方米）	藏书（万册）	特色
万胜分馆（地铁图书馆）	447	1	图书馆+广州有轨电车有限公司。藏书以交通轨道、经济、文学、旅游、儿童读物等优质书籍为主，能充分满足不同年龄、不同群体的阅读需求。是市民品读知识、感受时尚、触摸艺术、享受生活的多元文化空间，为市民带来出行、借阅、消费和休闲等元素相融合的一种全新生活体验。
FDC面料图书馆分馆	979.39	0.5	面料主题图书馆。全市第一个面料实物和服装类书籍完全融合的专题图书馆，面积近1000平方米，目前共有服装类、设计类等专题图书5000余册，来自全球的面料料卡400多万种。
联合教育城分馆	500	1	图书馆+青少年教育。以青少年教育类读物为主，分为0～6岁少儿绘本专区、6～18岁青少年读物专区。
海幢寺分馆（佛教图书馆）	412	1	图书馆+名寺。设有藏经阁、普通图书阅览区，图书以佛教类、茶艺、盆景艺术等为主。
海珠智汇分馆	1000	1.5	图书馆+科创产业园。设在海珠智汇科技园，是海珠区推动公共文化与科创产业相结合、助力湾区科创走廊，推动图书资源精准供给重要举措之一，以金融、科技、互联网创新、文学等优质书籍为主。

2.3 不断创新，优化管理

通过不断挖掘优化内生服务模式，不断提升分馆的服务能力。一是提升物流服务效能。针对分馆馆藏量较少、更新慢等问题，海珠区在2016年率先购买图书物流服务，定期对总分馆图书进行更新和优化，做到按需调配。2016—2019年共为服务体系更新置换图书55.77万册，极大程度地盘活了总分馆图书资源，缓解总馆服务压力。二是唯才是举。大胆启用各具才能的社会人士担任分馆馆长。分馆的服务效能除与选址、周边环境、硬件投入等相关外，馆长是使分馆发挥活力的灵魂。如民艺设计分馆聘任广州著名广告人李伟斌担任分馆馆长；华洲分馆聘任满天星公益机构担任运营方，满天星专注社区图书服务、外来工子弟图书服务，通过丰富便民的图书服务和阅读推广活动，将华洲分馆打造为社区里一个温暖的阅读场所。三是加大志愿服务力度。引入志愿服务解决分馆人手不足的问题，也为热心读者提供亲近图书管理业务的机会，增强读者的黏度。2017—2019年共招募志愿者6709名，为总分馆提供图书整理、协助分馆日常开放、开展阅读推广活动等服务，志愿服务时超2.3万小时，缓解了总分馆人员压力；开展基层培训78场次，培训分馆工作人员、志愿者等共计1144人次，保障了服务体系内从业人员的专业性。

3 建设经验

3.1 加强顶层设计，政府重视是关键

在全市推进图书馆之城建设的大背景下，在海珠区委、区政府高度重视下，海珠区一方面加强规划和制度建设，对区内公配文化用地、产业园、基地等做好深入的摸查调研工作，根据总分馆服务体系建设规划及区内人口分布、读者需求等，制定规划和建设方案，有序推进总分馆建设。另一方面从经费、场地等方面加强保障。海珠区成立总分馆服务体系建设工作领导小组，协调服务体系建设过程中建设场地、资金等方面的困难与问题，深刻总结这几年总分馆服务体系的建设经验，在做好顶层设计的基础上，政府重视到位、上下体制机制执行畅通，是项目得以顺利推进并取得成效的关键所在。

3.2 激发内生活力，服务创新是根本

"忽如一夜春风来，千树万树梨花开。"在"图书馆之城"建设政策东风的吹拂下，海珠区图书馆总分馆服务体系建设进入高速发展时期。一方面，苦练内功，加强制度建设。出台一系列业务标准和服务规范，总分馆统一采购、统一编目、统一配送、统一借还规则、统一服务政策、统一服务标准，全数纳入广州市通借通还系统。制定《海珠区图书馆总分馆服务体系建设试点方案》《海珠区图书馆总分馆服务体系建设规划（2018—2020）》《海

珠区图书馆总分馆图书物流考核制度》《海珠区图书馆总分馆建设合作协议》等一系列方案制度，保障总分馆服务体系建设的可持续发展。制定《海珠区图书馆总分馆服务体系建设标准》《海珠区图书馆总分馆建设文献编目加工标准》，保障总分馆服务体系服务的规范性和标准化。另一方面，创新服务，主抓精细化管理。区总馆牵头建设智慧数据中心。大数据智慧墙为读者提供图书馆业务动态、客流进出动态、活动、场地发布设置等各类动态图文信息和导引信息，形成特色化的业务动态界面。中心后台整合了数十个总分馆业务数据，总馆可利用海量数据对分馆绩效进行实时分析，为总分馆精细化管理提供了科学依据。先后投资130万实施图书馆自助化服务升级工程。采购自助借还（办证）一体机配送至各分馆，各馆自助借还覆盖率由2015年的37.5%增长到2019年的72.7%。

3.3 善于借助外力，顺势而为是支撑

海珠区作为老城区，在财政缩紧、用地紧张的双重压力下，海珠区图书馆总分馆服务体系建设结合区内以"一区一谷一湾"为首的各项产业转型与升级、各级党群服务中心建设与服务等契机，嵌入图书服务，推动分馆全覆盖。一方面，在摸索因地制宜打造特色分馆的总分馆服务体系建设过程中，主动推进图书服务助力经济社会发展；另一方面，在建设经费、场地有限的情况下，借助各类产业园、党群服务中心服务等，嵌入图书服务，提升总分馆服务效能。截至目前，分馆建设在助力科创、党建、党群服务、文化产业等领域都进行了积极的探索与合作，并树立了如海珠智汇分馆、琶洲建设者之家图书服务点等若干标杆，星星之火，已渐成燎原之势。

4 问题与展望

4.1 问题

一是随着海珠区"图书馆之城"建设的大力推进，公共图书馆在服务范围、服务力度、服务效能等方面都得到大力提升，然而，海珠区作为老城区，受老城区地少人多、建设基础薄弱、经济负担重等因素影响，海珠区图书馆总分馆体系建设和《条例》《关于全面推进我市公共图书馆总分馆制建设的实施意见》等各项建设标准相比，在年人均入藏纸质信息资源量、图书馆覆盖率、镇（街道）分馆达标率、公共图书馆建筑面积等方面还存在一定差距。

二是总分馆服务体系依然为松散型体系。海珠区虽然在图书采购、编目、服务标准、服务政策、图书配送等方面实现了标准化管理，但目前人员、经费等尚未实现总馆统筹，分馆工作人员配备均由街道或合作社会力量配套提供，区图书馆并无工作人员向街镇分馆派驻，总分馆人员管理、考核、晋升等各自为政；分馆开放经费由总馆、街道、社会、企业或个人捐助等多渠道构成，有利有弊，不足的地方在于不利于总馆统筹管理。

三是体系缺乏品牌化条件。同样受经费压力，体系品牌化建设无法铺开，目前有些分馆打造思路和服务效能不错，但没有经费支持在全区范围内铺开同类型分馆的选址、打造，以及分馆形象的统一。

4.2 展望

针对海珠区推进"图书馆之城"建设中碰到的困难和问题，结合海珠区实际情况，可从以下方面着手改进和完善：

一是灵活结合海珠区内政策和社会力量，解决体系建设场地和经费不足等问题，继续扩大总分馆体系覆盖面。目前海珠区与社会力量共建的分馆各具特色，服务效能优异。通过图书馆+党群服务中心、银行、寺院、地铁、协会、满天星公益机构等，海珠区呈现了一批主题鲜明、服务优质的分馆，海珠区将按照共建共享理念，继续发挥该类优势和经验，加大推进与社会力量共建分馆力度，如结合各党群服务中心建设，嵌入图书服务场地和功能；结合海珠区重点项目之一科创产业发展，纳入图书服务等，以提升各类业务水平，缩小差距。

二是从制度建设和技术管理入手，加强体系内总分馆的紧密度，提升服务效能。在人员、经费尚未统筹的情况下，从分馆服务效能考核机制、退出机制、分馆管理员晋升机制等制度建设着手，通过业务数据考核，促进分馆开展图书服务的主动性，提升总馆统筹力度。对于服务效能较差的分馆，有针对性地提出服务效能提升措施，加速分馆发展；引入分馆退出机制，对于业务数据连续考评较低的分馆，给予退出建议，以制度加强体系内总分馆的紧密度。同时，增强大数据管理能力，通过数据挖掘了解各分馆读者偏好，精准推送个性化信息和活动介绍，达到实时、动态地与读者互动，满足读者需求，增强总馆与分馆、读者与公共文化服务体系的黏合度。

三是继续推动总分馆服务体系品牌化建设，打造"海珠模式"。海珠区"图书馆之城"正探索富有海珠特色的创新型总分馆服务体系建设之路，目前已经形成了总馆服务体系+街道分馆+社会力量合作共建分馆的矩阵模式，服务效能明显提升。下一步，海珠区将继续探索特色分馆的连锁化发展，做好品牌化推广建设方案，设计和思路走在前面，条件成熟一个推广一个，提升品牌分馆服务效能，以服务效能吸引区内政策、经费支持，推动总分馆服务体系建设品牌化打造。

作者信息：

阳娟兰，海珠区图书馆副馆长，图书资料馆员；
郭应佳，海珠区图书馆馆长，图书资料馆员。
电子邮箱：357125418@qq.com；4310666@qq.com。

拓展创新基层服务，打造图书馆之城
——增城区图书馆推进"图书馆之城"建设案例

1 案例背景

广州市增城区是全国著名的生态旅游示范区，除本土居民外，还有来自各地的务工者、旅游者，多元文化的交汇，使得广大基层群众的精神文化需求日益高涨，增城区图书馆总馆的阅读服务已经无法满足。

增城区图书馆自2009年搬迁至新馆，馆舍面积、藏书量等方面虽有了较快增长，位于荔城街的增城区域总馆，服务人口大多数为荔城街、增江街读者，约21.3万人，但对于增城全区121.85万常住人口来说，公共图书馆服务难以惠及全民，尤其大部分住地偏远的基层群众。资源覆盖面不广，资金投入不足，以及群众利用图书馆意识不强等问题，造成群众对公共图书馆了解不多，更谈不上积极利用。

2017年前，增城区图书馆的进馆人次、读者办证、借阅量和活动参与率均不高，馆藏资源缺乏是其中一方面的原因，此外，在增城区整体文化建设中，图书馆延伸服务不够，服务效能急需提升。打通基层阅读服务通道，扩展基层服务阵地和创新基层服务形式，成为增城区图书馆推进"图书馆之城"建设的迫切任务；让读者愿意走进图书馆，了解图书馆的服务模式，则成为提升增城区图书馆服务效益的有效途径。

2 实践过程

2.1 区政府积极履行保障责任，总分馆体系建设扎实推进

近年来，增城区政府对公共文化的建设力度逐步加大，按照广州市"图书馆之城"建设规划目标，增城区制定了《增城区公共图书馆建设规划

(2015—2020)》《增城区公共图书馆区域总馆建设试点和镇、街道分馆专业化改造试点方案》等相关文件，扎实推进区域总分馆服务体系建设。

2017年，区政府将总分馆建设工作纳入本年度十件民生实事之一，旨在进一步拓展基层服务范围。通过政策、财政双重保障，大幅增加人员配置，加强区域总馆设施设备、信息基础设施设备、馆藏信息资源建设，增城区图书馆的硬件设施逐步增加完善，软实力明显得到提升。

财政经费方面，2017年增城区图书馆经费总投入2016万元；2018年经费总投入2957万，同比增长46%；2019年经费总投入5014.99万元，同比增长69%。设施设备、纸质资源、数字资源建设、活动推广等多方面大大满足了公众日益增长的文化生活需求。馆藏资源采购资金投入增大，使原有馆藏出现的短板现象得到极大的缓解。通过长期的读者需求调查，以及科学的采购计划，合理补充本馆馆藏资源，截至2019年年底，增城区图书馆共有馆藏资源约168万册。所有馆藏资源按统一加工标准，纳入广州市区域公共图书馆通借通还服务系统，由区总馆统一采购、加工、配送至各基层图书馆，进一步满足了基层群众的文化阅读需求。

图1　石滩分馆低幼儿童阅览区

2.2　设立总分馆管理职能部门，建设专业化人员队伍

为配合总分馆建设，提升服务质量，2017年起以服务外包形式购买服务，大力开展新员工培训，提高人力资源使用质量。区域总馆设立分馆建设管理办公室，发挥体系建设主导作用，把镇街分馆、服务点、流动图书车、智慧图书馆连接起来，统筹建设、活动、服务等各项工作，将有限的资源尽最大合理化分配，实现基层资源共享。

在人员配置上，增城区图书馆工作人员共92人，派遣到各镇街分馆工作人员14人，通过优化岗位设置，增设分馆管理职能部门，做到科学分工、专岗专用，提高了人力资源配置水平。此外，通过定期开展分馆管理员工、基层服务点管理人员业务知识培训（如图2所示），积极鼓励员工进行再教育培训，按个人特点培养特色人才，大大提高了镇街工作人员的业务水平。

图2　增城图书馆日常业务培训

2.3　拓展基层服务网络，完善基层设施建设

增城区图书馆于2011年加入广州市图书馆图创集群管理系统，区总馆及下属基层图书馆均安装图书集群管理系统，馆藏书籍列入通借通还系统，实现与广州市各图书馆通借通还，进一步在全区各图书馆接入系统，构建全区通借通还服务网络。近年来，增城区图书馆还充分利用信息化平台，将增城区本地特色文献资源进行数字化加工，推动数字资源共享，透过自建和外购增城地方数字资源共3.61TB，共享广州图书馆数字资源约548TB，有效推动实现数字教育资源全覆盖，有力推进数字化建设。

增城区图书馆总分馆建设起步于2017年，由于得到区政府各项政策支持，各项任务落实到位，镇街分馆建设蓬勃发展，分别于2017年建立完成并开放增江、新塘、正果、朱村分馆；于2018年建设完成并开放仙村、派潭、小楼分馆；于2019年及2020年分别建设完成并开放中新、石滩分馆，力求在2020年于增城区每镇街建立一所镇街分馆，实现总分馆制100%覆盖。目前全区建成镇街分馆9个，覆盖率达90%。镇街分馆面积10787平方米，阅览室座位约613个。2019年期间，仙村、小楼等分馆通过升级改造，建筑面积得到有效的扩充。在场地设施上，所有镇街分馆均配备自助借还书机、OPAC检索机。纸质馆藏资源均超过1.5万册，丰富的馆藏资源及科学的功能区分布划分，令镇街分馆成为当地镇街的一大文化特色，亦成了增城区图书馆之城建设中强而有力的中坚力量。2019年启动了数字化系统软件建设、总分馆信息化设备采购、分馆视频监控系统建设等信息化建设项目，7个镇街分馆均已配备电子资源阅览室，满足公众的数字化信息需求，大力提升了基层图书馆数字化水平。

2019年7月，经广州市公共图书馆第三方评估，增城区镇街分馆建设获得全市第三名的优秀成绩。后续将以镇街分馆、基层服务点为抓手，通过阵地建设，拓展创新服务，为图书馆之城建设提供坚实的保障。

2.4 活动品牌特色化，惠及广大基层群众

增城区下属镇街目前多以乡村为主，青少年儿童普遍为半留守儿童，老一辈对图书馆公共服务存在不清晰、不敢用等情况，导致基层图书馆服务难以开展，大部分基层图书馆形同虚设，开放后无人问津。工作人员意识到，想让群众走进图书馆，必须要自己先走出去。镇街分馆恰好成为区域总馆与基层服务点的连接中介，工作人员通过加强与基层服务点的活动关联，在服务点条件及资源充足的情况下，主动为服务点提供馆藏借阅、阅读推广等服务，积极实行增城图书馆"走出去，引进来"的阅读推广活动方针，活跃了基层图书馆的气氛，带动了群众阅读氛围。

2019年组织开展了24场阅读求知进基层"作家阅读与写作"专题讲座（如图3所示），邀请20多位知名作家诗人到荔城、新塘、正果、朱村等21所镇街中小学及分馆、基层服务点开展讲座。同时在各镇街分馆开展了21场少

图3 派潭分馆派潭第一小学阅读求知进基层系列活动之"作家阅读与写作"专题讲座

儿科创活动，促使读者思考，提高读者的科学文化素养。通过"小红姐姐讲故事"等手工活动，增城区图书馆多次走进各中小校园内，由图书馆的工作人员向各中小学生宣传推广公共图书馆服务，为师生们提供免费办证、借阅咨询等服务，让基层群众了解到公共图书馆均有便利的公益文化服务。

图4 派潭分馆暑期乐翻天系列活动之"有趣的面具活动"

各镇街分馆结合自身实际，组织开展自身品牌活动，如派潭分馆的"杨梅书屋"、仙村分馆的"露珠小讲堂"、小楼分馆的"仙姑学堂"等品牌活动的开展，有效提高了图书馆在群众中的知名度，并逐渐形成特色活动品牌。

表1 增城区图书馆2019年镇街分馆品牌活动开展情况及服务效益

分馆名称	进馆量（人）	图书外借（册次）	图书外借（人次）	办证量（人）	特色活动主题	开展期数（期）	总活动场次（场）	总活动人数（人）
新塘分馆	344347	9264	3653	884	童趣书屋	9	50	5795
增江分馆	116945	9667	2337	190	—	0	30	9090
朱村分馆	38392	15806	1889	1964	阳光学堂	12	48	4090

续表1

分馆名称	进馆量（人）	图书外借（册次）	图书外借（人次）	办证量（人）	特色活动主题	开展期数（期）	总活动场次（场）	总活动人数（人）
仙村分馆	46828	25602	2778	1603	露珠小课堂	8	53	5945
正果分馆	23171	8086	727	1492	九峰山下	10	44	3299
派潭分馆	60300	21674	2698	3212	杨梅书屋	16	73	7118
小楼分馆	10096	6082	703	1212	仙姑学堂	14	43	2975
合计	640079	96181	14785	10557	—	69	341	38312

以 2019 年全馆活动场次做参考，全年活动次数达 612 次，参与人数近 33 万人，其中 341 场为总馆以外活动（含镇街分馆及基层服务点），有力推动了增城区公共图书馆的蓬勃发展。

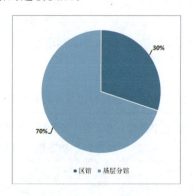

图 5　2019 年增城区图书馆举办活动构成

2.5　设立全民阅读示范点、智慧图书馆

全民阅读示范点及智慧图书馆是增城区图书馆推进基层服务网络建设的新尝试。过去基层服务点的设立多数为单位或学校，未能惠及全民。全民阅读示范点及智慧图书馆，成为基层服务网络的有力补充。

目前全区共建立5个全民阅读示范点，5个智慧图书馆。全民阅读示范点均设于人流密集，如车站、银行、酒店等地方，为群众提供碎片时间内随手可得的阅读资源。而智慧图书馆提供的则是24小时自助化服务。针对各区域读者人群，为其配备馆藏类别，设立于小区、学校、村委、科技园等有特定群体的地点。配备自助借还书机、读报机、电子书借阅机、RFID门禁、紧急呼叫系统、监控系统，能为读者提供全自助化服务，包括办理读者证、借书、还书、阅览等，读者只需刷身份证即可进入，十分便利。示范点和智慧图书馆均是增城区"图书馆之城"建设中不可缺少的一部分，是推进基层服务的补充服务最现代化和便民性的体现，在服务时长与范围方面，有效弥补了区域总馆及镇街分馆的不足。

图6　增城区永宁街凤馨苑智慧图书馆内部环境

2.6　流动书车服务延伸，满足偏远地区需求

个别偏远地区服务点，限于场地或资源等多方面原因，导致无法满足其阅读需求，总馆专门为此开展流动书车延伸服务。自2013年，全区开始启动流动图书车服务，每次车载2000余册书籍到点为群众服务；2013年至2019年，流动书车总服务次数达800次，服务人数约9万人；2019年，增城区图书馆流动书车服务点共20个，服务范围覆盖9个镇街。考虑到部分较偏远的学校、村落平时较难接收新信息，在提供基本借阅服务的同时，还结合当月活动主题，开展不同形式的宣传活动，如法律知识宣讲、新时代文明实践主题活动等。通过派发传单、知识分享、小讲座等形式，在提供文献

借阅服务的同时充分发挥图书馆的阅读推广的作用。

2.7 设立专门物流团队，加强馆藏资源流动

在服务体系建设中，如何实现馆藏资源的有效利用以及配置，成为增城区公共图书馆建设中较为突出的问题。物流配送链的缺失，导致基层图书馆馆藏资源初次配备的不完善，难以及时根据当地阅读情况进行更换，进一步导致读者借阅效果不佳。为完善增城区公共图书馆整体建设，自2019年5月起，增城区初步建立了物流运输团队，由区域总馆主导，专门针对本区域内所有公共图书馆开展情况，确定物流运输流程及相关工作制度，组建专门物流团队对已建基层图书馆进行馆藏更换，此举大大提高了总分馆馆藏资源交换率，使资源的利用最大化，满足了不同读者的阅读需求。

3 建设成效

截至2020年1月，全区共建有镇街分馆9个，基层服务点51个，其中固定服务点31个（含全民阅读示范点及智慧图书馆），流动图书车服务点20个。整体发展呈稳步上升状态，在场地设施及服务效益方面均有所提升。具体表现在如下两方面：

3.1 基层图书馆服务网络逐步扩大

过去，增城区图书馆由于各项资源的不足，服务只限于区域总馆内；近年来，由于各项政策及地方财政的有力支持，公共图书馆事业不断发展壮大，馆藏资源日益丰富并通过街镇分馆、服务点、智慧图书馆等基层图书馆的设立实现区域内科学分配，大大满足了基层群众的阅读需求，服务范围和服务质量得到有效扩大和提升，提高了基层群众对公共图书馆的有效利用率。

表3 增城区图书馆2017—2019年基层服务点增长情况

年份	分馆数量（个）	基层服务点数量（个）
2017	5	38
2018	7	47
2019	8	51

3.2 总体服务效益显著提升

多元化阅读推广服务的延伸、特色品牌活动的有效推广、对通借通还服务的有力宣传，让基层群众日渐提高对公共图书馆利用率。2019年，增城区图书馆藏书量达到168万册，总分馆进馆人数160万余人次，新增读者借书证约3万个，总办证量15.5万个，图书外借量121万册次，开展阅读推广活动、培训、讲座、艺术展览等612场次，参加人数33万余人次，开展流动书车服务近150次。特别是2017年开始实施总分馆建设计划后，2017年进馆人次为104.90万人次；2018年进馆人次148.21万人次，同比增长41%；2019年进馆人次183.62万人次，同比增长24%，服务效益显著提升。

表4 增城区图书馆2017—2019年总分馆服务效益

年份	进馆量（人次）	文献外借量（册次）	借阅人次（人次）	累计注册读者量（人）	举办活动数量（场次）	活动参与人次（人次）
2017	1048957	499178	173441	91676	380	235912
2018	1482058	685053	276786	126178	443	195530
2019	1836191	1219110	209461	155604	612	339115

4 存在不足

4.1 资源分配不平衡，镇街属地管理职能有待加强

与镇街文化站共建图书馆的合作还存在管理体制不顺、管理效率不高、责任分工不明确等情况。各级之间的互相合作还缺乏更加高效的统筹规划。基层图书馆设立于基层，但基层管理层重视不够，由于各区经济发展水平的差异，导致基层图书馆投入资源保障不均衡，相关日常保障难以保证不出现缺失、滞后等情况，对业务发展及工作安排存在不少阻碍。

加强沟通是减少发展阻力的有效途径，通过加强镇街分馆与镇街各部门的联动，目前基层工作已得到一些改善。如小楼分馆场地搬迁，对阅读环境及阅览面积均有较大改善；正果分馆由于地理位置较为偏远，宣传力度不足，目前需由当地文化站及教育系统主导，加强分馆宣传，通过活动联动，提高群众对分馆的使用率。

4.2 阅读观念落后，导致借阅量偏低

镇街群众对图书馆提供的免费借阅服务内容并未全面了解，尤其处于偏远乡镇的读者更愿意走进图书馆进行阅读及自修，而不愿进行借阅。究其原因，一是乡镇居民文化建设意识不强，二是过于小心翼翼，害怕损坏图书或丢失图书等意外发生，这导致部分分馆办证量及借阅量难以提升。因此需要"走出去，引进来"，通过活动使公众加深对图书馆的了解，使他们的认识不断得到深化，从根本上提高公众对公共图书馆的使用频率，从效益上达到预期发展目标。

5 未来发展规划

5.1 全面构建图书馆服务网络

以增城区图书馆为主导，推进以分馆为骨干、基层服务点为延伸的公共图书馆服务体系，构建完整通畅的信息化图书馆服务网络。联合镇街、教育、企业等相关单位，通过科学合理规划，因地制宜，在学校、企业、汽车站、村居（社区）等人流密集区域设置基层服务点、24小时自助图书馆等；加快镇、街道分馆建设，实现至2020年全区每个镇街拥有一座公共图书馆分馆。推进永宁街分馆建设，完善已开放镇街分馆管理以及活动开展。每个分馆每月举办不少于2次阅读推广活动，通过加大宣传力度，整合品牌活动资源，提升服务水平和借阅量。

5.2 完善人员培训机制，提升管理人员业务技能

制定相关考评要求和考核制度，落实基层管理人员培训任务，按总分馆建设文件要求，落实各服务点工作要求。由区域总馆主导，定期开展工作人员培训。主动收集服务点问题，集思广益，抓重点、分主次进行，逐步提升服务点工作人员的业务技能，提高各服务点的服务效益。

5.3 积极做好活动品牌化发展规划

打造并提升"一馆一品牌"。根据当地群众需求做好问卷调查、活动调查等，根据当地资源或特色，投其所好，打造别具一格的具有当地特色的品牌活动、服务，同时加强与所在镇街基层服务点联动，延伸服务范围，创新

服务形式，提高分馆品牌活动的影响力。

5.4 优化物流配送体系

目前增城区镇街分馆、基层服务点均由区域总馆统一配送文献资源，使用统一的 interlib 业务管理系统，实现各馆间的通借通还。建立专业的物流团队是该项服务的有力补充，完善整套物流工作流程、构建畅通的资源配送渠道，实现总馆与分馆、基层服务点之间流畅的配送系统，及时回收问题图书及污损图书，优化我区馆藏资源，进一步提高馆藏资源利用率及流通率。

作者信息：

刘飞云，增城区图书馆馆员；伍楚娇、杨秀丽，增城区图书馆管理员。
电子邮箱：zclib@126.com。
通信地址：广州市增城区荔城街府佑路100号。

均等服务，多元合作
——天河区公共图书馆总分馆体系建设案例

为贯彻落实《中华人民共和国公共图书馆法》和《广州市公共图书馆条例》，天河区图书馆构建区、街道、社区三级公共图书馆服务网络，并引入社会力量参与，延伸服务，打造具有"天河云学习中心"区域特色的数字服务平台，向全区分享数字资源。设施逐步完善，实现资源共建共享，服务互联互通，服务效能逐步提高，推动区域公共图书馆普遍化、均等化、标准化，保障辖区居民基本文化权益，惠及辖区更多居民。

1 实施背景

习近平总书记在党的十九大报告中强调："文化兴国运兴，文化强民族强。要坚持中国特色社会主义文化发展道路，激发全民族文化创新创造活力，建设社会主义文化强国。"公共图书馆是提高国民文化素养的重要公共设施。天河区常住人口数在全市各区排名靠前，但服务保障不充分，专业人员缺乏，区公共图书馆建设基础较薄弱，区域内图书馆事业发展不平衡，公共图书馆建设与天河区社会经济发展水平不匹配，服务效能有待提高，无法满足公众的基本文化需求。

图书馆服务的普遍均等和全覆盖是保障民众公平享受社会文化资源、实现信息公平的主要途径。近年来，中央和地方政府大力支持公共文化事业发展，于2015年、2018年分别颁布实施《广州市公共图书馆条例》（下称《条例》）和《中华人民共和国公共图书馆法》（下称《公共图书馆法》），加强了顶层设计和制度建设，将公共图书馆事业发展纳入法治轨道，进一步保障公民基本文化权益。法律法规明确提出建立公共图书馆总分馆体系的要求，同时各级政府相继制定了总分馆体系建设指导文件，如广东省文化厅下发《关于推进县级文化馆图书馆总分馆制建设的实施方案》，广州市文广旅局下发《广州市"图书馆之城"建设规划（2015—2020）》和《关于全面推进我市公共图书馆总分馆制建设实施意见》等政策文件，为区域公共图书馆总分馆体系建设提供了有力的保障与指导。为满足公众日益增长的文化需求，天河区在实践中积极探索区域公共图书馆总分馆体系建设。

2 建设内容与历程

2.1 总体思路

以促进区域公共图书馆事业健康可持续发展、让图书馆文献资源和知识服务覆盖辖区服务人口、最大限度满足社会不同层次人群的精神文化需求为出发点，天河区图书馆根据区域人才集聚、高校资源丰富、科技创新产业发达等区位优势，积极与企业园区、学校图书馆等多元化社会力量展开合作，构建以区图书馆为区域总馆、街道图书馆为分馆、社区图书室为基层服务点，社会合作分馆延伸服务的区域公共图书馆总分馆体系，同时打造具有区域特色的数字资源服务平台，着力建设实体图书馆与数字图书馆并重，多层次、快捷、优质、高效的公共图书馆服务体系。

2.2 建设历程

第一阶段：初步建设（2014—2017年）

（1）2014年，尝试构建区、街道、社区三级区域公共图书馆服务联盟，加强天河区图书馆与街道图书馆的业务沟通，取得了一定成效。

（2）2017年，正式启动区域公共图书馆总分馆体系建设规划编制工作，对21个街道图书室进行实地调研，2018年6月形成《天河区公共图书馆总分馆制建设规划（2018—2020年）》以及《关于全面推进天河区公共图书馆总分馆制建设实施意见》。

（3）2017年，正式启动天河区图书馆新馆建设项目，形成《天河区图书馆新馆建设需求（规模）说明》第一稿。

（4）2015年至2017年，探索与社会机构合作建设分馆与服务点，区图书馆与街道文化站签订协议，将21个街道文化站图书馆（室）纳入分馆范畴，初步建成5个合作分馆、16个学校服务点。

（5）建成信息资源共建共享工程天河支中心，推出"天河云学习中心"在线学习平台、"天河移动图书馆"App具有本区域特色数字服务平台，并通过覆盖全区各街道分馆的电子书借阅机、信息分享数字标牌等多媒体设备，向分馆服务点共享数字信息资源，逐步实现数字服务覆盖全区。

第二阶段：完善建设（2018—2019年）

（1）2018年，经过调研、专家论证，确定区图书馆新馆选址，并完成项目建议书编制。

（2）一方面，推动街道分馆专业化改造升级；另一方面，继续结实际情况，择优选取社会机构合作建设特色分馆或服务点，整合社会资源，拓展我区公共图书馆服务网络。

（3）落实区域总分馆管理运营机制。由区域总馆统一为街道分馆及社会合作分馆配送图书，统一配置专用设备，每年开展全区域公共图书馆工作人员业务培训，定期走访分馆，为分馆提供业务指导和技术支持，规范统一服务标准，加挂统一牌匾，实施一卡通借通还，接入全市公共图书馆通借通还系统，逐步实现标准化服务。

第三阶段：提升阶段（2020年及以后）

（1）区域总馆负责开展区域内总分馆的图书物流，盘活全区图书资源。

（2）建立分馆信息档案，及时掌握分馆基础设施、工作人员等基本信息，加强对分馆的业务指导。

（3）对分馆建设指标及服务效能开展年度绩效考核。通过对服务效能良好、工作表现积极优秀的分馆进行表彰，并在下一年度的资源以及设备配置方面优先考虑，对整体排名靠后的分馆减少资源以及设备配置，以督促各分馆针对自身一系列弱项短板积极争取改造优化，达到以评促建、以评促管、以评促用的目的，从而给辖区读者提供更优质的服务。

（4）推动与街道党群服务中心、综合性文化服务中心、家庭综合服务中心沟通合作，设立图书馆分馆，并纳入街道分馆管理，增加街道分馆建筑面积。

（5）落实社会合作分馆申报机制，对照《广州市文化广电旅游局关于印发广州市公共图书馆与社会力量合建分馆工作指引的通知》（穗文广旅〔2019〕86号）等分馆建设文件要求，梳理申办建设社会合作分馆的条件，对拟合作分馆进行现场考察，并形成考察情况说明。

2.3 建设特点与服务创新

2.3.1 纵向覆盖区、街道、社区三级图书馆建设，保障居民基本文化需求

（1）通过加大保障力度，提高馆藏质量，完善基础设施、工作制度，提升人员队伍素质、服务水平，加强数字信息化建设，整体提升区域总馆服务水平，为区域总分馆体系建设提供坚实支撑。

（2）街道分馆建设是实现图书馆服务普及的重要一环，是目前天河区公共图书馆总分馆制建设的关键点和难点，因此，通过加大对街道分馆的馆藏资源和设施设备的投入以及业务指导，夯实区域总分馆服务体系基础。

同时，每个街道分馆结合实际情况，开展特色服务。如车陂街图书馆（如图1所示）天河分馆地处东圃繁华商业区，交通便利、环境优雅、服务周到。馆内设有车陂传统手工艺品展区，每年将"七巧""摆中元"中的优秀手工艺品在图书馆进行展示，为人们打开了了解车陂传统历史的窗口。此外，儿童阅读区、爱心书籍漂流区、24小时智能阅读区、多媒体学习区，深受广大群众的喜爱，在《广州市"图书馆之城"建设年报2019》中，天河区图书馆的服务效能在全市266个分馆中排名第7，社会效益显著。

图1　天河区图书馆车陂分馆

（3）区图书馆通过为21个街道分馆、200多个社区配置网络设备及多媒体设施，向街道、社区分享数字信息资源，为社区书屋订购报刊，让社区居民在家门口就能获取文化信息与生活资讯，打通图书馆服务的"最后一公里"。

2.3.2　横向积极与社会力量合作，实现多元特色服务延伸

坚持"政府主导，鼓励社会积极参与"的原则，区图书馆与各类社会机构合作建设分馆（如图2至图7所示），为各群体及年龄段人群服务，并针对每个分馆特点，提供个性化资源保障，实现精准服务。区域总馆为每个合作分馆提供基础纸质图书3000至10000册的启动馆藏，后续根据使用情况补充，以及配置专用设备，负责技术平台接入、人员培训等。社会力量则主要负责保障馆舍、人员等要素投入以及负责分馆馆舍建设、日常运营等。

（1）图书馆+创业创新产业。天河区大力实施创新驱动发展战略。为助力天河区培育优质的创新环境，天河区图书馆加强与科技创新企业园区的合作。如天河科技园分馆，由区图书馆与天河科技园管理委员会、与亨文化三

方合作建设,主要服务于园区内的高新科技企业,为广深走廊的重要科创与文创节点引入阅读服务。分馆地处大观湿地公园旁,配备24小时智能微图书馆设施,打造成"图书+科创+艺术"分馆的典范,成为"网红"打卡地,自2019年7月6日开馆至2019年年底,图书外借3000余册次。此外,与区人社局合作,在天河区委、区政府重点打造的公益性双创人才服务平台——天河人才港设立分馆,为创业创新人才提供交流学习平台。

图2　天河区图书馆天河科技园分馆

图3　天河区图书馆人才港分馆

（2）图书馆+商业楼盘。与万科房地产商合作,在青年长租公寓万科·泊寓设立分馆,每周开馆63小时,丰富都市青年的精神文化生活。分馆甫一开张,即人气高涨。2019年被广州图书馆评为"广州最美基层图书馆"。

（3）图书馆+基层公共服务机构。为保障图书馆服务均等化,关

图4　天河区图书馆万科泊寓分馆

注老年人、少儿、进城务工人员等社会较为"弱势"群体，天河区图书馆与区民政局合作，在区内首家公办养老机构——天河区老人院设立"天年分馆"；在区居民养老服务示范中心设立"银龄分馆"，让更多老年人老有所乐；在龙口中路幼儿园设立服务点，为低幼儿服务；与广州市汇众社区服务中心合办汇众分馆，方便少儿读者就近使用图书馆资源；与区教育局合作在16个民办中小学校设立服务点，关爱来穗儿童。

图5　天河区图书馆天年分馆　　　图6　天河区图书馆银龄分馆

图7　天河区图书馆汇众分馆

（4）公共图书馆+高校图书馆。天河区图书馆与辖区内高校图书馆实行跨系统合作，构建校地图书馆服务联盟，2019年"天河区校地数字资源共建共享平台"正式上线，实现校地信息互信互访。同时，与高校联盟馆开展科技查新合作，整合优化资源，推动行业协作发展。

2.3.3　多种媒体融合图书馆服务，满足群众多样化的阅读需求

结合区图书馆建筑面积小的实际情况，将数字化图书馆建设及数字阅读

推广定位为天河区图书馆发展和开展服务的主要方向，积极探索创新服务方式。以"天河云学习中心"平台为依托，在"天河云学习中心"、天河移动图书馆App的基础上，新增适合在手机阅读的电子图书资源，建设微信图书馆和可以覆盖到基层社区的电子书借阅设备，打造覆盖多种终端、全社区的数字基层文化设施，使得读者能真正在任何时间、任何地点访问到馆内丰富的数字资源，从而在全区营造乐读书、多读书、读好书的浓厚阅读氛围，为进一步推动全民阅读提供助力。

目前，"天河云学习中心"为读者提供涵盖12个学科、1.8万门课程的11万余集视频资源，实现与用户互动交流，为读者提供一个终身免费、专业高效的在线学习平台。"天河移动图书馆App"掌上阅读平台为读者提供主流报纸400种、全文阅读图书300万册；挂接在微信公众号的天河有声图书馆为读者提供经典作品等有声书读物5万小时，18万集（且每月更新，年更新总量1万小时）。数字服务平台不仅整合数字资源，且提供在线读者证注册、馆藏查询、网上续借、资讯推送、图书荐读等服务，数字化、网络化服务水平明显提升，让读者快捷获取图书馆服务。

2.4 保障措施

2.4.1 制定建设规划，加强政策保障

天河区将公共图书馆发展纳入《天河区国民经济和社会发展第十三个五年规划纲要》《广州市天河区文化发展"十三五"规划》《广州市天河智慧城十三五发展规划》当中，加强政策保障。同时，委托有制定《广州市公共图书馆条例》经验的中山大学资讯管理学院团队，在前期深入走访调研21个街道图书室的基础上，经过专家论证、广泛征求街道等相关单位意见、反复研讨，最终制定《天河区公共图书馆总分馆制建设规划（2018—2020年）》，以及《天河区公共图书馆总分馆制建设实施意见》，突出以"高标准、全体系、新体制、优效能"为核心内容的天河特色，为全面铺开、有序推进区域公共图书馆总分馆体系建设提供有益的指导意见。

2.4.2 建立总分馆管理体制与运行机制，加强制度保障

为形成运行高效、资源合理配置的服务体系，区域总馆设立总分馆办公室，加强对总分馆的统一管理，具体做法如下：

（1）总分馆资源统一调配。区域总分馆体系内文献信息资源由区域总馆统一采购、编目和物流配送，以及统一配置图书馆专业设施设备。

（2）区域总馆对分馆进行业务指导和技术支持。定期下派业务骨干指导

分馆日常工作，每年开展区域公共图书馆工作人员业务培训。定期走访调研全部分馆，建立分馆信息档案，及时掌握分馆情况，每年对分馆进行考评，加强对分馆建设情况进行监督考核。

（3）推进总分馆实现标准化服务。区域总馆参照《广州市公共图书馆条例》及《广州市公共图书馆服务规范》等相关制度，制定和实施《天河区公共图书馆服务规范》《天河区公共图书馆总分馆体系运行机制》《天河区图书馆街道分馆建设标准》，统一规范场地、人员、软硬件设备配置等基础设施，统一服务内容、服务标准、服务模式、服务时间、服务标识，统一借阅规则，实现一卡通借通还。

（4）由区域总馆统筹，区域总馆、分馆、服务点三级联动开展阅读推广活动。

2.4.3 构建以事业编制人员为基础，临聘人员为辅助，购买服务为补充的人才队伍

目前，区域总馆有事业编制名额8人，财政拨付人员经费的编外人员名额19人，另引入服务外包人员11人，合计38人；要求分馆自主配备专职工作人员不少于2人；同时接纳志愿者队伍辅助基础读者服务工作。目前，本馆人员本科学历比例达到89%。每年由区域总馆负责组织开展全区公共图书馆工作人员业务培训，有效提高队伍专业素质。

2.4.4 财政经费保障

2015—2019年，财政经费投入逐年增长，区财政下拨经费共5343.76万

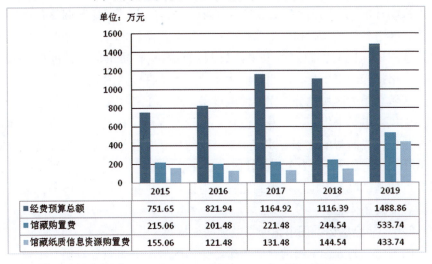

图9　天河区公共图书馆区级2015—2019年年度财政经费

元（含项目支出及基本支出），同比增长98%，主要用于馆藏建设和保障场馆免费开放。其中，馆藏购置费5年合计1416.3万元，同比增长148.2%。2018年、2019年共投入区域总分馆体系建设经费481.25万元，进一步保障区域公共图书馆总分馆体系建设。

2.5 成效与影响

2.5.1 天河区公共图书馆总分馆体系初具规模，服务范围覆盖全区

目前天河区已建有区级图书馆2座（龙口西总馆及直属的华港分馆），街道分馆21座（每个街道1座，覆盖率达到100%），基本保障辖区居民基本文化需求。此外，社会力量建设社会合作分馆14座，纳入延伸服务范畴；与区内16家民办学校合作建设服务点；通过分享数字文化信息资源，服务辐射200多个社区。实现每8万常住人口拥有一座公共图书馆（分馆）的目标，服务网点覆盖全区。

2.5.2 提高馆藏质量，完善设施设备，提升读者使用体验

目前全区馆藏纸质信息资源100余万册，其中区馆约50万册，对比2015年分别增长35%、42%。区图书馆实现统一采购图书，由2015年的2.15万册增长至2019年的13.2万册，增长514%。2016年至2019年，区域总馆根据街道分馆和合作分馆的实际需求，为其累计配送图书20余万册，有效补充了分馆馆藏资源。自建自购数字资源由2014年12T增长至2019年34T，增长183%，基本保障了辖区读者的阅读需求。按照《天河区图书馆图书采购标准》，进行读者需求问卷调查，结合图书借阅情况调整各类图书比例，参考各权威排行榜、专家推荐，以知名出版社和业内权威为主要标准来挑选图书。同时，制定图书采购机制，明确验收质量标准，进行初验复验，严格把控图书质量，从而选取优质的、读者喜爱的图书。

区域总馆为区域总分馆完善设施设备。统一配备了图书自助借还机、自助办证机、电子书借阅机等专用设备，为读者提供了自助办证、借还一体化功能服务，提高智能化服务水平。统一为21个街道分馆接入光纤宽带，安装RFID门禁等设备，为206个社区书屋配置了数字标牌。区域总馆和分馆、服务点的基础服务设施设备得到完善，为读者提供更加便捷的服务，大大提升读者的使用体验。

2.5.3 全区公共图书馆服务效能明显提高

图书馆成为人们学习的首选场所之一，区域图书馆服务效能有了较大增幅。2019年，区域公共图书馆总分馆的年到馆读者124万余人次，年人均到

馆0.71次；年文献外借71万册，年人均文献外借0.41册次；累计注册读者5.8万人，占常住人口的3.3%；自建自购数据库浏览下载量245万篇，年人均浏览下载1.4篇；年开展读者活动850多次，年参加读者活动19万余人次，占常住人口10.9%，街道月均开展3.4场。对比2015年各项服务指标，增长率均超过100%，有了较为明显的增长。年人均到馆读者增长约103%、年人均文献外借增长约156%，年人均自建自购数据库浏览下载量增长600%，年读者参加活动人数占区常住人口比例增长约115%，注册读者占常住人口比例增长约132%。

表1 天河区公共图书馆总分馆体系2015—2019年服务效能

年份 项目	年到馆读者（万人次）	年文献外借（万册）	累计注册读者（万人）	年自建自购数据库浏览下载量（万篇）	年开展读者活动（场次）	年参加读者活动人数（万人次）
2015	53.65	24.77	2.2	30.53	196	7.8
2016	69.75	30.68	4.38	50.62	187	7.5
2017	95.54	40.32	5.58	71.72	374	13
2018	132	52.99	8.2	170	628	18
2019	124.07	70.87	5.8	245.37	851	19
2019年对比2015年增长率（%）	131%	186%	163.6%	703.7%	334.2%	143.6

表2 天河区公共图书馆总分馆体系2015—2019年服务效能（人均）

年份 项目	年人均到馆（次/人）	年人均文献外借（册次/人）	注册读者占常住人口比例（%）	年人均自建自购数据库浏览下载量（篇）	街道月均开展活动（场次）	年读者参加活动人数占常住人口比例（%）
2015	0.35	0.16	1.42	0.2	0.48	5.05
2016	0.44	0.19	2.74	0.32	0.5	4.68
2017	0.56	0.24	3.29	0.42	1.19	7.66
2018	0.76	0.3	4.69	0.97	2.17	10.31

续表2

年份 项目	年人均到馆（次/人）	年人均文献外借（册次/人）	注册读者占常住人口比例（%）	年人均自建自购数据库浏览下载量（篇）	街道月均开展活动（场次）	年读者参加活动人数占常住人口比例（%）
2019	0.71	0.41	3.3	1.4	3.38	10.88
2019年对比2015年增长率（%）	102.9%	156.3%	132.4%	600%	604.2%	115.4%

2.5.4 激活社会力量，提升图书馆服务效益

引入社会力量合作建设分馆，一方面，延伸了公共图书馆的服务范围，提高了馆藏文献信息资源的使用价值和服务效能，同时也为天河区公共图书馆总分馆体系补充了力量，缓解了公共图书馆场馆面积不足、人员紧张等问题。通过整合资源，促进了文化企业、文化商业、文化教育、文化旅游融合发展，丰富了图书馆内涵。特色分馆的良好运营引起社会和媒体的关注，提高了图书馆的社会影响力。另一方面，图书馆服务延伸至人们办公生活场所，节约了人们参与阅读的成本，也增强了对工作单位和居所的归属感与认同感。社会机构通过设立图书馆，聚拢了人气，提升了自身文化层次，增加了对人才的吸引力和黏性，而工作人员得到更多文化浸润也有助于单位的可持续发展。

3 下一步发展设想

3.1 进一步落实总分馆管理体制和运行机制建设

切实落实《天河区公共图书馆总分馆制建设规划（2018—2020年）》和《关于全面推进天河区公共图书馆总分馆制建设实施意见》，逐步由区域总馆真正统筹本区公共图书馆经费、人员、资源配置以及业务管理、服务标准、人员培训、绩效考评，推进图书馆服务的标准化、均等化发展，惠及更多读者。

3.2 整合资源，增加分馆建筑面积

创新对外合作方式，促进文企、文商、文教、文旅等融合发展，深化与

社会力量合作，助力人文湾区建设。

3.3 加强人才队伍建设

通过购买服务加强人员保障，区域总馆向各街道分馆委派专职人员，负责分馆的业务管理与服务工作。同时，规范全区图书馆人才培训制度，完善文化志愿者管理运行机制。

3.4 加大基础设施投入，构建线上线下融合服务模式，着力提升服务效能

馆藏建设向精细化个性化发展，提高馆藏质量；加强与教育局沟通协调，联合街道分馆，主动与辖区中小学、少年宫等合作推广读者证；延长开放时间；通过网络传播与实体环境联动开展活动，吸引更多读者参与；应数字阅读趋势，推出网上借阅、送书上门等服务；大力推广"天河云学习中心"线上学习平台，通过有声图书推广经典阅读，为读者提供优质数字资源；利用微信、视频直播等新媒体平台开展阅读推广活动，推出线上讲座、展览等。

作者信息：

刘驰，广州市天河区图书馆馆员；
黄宝怡，天河区图书馆助理馆员。
电子邮箱：tianhetushuguan@163.com。
通信地址：广州市天河区龙口西路80号。

番禺区总分馆服务体系建设实践与思考
——设施成网、资源共享、服务联动

作为广州市第一批、广东省第二批公共图书馆总分馆试点单位，番禺区图书馆积极响应十九大精神及《广州市公共图书馆条例》《广州市"图书馆之城"建设规划》《关于全面推进我市公共图书馆总分馆制建设的实施意见》等政策制度要求，认真贯彻落实省、市总分馆服务体系建设的有关要求，整合区和镇街公共文化资源，完善公共文化服务体系，通过"番禺区图书馆+"的模式，打造以"设施成网、资源共享、服务联动"为特色的图书馆总分馆服务体系。

1 采取的主要举措

番禺区图书馆在区委、区政府和局党委的关心指导下，秉持"不忘初心、牢记使命"的理念，成立总分馆服务体系建设领导小组，积极推进试点工作、突出重点、统筹推进，着力加强和改善文化民生，总分馆建设以番禺区图书馆为区域总馆，以番禺区的人口分布、城市发展规划以及图书馆的服务半径为分馆布局的依据，构建分馆镇街全域覆盖的服务网络。[1]截至2019年年底，已建成33间分馆，包括直属分馆1间，镇街分馆18间，与社区、机关团体、学校等社会力量合作的分馆13间。此外，还在总馆设立了24小时自助图书馆，突破空间与时间限制，为番禺区人民文化素质的提高提供了坚实的保障和全面的服务。

1.1 加强多方合作，通过资源共建共享，实现设施成网

为进一步完善"总馆+分馆+服务点"的三级公共图书馆网络建设，番禺区图书馆在加大对镇街分馆的建设力度的基础上，积极加强与社会各类型的机构合作，利用他们现有的文化设施打造我区的公共文化服务体系，[2]如南村雅居乐剑桥郡社区、天安科技园党群服务中心、石碁中心小学、高剑父

艺术研究会展览馆等，由番禺区图书馆统筹规划、统一服务平台、统一信息资源编目、统一服务规范，通过资源共建共享，实现设施成网。

1.1.1 与有影响力的社区、镇街合作，达到分馆惠民宣传的效果

番禺区图书馆通过充分挖掘镇街特点，发挥镇街特色的方式，与社区、镇合作共建分馆21间，其中镇街分馆18间、社区分馆3间，实现镇街100%全覆盖，如将沙湾分馆定位为文化古镇特色分馆、雅居乐分馆定位为社区文化分馆、南区公园分馆定位为公园特色分馆。

沙湾分馆位于有着800多年历史的岭南文化古镇——沙湾古镇。沙湾古镇作为国家级历史文化名镇，它拥有丰富的物质和非物质文化遗产，是广府民间文化的"博物馆"。沙湾分馆在文旅融合的背景下，突出文化体验的同时也收获了良好的社会效益。2019年的沙湾分馆年借阅率为491.07%，在番禺区所有图书分馆中位列第一。

南区公园分馆（如图1所示）位于桥南街南区公园内，读者可以透过馆内落地玻璃一览园内的草木葱茏，分馆里浓郁的书香使得热闹的公园更具人文气息，两者动静结合、相得益彰。在这里，市民们能抛开一天的疲乏，自由地遨游在知识的海洋，在四季园景中感受人生的"春华秋实"。

图1　南区公园分馆

1.1.2 与多样化企业合作，营造"全民阅读"氛围

目前番禺区图书馆与企业合作共建分馆4间：绿岛咖啡分馆、叮叮学府分馆、广日集团分馆、琦龙茶文化分馆，营造了"全民阅读"氛围，扩展了全民阅读的场所，提高了全民人文素质，受到了市民良好的反馈。

绿岛咖啡分馆（如图2所示）以西餐文化、红酒文化等各种饮食文化为主题，以阅读进生活、阅读进餐饮等方式，满足所在区域内广大人民群众对提升饮食文化与对阅读的刚性需求。在2018年广州10家最美基层分馆中，

番禺区绿岛咖啡分馆就是其中之一。

叮叮学府分馆（如图3所示）是一家少儿培训机构，辐射至家长及周边人群。合作共建既补充了叮叮学府的阅读功能需求，也达到了图书馆推广阅读的双赢目标。此外琦龙阁茶文化分馆则是以茶为主题，加入图书馆元素更增添其茶道的韵味。

图2　绿岛咖啡分馆

图3　叮叮学府分馆

1.1.3　与各级学校合作，实现"阅读从孩子抓起"

与各级学校合作共建分馆在降低了学校的运营成本的同时，有效地满足了学生对各类书籍的阅读需求，实现了"阅读从孩子抓起"。目前已建成两个小学分馆，正在筹建1个初中分馆和1个高中分馆。

石碁中心小学分馆（如图4所示）配置了涵盖各个年龄阶段需要的各类图书：绘本、自然、科学、地理、历史、艺术、人文等等，每周借阅量达2000册以上，受到教师、家长和孩子们的一致好评。分馆的"阅读之星"评选活动吸引了很多学生读者，很多学生家长也参与图书馆志愿者活动，阅读热情高涨。

图4 石碁中心小学分馆

1.1.4 其他合作模式，使设施成网更深入化

除了以上三种基本模式以外，番禺区图书馆在沙头街建立了直属分馆，扩大了本馆的直接服务范围；与科技园、创意园、博物馆、艺术中心等机关团体建立了合作分馆，与博物馆合作的分馆形成了"馆中馆"模式，观众在参观历史文物之余，也可以阅读相关历史文献；与南浦当代艺术中心合作，打造广州体量最大的岭南画派美术主题图书分馆；与103棵树创意中心合作（如图5所示），让读者在树影婆娑、光线充足的艺术交流中心、空中别墅、田园木屋、高尔夫体验俱乐部里轻松舒适地阅读。

图5 103棵树创意中心分馆

1.2 创新服务手段，实现服务联动

1.2.1 打造品牌活动

番禺区图书馆积极整合区和镇街公共文化资源，结合分馆特色，联合举办主题活动、公益科普讲堂等。将茶文化、西餐文化、艺术展览和休闲旅游结合在一起，扩宽服务领域，将体验式阅读呈现给读者，给读者带来更立体、更形象的阅读体验。同时打造了一系列服务品牌活动，如"禹城学堂"

"悦读茶座""悦读坊"等,引入"广彩、广绣文化""祠堂文化""传统节日文化"等彰显岭南特色的优秀传统文化,深受广大读者喜爱,带动了整个番禺区居民参与阅读活动的积极性。

(1) 禺城学堂(如图6所示)

本活动面向社会公众、普及科学知识、传播先进文化、引导社会思想、促进市民形成良好学习习惯、营造学习新风尚、促进创建学习型社会和世界文化名城。

此活动开展以来,举办了心肺复苏讲座——"时间就是生命"、儿童礼仪课堂——让孩子遇见更好的自己,让家长认识不一样的孩子、感悟广州历史韵味,手绘趣味广州地图和一系列的主题绘本分享、实用技能培训等。为读者构建了更多阅读分享平台,提供多种多样的文化资源,营造全民阅读的良好氛围,受到读者的一致好评。

图6 "禺城学堂"活动剪影

(2) 悦读茶座

番禺区的"悦读茶座"(如图7所示),录制了禺山故事、工笔画就五彩人生、艺术人生、书写广州记忆、细细品味广府、"无'乐'不作"、儒学教育与子女成长等特色主题节目,已经成为番禺区推广全民阅读的一个亮

图7 "悦读茶座"系列活动

眼品牌。为了给作者与读者提供一个多形式互动的基地，番禺区图书馆组织各个分馆积极参与，《悦读茶座》成为番禺区一档深受观众喜爱的本土读书节目，为全面推广"崇尚阅读、享受阅读"做了一次良好的尝试。

1.2.2 升级管理方式，统一数据平台

番禺区图书馆于 2018 年 9 月建成总分馆监控管理服务平台，通过管理服务平台可实时看到各分馆及服务点的现场画面，实时了解分馆、服务点业务数据（如进馆人次、借还册次等），可对业务数据进行分析，了解各分馆、服务点读者的阅读趋向、人流分布等，实现科学高效管理。管理服务平台搭建成功后，方便了总分馆间的相互协调与合作，以及各服务环节的互动交流、联动协作，极大地提升了服务效率和质量。

1.2.3 加强服务规范建设，提升整体效能

通过"四统一"加强服务规范，提升整体效能：①统一规范：全区分馆统一借阅规则，统一周开放 40 小时以上。②统一物流：全区分馆图书均由总分馆相互协调联系，由总馆统一配送，全年共配送图书 30 余万册。③统一平台：全部分馆均纳入广州市通借通还管理平台。④统一标识：2018 年番禺区图书馆开展了标识征集活动，从 100 多份作品中评选出一份作为图书馆的标识。

2 工作成效

截至 2019 年 12 月 31 日，番禺区公共图书馆馆藏量为 1637887 册次，同比增长 18.5%。外借文献量合计 1475708 册次，同比增长 53.3%，在全市区级馆中排名第三。还书数量 1463465 册次，同比增长 62.8%。其中，总馆的借阅量为 892525 册次，分馆的借阅量为 560736 册次。2019 年番禺区图书馆有效注册读者累计 92164 人，办理读者证群体中，青年群体所占比例最大，达到 63%。其中，2019 年 1 月 1 日至 2019 年 12 月 31 日新增有效读者 16446 人，同比增长 21.7%。

2019 年番禺区图书馆共举办读者活动 843 场次（其中，区图书馆读者活动 167 场、镇街分馆读者活动 676 场），参与人数约 22 万人。2019 年的读者满意度调查中，满意度在 95% 以上。

3 存在不足及思考

近年来，番禺区图书馆按照广州市公共图书馆总分馆制建设实施意见，

努力推进各项重点工作，经过不懈的努力，阅读服务和效能都得到显著的提高。但是在总分馆建设的过程中，也存在着不足的地方，例如分馆人力资源缺乏、部分分馆服务效益较差、社会力量分馆运营可持续性等。

为了解决这些不足，提高服务质量和工作效率，可采取如下措施：

首先，应充分发挥政府在图书馆总分馆服务体系建设中的主导作用，将管理权限向总馆集中，强化总馆在一定区域内对公共图书馆体系中人、财、物的管理权，由总馆对人、财、物进行统筹分配，可有效改善分馆人力资源缺乏问题。

其次，细化服务标准和规范，完善总分馆考评机制。加强分馆文献资源和阅读活动的推广，对服务效益较低的分馆，在经费、技术、图书和读者活动等方面给予支持并加强对图书馆馆员的培训和指导，以提高分馆的服务质量和服务效益。[4]

第三，探寻总分馆制现代化管理方式。通过政务购买服务的方式引进第三方运维服务管理团队，社会力量分馆改由第三方提供运维服务，减少社会力量合作机构的投入成本，保障社会力量分馆运营的可持续性，推动分馆的均衡化发展。

参考文献：

［1］陆应球. 公共图书馆服务体系建设问题研究：以广州图书馆为例［D］. 广州：华南理工大学，2018，5.

［2］张义茹. 合肥市社会力量参与图书馆建设研究［D］. 2018，30－37.

［3］居迎春. 移动阅读环境下公共图书馆的服务转型与升级策略［J］. 情报科学，38（1）：106－107.

［4］郭伟. 图书馆转型背景下的馆员队伍建设研究［J］. 办公室业务，2018，(21)：145－146.

作者信息：

王雪松，广州市番禺区图书馆技术部主任，网络工程师；
谢慧霞，广州市番禺区图书馆技术人员。
电子邮箱：32269875@qq.com，1078752987@qq.com。
通信地址：广州市番禺区市桥街清河西路56号。

花都区图书馆服务体系发展中的少儿服务实践

随着我国全民阅读时代的来临和教育理念的不断革新，青少年儿童的阅读问题得到社会各界越来越多的关注，公共图书馆作为本地区公共文化服务的一线窗口，是开展少年儿童服务活动的主要场所。花都区图书馆服务体系结合其自身面向少年儿童读者服务的特点，探索出一条独特的少儿服务路径，并取得显著成效。下面笔者将从花都区少儿服务的发展历程、少儿服务特色、保障措施及未来发展四个方面，谈谈我区少儿服务的实践经验。

1 发展历程

花都区图书馆1994年动工兴建，1997年7月开始使用至今，位于新华街宝华路38号，占地11162平方米，建筑面积8630.3平方米，分主楼、副楼建筑，主楼建筑地上五层、副楼建筑地上三层。

1997年，全馆仅有5万多册藏书，少儿文献不足6000册，藏书严重不足，少儿部设在主楼的3楼，面积约50平方米；1998年，在广州市文化局的大力支持和协调下，广州市少年儿童图书馆与花都市图书馆联合共建首家少儿分馆——广州市少年儿童图书馆花都分馆，藏书不足的问题逐渐得到了缓解，藏书面积扩大至300平方米。2010年，在花都区委区政府的重视和大力支持下，投入近200万元，将主楼一楼打造成广州地区首家区级独立区域的少年儿童图书馆，阅览藏书面积1078平方米；2012年，在上级部门的支持下，再次投入80万元，开辟了一个少儿的多功能活动厅——195平方米的"数码乐园"；2019年8月，活动厅改建为玩具图书馆和扩充藏书阅览区，同时，在副楼一楼建成220平方米的"七彩童年厅"，用于开展青少年的阅读推广活动。花都区少年儿童图书馆准确地说是花都区图书馆的一个业务部门——少儿部，与成人外借部同一栋楼，但服务区域、借阅系统相对独立。少儿部位于主楼建筑一层，总面积不到1500平方米，藏书28万册，期刊70种，座位180个。

1.1　街（镇）少儿分馆、校园分馆建设过程

2008年3月，少儿文献资源开始走进校园，第一家校园服务点是位于狮岭镇的明珠学校，该校是一家民办学校，也是一家典型的外来工子弟学校，由于文献购置经费有限，因此与图书馆合作，由图书馆提供文献资源、学校提供场地及管理人员，图书馆建在学校里，解决了同学们的图书借阅的难题。至今，校园服务点14家，遍布我区花东镇、梯面镇、狮岭镇、炭步镇、新华街、花城街。同时，在花东镇分馆、炭步镇分馆和狮岭镇分馆还设立了少儿服务点。

1.2　少儿流动图书馆的发展过程

自2013年3月22日起，花都区图书馆流动书车（如图1所示）正式启动。车内藏书约2500册，配备了电脑、空调等设备，为读者提供现场办证、借还书等服务。至今，流动书车为花都区花侨小学、蓝田小学、港头小学、大塘小学、赤坭小学、大涡小学、剑岭小学、九一小学、七星小学、联安小学10间学校的学生提供了服务。2019年，流动图书车送书进校园86车次，读者借阅87917册次。流动图书车上门服务不但丰富了偏远学校孩子们的阅

图1　花都流动图书车进校园

读生活，还培养了他们的阅读兴趣，为学校营造了浓厚的书香氛围。

2 少儿服务特色

2.1 对接需求，打造阵地

2.1.1 对接读者需求，阅读成为一种时尚

青少年有着旺盛的阅读需求。当前，社会整体阅读氛围日渐改善，阅读的重要性得到普遍认可，家长越来越重视亲子阅读，在家里为孩子创造良好的阅读环境，同时以身作则带领孩子阅读。公共图书馆坚持普遍、平等、免费、开放和便利的服务原则，花都区少儿馆积极回应未成年人的阅读需求，为少年儿童提供良好的阅读环境和优质的阅读资源，周末家长主动带孩子到花都少儿图书馆"打卡"逐渐成为一种时尚。

2.1.2 远离主城区，打造主阵地

由于花都区的地理位置，区图书馆离广州图书馆及广州少年儿童图书馆相对较远，因此，它承担了花都区阅读推广主阵地的使命，接待人数和借阅量逐年增长，阅读推广活动也逐渐丰富；不断指导校园服务点的建设，采取多种形式，满足青少年的阅读需求。截至2019年12月，建成街镇少儿分馆3家、校园服务点13家，流动书车服务校园10家，全部实现通借通还。

2.2 空间特色，充满童趣

环境空间的打造对读者的阅读体验十分重要，尤其是如何营造小读者们喜欢的、舒适的阅读场所，是工作人员在布置场地时需要注意的重要环节。孩子们的阅读环境不可太严肃，不能让孩子们感到压抑，要给他们一个随意的、放松的、极具吸引力的、和谐的阅读学习环境。2019年，馆里重新装修了"玩具图书室"和"七彩童年厅"，"玩具图书室"采用彩色世界的装修风格，而"七彩童年厅"则采用海底世界的装修风格（如图2所示）。在经费有限的情况下，为青少年打造了主题空间，连洗手间都根据少儿喜爱的风格进行改造，充满了童趣，颇受青少年的青睐。

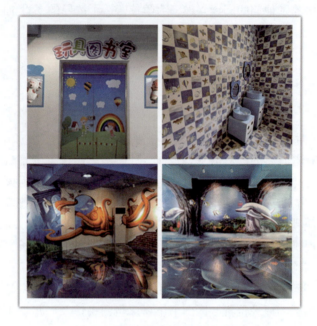

图 2 定制打造的青少年活动空间

2.3 特色活动,阅读推广

除了积极参加上级部门组织的文化活动,如每年的"送文化下乡"、暑期文化节等活动,将阅读活动、图书馆相关信息送到校园、农村、企业和社区,花都区图书馆还在图书馆阵地开展丰富的阅读推广活动。近年来,开展过的少儿活动有 3D 电影会、读书会、绘本故事会、亲子阅读、折纸、手工、征文、绘画展览、英语竞赛、谜语等等。

2.3.1 以人为本,行之有效

图书馆根据读者的喜好以及发挥工作人员的特长开展活动,有效进行阅读推广。2019 年,对馆员特长及读者群体情况进行分析后,推出了分龄阅读推广方案,加大微信公众号的推广及区内媒体宣传力度,阅读活动开展得有声有色,得到读者的好评。具体做法是:

(1)玩具图书室活动。定期开展"花绘童年,阅享快乐"亲子活动,实现了游戏、玩具、阅读相结合,主要向 2~6 岁幼儿的家庭开放预约。定期开展"花绘童年,阅享快乐"亲子活动,由志愿讲师及馆员讲绘本故事,家长和孩子进行亲子互动小游戏并阅读玩具书,让孩子和父母在共同阅读中陶冶情操,培育读书热情,助力营造家庭书香氛围。

图3 玩具图书馆开展的活动

(2)"书海启'萌'之旅,花图伴你成长"系列活动。为让全区学龄前儿童及家长更清晰了解图书馆服务功能及其他公益资源、感受浓浓的读书氛围、体验阅读乐趣,我馆联合区内幼儿园开展图书馆参观体验活动,幼儿在老师和图书馆工作人员的带领下,参观自助借还区、藏书区、阅览区、展览厅、七彩童年厅等区域。在参观过程中,由工作人员向小朋友们介绍图书馆书籍的摆放要求,图书的分类以及借书、还书的操作流程。

图4 幼儿园小朋友参加"书海启萌之旅,花图伴你成长"活动

(3)阅读"乐享"进校园系列活动。为推动书香校园建设,开展主题阅读,加强图书馆资源与学校教育的融合,实现优势互补,共同打造浓郁的

书香氛围和优良的阅读环境，我馆联合区内中小学开展阅读"乐享"公益讲座进校园系列活动。

图5　阅读"乐享"进校园——走进骏威小学

（4）青少年暑期活动。暑假期间，开展"羊城之夏"系列活动和花都区青少年暑期文化艺术节活动，通过举办各类比赛，为青少年提供一个锻炼自我、展示自我的舞台。

图6　暑期文化艺术节之"故事大王比拼"

（5）花图"少年公益课堂"系列。为打造花都区青少年品牌活动，根据区委区政府新时代文明实践工作的统一部署，举办新时代文明实践——花图"少年公益课堂"系列活动，课程内容涵盖语言艺术、英语绘本、英语话剧、茶艺、古筝等，进一步丰富少年儿童的课余生活，为少年儿童提高综合素质、开阔眼界、培养兴趣和特长、增长才干和技能提供渠道。

图7 "少年公益课堂"之英语绘本故事

2.3.2 借力出力，事半功倍

充分利用"世界读书日"和"公共图书馆服务宣传周"，在馆内大做宣传。在每年4月的"广州读书月"举行一系列推广活动，如奖励排行榜靠前读者、图书推荐、展览、免交借书过期滞纳金等。少儿活动更是丰富多彩，如在周六、日举行亲子阅读、故事会、读书会、手工等，通过网站、微信公众号、馆内宣传栏提前宣传，吸引读者。在奖励借阅排行榜靠前的读者时，有意将少儿读者与成人读者分列，鼓励少儿读者多读书、读好书、好读书。

2.3.3 以"书"之名，资源共享

阅读推广只靠图书馆一家之力很难在全区引起重视，因此，图书馆联合社会力量，有组织地策划及开展阅读，如教育系统、新华书店及宣传媒体等。同时，也不乏热心的读者及机构为图书馆捐赠。在阅读推广中，图书馆不仅牵头整合资源，还提供服务开展的平台。如搭借花都区文明实践图书馆分中心的建设之顺风车，开展相关的阅读推广活动；在校园阅读服务建设中，主动联系区教育局到有需要的学校开展活动；与团区委合作，为劳教所里的未成年人提供阅读推广服务。

3 落实政策，强化保障

3.1 落实政策

花都区积极执行《文化部、财政部关于推进全国美术馆、公共图书馆、文化馆（站）免费开放工作的意见》（文财务发〔2011〕5号）。于2012年

起，免收验证费、免收借书证押金款，区财政保障免费开放的基本经费从2013年的62万到2019年的165万，确保免费开放的落实。

3.2 经费保障

从花都区的人口数及逐渐增长的业务量来看，财政投入的经费是十分有限的，但是对于少儿设备及服务都应优先考虑。一是在数码乐园设置多功能服务厅，配备投影仪、电视机、一体机等；二是2016年在少儿部率先启动RFID自助服务（成人部是2017年才启用）；三是2013年为了启动"流动书车进校园"服务，购置一台流动书车；四是保障分馆文献的供给，目前我区有三家街镇分馆和两家校园服务点属于广少图的直属分馆，其他分馆均由区域总馆配送图书及提供服务。

3.3 文献资源保障

文献外借是图书馆为读者服务的一项基本方式，是反映阅读推广效果的重要体现。图书的借阅量直接反映了读者对文献的需求状况，是衡量图书利用率的重要指标。近年，公共图书馆尤其重视未成年人对文献的需求，在未成年人的教育过程中，少儿图书馆所发挥的作用是不可忽视的，花都区图书馆借助广州少年儿童图书馆资源和平台，为本区广大青少年儿童提供了更加优质、丰富的图书馆服务。

全区少儿书总藏书量38万册，其中区馆少儿藏书28万册。2019年，全区少儿借阅量159万册，其中区少儿馆129万册，各街（镇）少儿分馆、学校分馆、少儿流动图书馆30万册。2015—2019年，全区少儿外借文献从362838册次/年增长至1586333册次/年，增长率超过400%。区少儿馆在1493平方米的场地，实现年借阅量近129万册的佳绩。

丰富的藏书资源，是吸引未成年来图书馆的重要因素。与中小学校园图书馆相比，公共图书馆的馆藏资源更加丰富。自我馆1998年成为广州少儿图书馆的首家分馆以来，分配到我区的馆藏资源超过40万册，弥补了我区图书采购经费不足的短板。我馆根据图书借阅排行榜，针对读者的喜好采购图书，如杨红樱、伍美珍、沈石溪等少儿名作家的书，如《窗边的小豆豆》《淘气包马小跳》等，一次就采购10个复本，有效保障文献资源的利用率。

3.4 环境保障

图书馆位于新老城区交汇处的主干道旁，是市民往来的交通要道，紧邻公交车站和地铁站，馆内有近百个停车位，设有自行车、电动单车停车桩300个，便利的交通让离图书馆较远的读者也能快速便捷地到图书馆进行阅读；周边有多个住宅小区、小学、幼儿园，人口较为密集，接近服务对象；院内绿树成荫，收获时节果实累累，鲜花环绕，还设有阅读小公园，优美的环境绿化让读者在长时间的阅读后得以缓解疲劳、放松心情。

4 未来发展

乘着广州市"图书馆之城"建设的东风，花都区图书馆立足本职，倡导全民阅读活动，尤其是未成年人的阅读推广工作，让阅读成为习惯，让阅读走进每一个家庭，保障市民的文化权益，推动书香花都的建设。

花都区图书馆新馆已在花都区中轴线市民广场破土动工，计划2021年7月投入使用，新馆与区少年宫合建，建筑面积15300平方米；目前的图书馆将被改建为花都区少年儿童图书馆，建筑面积由目前的1493平方米增至8630平方米，花都少儿图书馆即将迎来新的机遇和挑战。

一方面，旧馆改造，现区域总馆将被全部改造为少年儿童图书馆，预计藏书60万册/件，阅览座位1000个，分主题分区域，满足不同年龄层次的需求；另一方面，新馆少儿部面积不足，拟通过电子产品提供数字阅读，从而培养儿童的阅读兴趣、能力和习惯，跟上数字时代的脚步。阅读习惯的养成需要不断介入、引导、训练，作为公共图书馆，除了提供阅读的资源和氛围之外，还应该向家长传授科学开展早期阅读的方法，让更多的未成年人爱上阅读。

作者信息：

韩静雅，广州市花都区图书馆馆员。
电子邮箱：304909080@qq.com。
通信地址：广州市花都区新华街宝华路38号。

老城区街道分馆建设的困境与对策
——以荔湾区图书馆西村街分馆为例

1 荔湾区图书馆西村街分馆建设背景

党的十八大以来，公共图书馆作为公共文化服务重要的组成部分得到了迅猛发展。党的十九大指出："满足人民过上美好生活的新期待，必须提供丰富的精神食粮。……加快构建把社会效益放在首位、社会效益和经济效益相统一的体制机制。完善公共文化服务体系，深入实施文化惠民工程，丰富群众性文化活动……提高国家软实力。"荔湾区图书馆位于文化底蕴深厚的老城区，在市、区两级政府的关心及市文广旅局、市图书馆的业务指导下，以党的十九大精神中关于公共文化的要求为导向，严格按照《广州市公共图书馆条例》（以下简称《条例》）、《广州市"图书馆之城"建设规划（2015—2020）》要求，以"资源共享、效能提升"为重点，形成区、街镇、社区三级服务网络，全力提升服务效能、稳步推进地区公共图书馆建设，尤其是街道图书馆分馆建设取得了一定成效。

2017年4月，荔湾区文化广电新闻出版局向全区颁布了《荔湾区公共图书馆服务体系建设实施方案》。该方案肯定了公共图书馆建设是构建现代公共文化服务体系的重要环节，强调了建设街道图书馆是解决公共文化服务"最后一公里"难题的重要途径，更明确了在区内建立以荔湾区图书馆为区域总馆、街道图书馆为分馆的荔湾区公共图书馆总分馆体系。目前，荔湾区结合区情实际，按照因地制宜、稳步发展的原则，抓重点、分步骤，积极推进总分馆体系建设。2018年，荔湾区图书馆经评估考核，继续保留国家一级图书馆称号；同年，西村街、岭南街、冲口街完成升级改造工作。其中，西村街分馆是我区第一个完成升级改造工作的街道图书馆，经过两年的建设，在如何解决老城区人员、经费不足，场地"老破小"等限制因素方面有着许多可供借鉴的经验；2019年更是被广州市公共图书馆评为"最美基层图书馆",为全区街道图书馆改造起到了良好的示范作用。

2 荔湾区图书馆西村街分馆服务现状

2.1 馆舍及馆内基础设施现状

荔湾区图书馆西村街分馆位于西村街协和社区,于2017年7月立项,同年10月动工,次年7月15日升级改造完成,7月26日揭牌开馆。西村街东与流花商业区相连,南联西关腹地,西倚珠江与佛山南海区相望,北邻白云区石井镇,面积仅3.27平方千米,优越的地理位置让这个地方寸土寸金,图书馆建设初期一度因为场地选址和费用问题搁置。荔湾区图书馆经多次与西村街道沟通协商,提出在原有的西村街文化站和党建室的基础上共建图书馆的方案。最终,西村街图书馆克服了老城区场地狭小的困难,超标准完成了街道图书馆专业化改造工作,更新改造后的西村街图书馆面积为800平方米,其中阅览区域达到500平方米。一楼设图书阅览区、电子阅览区;二楼设科创空间、青少年图书阅读体验区、少儿绘本故事馆;三楼设国学堂、书画展厅;四楼设"红书吧"。升级改造后的西村街图书馆环境优美、设施先进,不仅是读者阅读和参加活动的理想场所,也是街道开展党建活动的重要场地,同时也能满足群众参观书画展陶冶情操的需求。

2.2 馆藏及设备现状

西村街分馆现有馆藏图书2万余册,订阅各类报纸杂志近30种;有阅览座位约150个;配置自助借还机1台,实现读者自助服务,并纳入全市通借通还体系;配置计算机12台,其中供读者使用的计算机10台,读者可通过互联网访问广州数字图书馆,使用海量数字资源。

2.3 人员现状

根据《条例》第二十三条规定:"市、区人民政府应当按照服务的常住人口每一万人至一万五千人配备一名工作人员的标准。"目前西村街常住人口4.95万,西村街分馆共配置工作人员3名,数量上基本达到《条例》要求。工作人员的构成是:1名在编的文化站工作人员,1名合同制街道文化干部,1名常驻图书馆社区志愿者。在工作运作中,文化站工作人员和街道文化干部两人除了图书馆日常工作外,还需要协助街道完成文化站相关工作,工作量巨大;常驻志愿者存在服务时间不确定而且流动性大等问题。

2.4 经费投入

2.4.1 分馆改造经费投入

西村街分馆利用原有的文化站大楼进行改造，项目总投资约80万元，主要用于工程改造、设施设备采购等。资金来源有：（1）广州市文化广电新闻出版局20万元扶持经费；（2）荔湾区财政局拨款区域图书馆专项经费50万元；（3）街道文化站经费10万元。

2.4.2 分馆活动经费来源

西村街分馆自开馆以来，组织开展多场形式多样的活动，经费来源于公益组织、西村街文化站活动经费、科普专项经费和荔湾区图书馆总馆活动经费等。首先，绘本阅读类型的活动，由社区志愿者或志愿者组织开展，开馆至今，由志愿者和志愿组织开展的阅读推广服务总计60余场，参加活动的志愿者1000余人，经费由公益组织负担；其次，科技创新活动作为西村街最响亮的品牌活动，场次和参与人数最多，影响力巨大，其经费来源为西村街分馆向荔湾区科协申请的科普专项经费；红色教育和部分国学经典，西村街分馆与西村街道合作，发挥基层公共文化服务教育阵地作用，经费来源于西村街拨款的文化活动专项经费；还有绘本阅读类型的"故事多乐趣"手工活动，是荔湾总馆品牌活动向基层的延伸，经费由总馆承担。

3 荔湾区图书馆西村街分馆阅读推广活动开展情况

3.1 绘本阅读活动

西村街图书馆积极吸纳社会资源开展文化公共服务活动，发动辖内学校教职工及公益阅读推广志愿者团队，为图书馆开展各类培训活动给予支持与配合，结合自身特色和志愿资源创立了"亲子绘本故事会""故事爸妈工坊""亲子魔法绘本故事"等品牌阅读活动，又与荔湾区总馆合作开展"故事多乐趣"特色阅读活动。

3.2 好书推荐活动

为引导中小学生多读好书，馆内在暑假期间开展阅读活动，为中小学生推荐童话动漫、励志教育、青春校园，以及国内外名家名著等好书籍，每年重点推荐"羊城之夏"青少年暑期系列活动，其间，由广州青少年阅读指导专家精选的10本"少儿经典好书"，并于2019年举办了"我是光荣的少先队员"红领巾阅读小达人评选活动,旨在增加荐书的趣味性,通过榜样的力量,鼓励中小学生加入读好书的队伍中。

3.3 科技创新活动

西村街图书馆还引入专业社会力量共同开展青少年科创课堂,包括"拼装机器人""视觉魔幻之旅""科普夏令营系列活动""电脑培训及VR体验"等一系列科技感十足的青少年科普实践活动,吸引了635人次到馆参加活动。

3.4 红色传承

除精彩纷呈的绘本阅读和科创活动外,西村街图书馆还针对培养青少年正确的价值观,举办了"红色教育讲座""2019年'歌颂伟大祖国·畅想美丽广州'少儿朗诵大赛"、新中国成立70周年书画作品展等红色传承活动。

3.5 国学经典活动

西村街图书馆还鼓励青少年学习中华传统文化,举办了"国学弟子规—亲子诵读班""少儿书法基础"培训班、"惊蛰"主题画展、西村街儿童书画展等一系列国学经典活动。

3.6 志愿服务活动

每年寒暑假期间,西村街图书馆向社会招募志愿者到馆开展"小小图书管理员""亲子义工"等志愿服务活动,旨在鼓励青少年和家长们到图书馆来,感受图书馆的氛围,了解图书馆的工作方式,熟悉图书的借阅方式,喜爱图书馆,并养成良好的阅读习惯。

西村街成功的品牌主题活动受到群众的积极响应,在短短的两年时间内,举办活动150余场次,累计惠民人数2700余人,其中品牌活动场次130余场,参与人数2400余人。基于其出色的表现,西村街分馆被授予广州市第39届"羊城之夏"青少年暑期系列活动积极单位,其中"绘本魔法师西村社区儿童绘本阅读推广计划"("亲子魔法绘本故事会"活动)被评为广州市优秀文化志愿服务项目,第三方合作伙伴(四健荟青少年发展中心)被评为2018年度"最佳少儿阅读推广伙伴"。

4 总分馆建设的思考与建议

4.1 整合资源,因地制宜,解决"老破小"

街道图书馆要根据自身实际,因地制宜,不断延伸服务领域,创新服务模式，提升水平。在开展街道分馆建设过程中发现，作为老城区的荔湾，最大的难点在于场地限制。大多数街道本身的办公场地已经有限，如果需要再设立图书馆街道分馆，将十分困难。在推进总分馆体系建设下，荔湾区图书馆积极联系、主动寻找具有建设分馆意愿的街道和文化站，将"需求大，有想法"的街道作为主要的推动单位。2017年，西村街道党工委、办事处提出了建设"书香西村"的设想，组织开展了创建"学习型机关""学习型社区""学习型家庭"活动，希望通过阅读，不断提高西村街的书香氛围。西村街党工委的设想正好与荔湾区图书馆总分馆建设吻合，并表达了对街道图书馆分馆建设有浓厚的兴趣，提出"书香西村"的规划。以西村街道为主导，在荔湾区图书馆的共同建设下，西村街结合现有的基础设施，将街道文化站大楼建成集社区党群服务交流、社区居民阅读分享、青少年科学普及创新的社区公共服务中心。综合性的大楼不仅设立图书馆分馆，还能同时满足多部门的工作需求。

4.2 丰富物资和经费来源

西村街在建馆之初，馆藏由广州图书馆及荔湾区图书馆提供；馆舍建设及设备购置经费来源为市文广新局、区财政局、街道文化站等的经费；日常馆舍运营及活动开展经费，由西村街、荔湾区图书馆、区科学技术协会（简称"科协"）、第三方企业提供，值得一提的是，有部分活动物资由志愿者或者志愿团队提供。经费稀缺是大部分图书馆建设、运营的主要障碍，在西村街的案例中，除直接的政府经费来源，还包含间接的经费来源。西村街在其综合性图书馆大楼举办了多元化的活动，活动内容不仅包含了和图书馆密切相关的文化艺术课（书法）、满足孩子好奇心的科普课，还有和信息检索及电子资源使用相关的电脑课等等，这些活动经费并非源于图书馆经费，而是来自西村街文化站还有区科协经费。

4.3 加大自助化设备投入

在西村的案例中，我们可以看出，自助机借还量的占比在整个图书馆借还量的80%以上，有的月份甚至突破90%，所以，针对图书馆街道分馆人员不足的现状，自助借还机以及其他自助设备是十分必要的。同时，自助机能较好地满足读者24小时自助服务的需求，符合《荔湾区公共图书馆服务体系建设实施方案》服务的发展目标。另外，自助设备的投入还能弥补人均藏书量的不足这一缺点。从馆藏现状可以发现，西村街分馆人均藏书量低于广州市2018年统计数量，但由于街道分馆地域的优越性和其自助服务的便利性，2018—2019年期间读者文献还书量多于借书量3000余册，正在逐步填充分馆的藏书量。

4.4　选择优质的第三方合作资源

在资源投入上搭建社会力量参与平台，选择优质第三方资源。西村街图书馆针对青少年教育举办多场各类型活动，这些活动大多与第三方企业合作，这些企业的教育理念和教育方法均契合新时代的教育理念，符合国家对青少年的培养计划要求，课程新颖有趣，能吸引广大读者来馆。尤其值得提出的是，这些活动有一部分完全是公益性的。截至目前，西村街分馆仍在不断地探索新的活动，并寻求优质的第三资源。

4.5　活动品牌化

图书馆品牌化，是指针对群众某一方面信息的需求，发掘图书馆自身所具备的潜力，形成独特的服务模式，从而打造出服务品牌。西村街图书馆自2018年成立至今，举办的活动主题突出，教育意义深刻，其中，常态化的书法培训、绘画班、亲子绘本故事会、爸妈故事工作坊、国学《弟子规》亲子班、家长学校公益课堂、"故事多乐趣"、科普、小小图书管理员培训等活动正在逐步发展为品牌活动。这些品牌化的活动不仅能有效地提高读者对图书馆服务的认知和识别程度，而且体现了图书馆的公益性、服务性，提高了图书馆的社会效益。

4.6　发挥志愿服务的作用

从西村街人员现状我们可以看出，3名工作人员并非全职和专职工作人员，但西村街的活动不仅品类丰富精彩而且活动场次多，分析其原因，发现大部分的工作均由志愿者们完成。西村街分馆招募贤人义士、发动辖内学校教职工及公益阅读推广志愿者团队，开展"亲子绘本故事会""爸妈故事工作坊""家长学校公益课堂""小小图书管理员"等志愿者活动。所以，针对街道图书馆街道工作人员力量薄弱，做好志愿者招募及培训工作，能有效地提高街道图书馆的整体服务水平。

5　结束语

在总分馆体系建设中，街道图书馆的建设同样面临着资源（人员、场地、经费）不足等图书馆建设的常见问题，但作为基层服务单位，街道图书馆具备资源丰富、群众参与度高等优势，应当凭借自身服务，创造出社会对图书馆的依赖，通过整合资源、丰富活动和扩充经费来源、创立品牌、发挥志愿服务的作用等方式，充分完善街道图书馆建设模式，发挥其服务基层群众的效能。

参考文献：

［1］习近平在中国共产党第十九次全国代表大会上的报告［EB/OL］.（2017-10-28）［2019-10-26］. http：//cpc.people.com.cn/n1/2017/1028/c64094-29613660.html.

［2］广州市人民代表大会常务委员会. 广州市公共图书馆条例［EB/OL］.（2015-01-26）［2019-10-29］. http：//www.rd.gz.cnzyfbcwhgg/content/post_45106.html.

［3］广州市"图书馆之城"建设规划（2015—2020）［EB/OL］.（2017-02-27）［2019-10-29］. http：//www.gzlib.gov.cn/policiesRegulations/148307.jhtml.

［4］王辰辰，朱卫华. 图书馆经费拓展途径探析［J］. 科学大众（科学教育），2018（10）：143+196.

［5］王梁育. 基于总分馆体系下街道图书馆建设发展的实践与思考：以银川市街道图书馆为例［J］. 图书馆理论与实践，2017（10）：92-94.

作者信息：

田甜，广州市荔湾区图书馆芳村分馆流通部主任。
电子邮箱：384349876@qq.com。
通信地址：广州市荔湾区芳村大道西芳雅苑15号荔湾文化艺术中心五楼。

服务创新

以创新思维激发社会治理活力
——"爱心电脑俱乐部"老年人信息技能培训服务案例

1 案例背景

1.1 时代背景

党的十九大报告指出,人民群众对美好生活的需要日益广泛,对物质文化生活提出了更高要求。为有效回应人民的新需要,解决社会的新矛盾,党的十九大报告在加强和创新社会治理领域,提出要建立共建共治共享的社会治理格局,凝聚社会合力,加强社会共治,让群众共享社会治理成果。

文化治理是社会治理的一种重要途径。广州市"图书馆之城"的建设,建立了以广州图书馆为中心馆,区图书馆为区域总馆,镇(街道)图书馆为分馆,以村(社区)图书室、农家书屋、流动图书车、24小时自助图书馆和其他服务点为延伸,以学校图书馆、科学与专业图书馆及其他类型图书馆为补充,社会力量积极参与的全天候、全方位、多形式的公共图书馆网络体系[1],凭借自身资源聚合、服务延伸等优势,以新的形式、新的幅度在全社会范围内发挥出公共图书馆的文化治理功能。

为实现"图书馆之城"的建设目标,广州市"图书馆之城"建设规划提出了四大保障计划,其中平等服务保障计划要求为未成年人、老年人、残障人士、来穗人员、低收入人群、农村地区公众等群体提供有针对性的图书馆服务,保障其平等利用图书馆的权利。针对老年人群体,计划中要求实施老年人服务深化项目,通过开展针对老年人的讲座、培训等活动,逐步深化老年人服务。

随着我国人口老龄化进程的加快,老年人的精神文化需求日益突出,在信息时代下老年人在精神文化生活方面也有了新的追求。为了满足这部分人群的精神文化需求,落实广州市"图书馆之城"建设规划中的平等服务保障计划,推动群众共享文化治理成果,广州图书馆积极开展老年人信息技能培训，以老年人的信息需求为主导，进一步深化老年人服务。

1.2 现实催化

1.2.1 响应时代对老年人提出的要求

老年群体拥有丰富的人生阅历与社会工作经验，是打造共建共治共享社会治理格局不可忽视的重要力量。随着政务数字化转型的不断推进，政务服务的办公、信息收集与发布等事务将更多地向数字化、网络化环境转移。可以预见的是，一些以保障公众对政府信息知悉权、对政务活动参与权为目标的信息化治理手段，如电子政务和政府2.0等，将在推进社会治理格局形成的工作中发挥重要作用。掌握信息技能，提升信息素养，适应信息时代的社会治理模式并尽可能多地参与到社会治理的事务中来，成为时代对老年人提出的新要求。

1.2.2 响应老年人对自身提出的需求

老年人与年轻人一样有实现自我价值与享受精神文化生活的需求，然而信息与参与途径的缺乏成为老年人进行社会参与文化活动的阻碍。由国家发展改革委、中央宣传部、文化和旅游部、广电总局、国家文物局等18个部门联合印发的《加大力度推动社会领域公共服务补短板强弱项提质量 促进形成强大国内市场的行动方案》中提出"强化数字文化服务和流动文化服务，不断提高文化惠民工程的覆盖面和实施效果"。文化惠民工程顺应数字互联趋势，强调线上线下的联动，使电视端、PC端、手机端成为广大群众尽享文化改革发展成果的重要工具。掌握信息技能，提升信息素养，消除阻碍并更多地享受社会改革发展成果、更好地融入社会实现自我价值与满足精神文化需求，成为老年人对自身提出的新要求。

2 案例概述

关于老年人信息技能培训的议题，国内学者已从多个角度进行探讨，主要集中在四个方面：一是老年人提升自身信息技能的必要性，如使用电脑可以锻炼大脑、延迟记忆衰退，通过上网可以查询健康信息、进行社交娱乐以增添生活乐趣。二是影响老年人信息技能提升的因素，包括老年人学习电脑面临的诸多障碍，如文字输入、英语知识等技能障碍，对电脑存有惧怕感等心理障碍，动作协调性差、记忆能力减退等生理障碍，以及社会扶持老年人学习电脑的意识薄弱等环境障碍。三是老年人使用电子设备的特点：与年轻人相比，老年人使用电脑和网络的频率较低，但在数量上开始增加；在具体使用方面，老年人应用电脑从事的活动和使用的功能比较单一，主要为上网交流。四是应如何进行老年人信息技能培训，如不断开发、改进适合老年人的输入法，包括手写输入法、语音辅助输入法等；开办老年电脑俱乐部，扩大老年网站建设规模，拓展老年人网络应用领域；政府及相关机构要大力支持和提倡老年人上网；子女要给长辈上网提供帮助等。[2]

"爱心电脑俱乐部"于2007年全国公共图书馆宣传周活动期间由广州图书馆电子阅览室成立，致力于为老年人等弱势群体提供信息技能培训，培训内容涵盖文字输入、电脑应用和智能手机应用等。针对服务群体的实际情况与现实需求，在十余年的实践与探索中，"爱心电脑俱乐部"勇于尝试不同方案，不断总结多方经验，在已有的基础上实现创新与突破，并创造一系列服务效益。在"图书馆之城"的辐射作用下，该案例对老年人信息技能培训的理解与经验有望推广到基层地区，从而发挥出更大的社会影响力。

3 主要创新点

3.1 科学设计，实现思维能力与操作技能的统一

"爱心电脑俱乐部"培训班（如图1所示）将教学过程划分为"基础班"和"提高班"两个阶段。基础班以培养思维模式为主，侧重于讲解"为什么"；提高班以锻炼运用能力为主，侧重于解决"做什么"。通过对理论教学与应用实践的合理安排，实现老年人思维能力与操作技能的提升与相互促进，达到巩固与深化服务对象信息素养的目的。

已有的培训模式多认为老年人文化底子相对薄弱，因此不必专门讲解计算机系统基础知识，而侧重于实际应用中具体操作的教学。由于对系统基础概念和基本运行原理没有清楚的认识，老年人自始至终无法使用计算机思维去思考学习过程中遇到的问题，知其然而不知其所以然。这就导致学会的操作容易忘记，学到的知识难以举一反三，学习的效果未如理想。同样，侧重于理论讲解而忽视操作实践的教学方法亦未能有效地实现培训目标。

该培训班从实际出发，在教学过程中注重协调理论与实践的比重。这不仅仅是对教学过程进行时间和内容上的划分，也是一种对信息素养中思维能力与操作技能相互间辩证关系的思考，体现出该培训班历年来对老年人信息技能学习的理解与总结。

图1 馆员为参加电脑培训班的学员讲课

3.2 形式多样，实现潮流科技与人文关怀的统一

"爱心电脑俱乐部"培训班以广州图书馆电子阅览室为平台，在教学过程中注重前沿电子信息技术的使用，以提升教学效果。同时，面向弱势群体，秉持"爱心"理念与服务初心，根据老年人群体的特点优化教学模式，以提高学习效率。通过教学手段的引入与教学模式的创新，在教学方法上实现以潮流科技做武装，以人文关怀为内核。

借助前沿技术的引入，培训班不断改善教学手段：①采用手机无线同屏技术。目前投屏演示教学大多采用电脑有线连接投影仪的方式，而该培训班采用无线的方式连接手机与投影仪进行大屏幕投屏。这种方式一方面降低了设备要求，省去了电脑和数据线；另一方面减少了空间限制，利于授课老师手把手辅导以及与学员互动。在手机导航地图使用的教学当中，手机无线同屏与板书相结合的方式，很好地展现了这种新手段的教学效果。②采用多媒体教学软件进行局域网教学。该软件可将教师机屏幕与教师讲话传送至学生机，可以很好地广播课件、视频、动画等。这种教学方式很适合"大开间"格局的图书馆使用，学员即使离老师很远，都能清楚看见屏幕，听到老师的语音，有助于教学内容的传达。

依托公共图书馆，培训班深入地关注老年人的特点，教学中给予更多的关怀：①转变授课模式，从单向灌输到需求导向。传统的由老师单向灌输式的教育方式，对现在的读者而言，不仅吸引力有限，效果也难以达到预期。

几年来，培训班坚持对学员进行问卷调查，跟踪其信息要素的变化，每年定制新的课程表。今年的调查表明，学员的需求已从群聊天、发照片、看视频等，发展成为希望了解与生活息息相关的内容，如网银支付、网上购物订餐、预约挂号、出行导航等。根据需求，培训班重新定制课程丰富教学内容，同时还教学员使用广州图书馆微信公众号的各项功能，以及如何甄别和处置网络欺诈信息。②严把教学质量，设置试题与调查问卷。为了解学员对在培训班中所学微信知识的掌握程度，培训班设计了《智能手机应用微信基础班综合测试题》并开展了学员考试。通过考试，培训班可以检验教学效果，学员也可以借此复习巩固所学知识。为进一步激励学员，通过考试的学员可以优先报读"提高班"，这一制度很大程度地提高了老年人学习新科技新资讯的热情。③建立微信群促进学习交流，以老帮老，以学助学。培训班为每一期学员建立专属的微信群。在微信群中，老师发送学习课件并进行答疑，馆员发布通知、收集信息、回答咨询，学员实操学习内容、提交考试结果。建立培训班微信群，为老年读者、授课老师、图书馆员搭建沟通交流的渠道，促进学员之间的互帮互助，有助于更好地达成培训目标。

图2　智能手机培训特别受老年人欢迎

3.3　因地制宜，实现特色服务与可推广性的统一

"爱心电脑俱乐部"培训班以老年人这一特殊群体为服务对象，根据群体的特点与多年的服务经验，不断探索与创新，推出了多项特色服务：①自主编撰教材。老年人学习电脑与手机应用的过程中会遇到一般人想象不到的

困难,且目前没有现成的教材、教案可以使用,这对教与学都是很大的挑战。为此,该培训班编撰了《爱心电脑俱乐部智能手机应用培训教材》,免费派发给学员,作为培训知识的积累与开展培训的依据。②制作数字资源使用的教学网页。向老年人推荐广州图书馆数字资源是培训班的一项重要内容。自2018年起,在课程教学中专业馆员会针对老年读者推荐适用的数字资源。与此同时,电子阅览室在读者用机上增加数字资源导航桌面,根据资源主题及使用对象对"广州数字图书馆"的数字资源进行梳理并重新分类,同时采用简明的页面分类与扁平化的页面设计风格,有助于读者快速地访问所需要的数字资源。③图文回顾课程知识点。通过"广图电子阅览室"公众号中的"乐享科技"栏目及老师自建的"智能手机使用"公众号推送课程知识点回顾,形式上图文并茂,内容上易于理解掌握,受到很多微信用户的喜爱。

在形成自身服务特色的基础上,"爱心电脑俱乐部"培训班兼顾了其在"图书馆之城"体系下的可推广性。培训班得到了社会各界及志愿者团队的支持,广州大学计算机学院志愿服务队、华南理工大学"新传心"志愿服务队、广州微软志愿服务队等成员曾担任培训班的授课老师。随着手机地图培训班的开展,广州图书馆在2019年首次与广州市文化馆合作,举办"玩转智能手机系列活动——巧用地图,出行乐无忧"技能培训,由广州市文化馆培训的志愿者担任授课老师。在镇街一级分馆层面,案例的推广往往会受到人员配置、经济成本等因素的限制,而招聘志愿者及对其培训正是"爱心电脑俱乐部"为案例推广所做出的努力与尝试。培训班因地制宜的教学模式、灵活的人员配置模式,无疑为案例的推广提供了一条可复制的路径。

3.4 融合创新,实现活动服务与空间功能的统一

图书馆读者活动的开展,以提高图书馆利用率、吸引更多人使用图书馆资源、提高服务效益作为最终目标。"爱心电脑俱乐部"培训班作为电子阅览室的品牌活动,力求把活动融入电子阅览室的每项基本服务功能中,使活动与空间相辅相成、融合创新,实现促进数字包容、提高大众信息素养的目的:①充分利用区域空间营造学习氛围。培训班除了在电子阅览室张贴海报宣传外,还设置了"数字资源展示窗"定期对我馆的数字图书馆和数字资源进行展示宣传,营造一个良好的学习氛围。老年人在电子阅览室不仅可以及时清楚地了解最新的活动信息,还可以即时实践课堂内容,例如:如何关注广州图书馆微信公众号、如何在线办理读者证、如何搜索自己喜爱的数字资

源等。②充分利用课余时间加强练习。在活动期间，培训班的学员可以在电子阅览室进行自主学习，通过实操更牢固地掌握所学的知识。③充分利用计算机资源配合教学。电子阅览室的计算机均有与培训课程紧密相关的软件与教学网页，以满足课程的需要，例如：语音输入法、笔画输入法、数字资源导航教学网页等。④充分调动人力资源承担活动任务。培训班活动已成为馆员的一项主要工作，每期活动均安排馆员主讲《如何利用好广州图书馆数字资源》的教学课程，以提高老年人的数字阅读水平。不论是课堂中还是课后，馆员均会耐心地从旁辅助指导，尽力解决老年人提出的每个问题。

图3　志愿者担任手机培训老师

3.5　设计思维，实现科学方法与工作实践的统一

"设计思维"是一种以人为本的思维方式，"爱心电脑俱乐部"始终坚持以人的需求为主导，运用"设计思维"理论方法推进活动质量与水平：①多形式、多途径调研老年人的需求。从老年人的需求出发，培训班采用多种形式收集意见与建议，在原有纸质调查问卷的基础上，增加电子问卷，并在"广图电子阅览室"微信公众号与QQ交流群中发布，广泛收集意见。同时在平时多与老年人互动，细致观察、了解他们遇到的问题，并邀请老年人代表参加"广州图书馆读者委员会"，以访谈、笔录的形式集中收集提出的需求。②精确定位需求，构思解决方法。培训班对需求进行了汇总分类，从教学设备、课程安排、老师水平、课程与教材内容几个方面在小组展开讨论、激发想法，筛选出合理、可行的解决方法。③制定解决方案，在实施中

优化。整合需求，制定方案，并在实施中不断反馈优化，更好地满足老年人的需求，例如，相应增减电脑和手机班的课程数量、完善教材内容、增加经费预算、聘请更有教学经验的老师等。④合理分工，安排专人落实跟进。根据小组人员的专业优势，对方案工作内容进行分工，并指定具体负责人，落实工作环节，保证整体质量，例如，教学设备调试工作、教材修改编写工作、与授课老师的沟通工作等。培训班运用"设计思维"，从需求出发，多角度地寻求解决方案，形成高效的工作流程，创造更多的可能性，从而达到更好的教学效果。对于"图书馆之城"建设工作中的棘手问题，"设计思维"提供了可尝试的有效的理论方法。

4 服务效益

4.1 提高老年人信息素养

老年人信息素养的提高，既是新时代对老年人提出的要求，也是老年人对自身的需求。"爱心电脑俱乐部"培训班为老年人提供了学习信息技能的各类资源，以及以广州图书馆电子阅览室为依托的交流学习空间。在培训的过程中，既能科学合理地安排课程，又能以人性化的方法帮助老年人克服畏难情绪。在提高老年人信息素养的实践中，帮助老年人体会信息素养的意义和价值，提高老年人使用信息技术的能力，让数字思维真正融入老年人生活的点点滴滴，激发老年人生活在信息时代下的活力。

4.2 打破固有思维，营造良好氛围

总结多年的实践经验，我们认为老年人在学习信息技能时遇到的困难是多方面的，主要源于老年人一些普遍的固有思维，如认为不当的操作会损坏设备，在学习中放不开手脚；为学而学，课堂上的知识得不到实际运用；课后继续学习的动力不足；等等。为扫除观念上的障碍，"爱心电脑俱乐部"将培训班划分为基础班、提高班两个阶段。基础班的目的在于消除老年人的畏难情绪，理解并接受基础信息技能；而提高班则着重于融会贯通，教会老年人运用信息技能解决实际生活中的问题，能通过信息素养的提升丰富自己的精神世界。为营造良好的学习氛围，"爱心电脑俱乐部"不断改进教学方案，如采用更加生动的讲课方式，加入更多贴近生活的课堂内容，使用录屏软件记录具体操作步骤，创建微信群促进老师学员之间的课后交流等。

4.3 建立和宣传公共图书馆电子阅览室服务品牌

"爱心电脑俱乐部"的培训班活动在加大服务力度以及丰富课程主题内容上不断努力。2018年,"爱心电脑俱乐部"共举办36场活动、服务996人次;2019年,"爱心电脑俱乐部"共举办39场活动、服务1386人次,约25%的学员通过了手机培训的考试,从"手机小白"转变成"新潮老人"。活动场次和服务人数逐年提升。课程主题与生活息息相关,涵盖旅游交通出行、网上购物、预约挂号、网上互动交流、信息检索、电子相册制作等方面,学员对培训班活动交口称赞,媒体也进行了相关的报道。

4.3.1 学员评价

根据《2019年爱心电脑俱乐部活动问卷调查报告》统计数据,绝大多数学员对培训活动和老师的满意度较高,其中有83%的学员对培训活动感到非常满意,83%的学员对老师的评价为"非常满意"。学员们普遍反映举办此类培训活动非常有意义,体现了对中老年人的关爱,丰富了他们的文化生活,让他们受益匪浅。同时,他们认为广州图书馆为中老年读者朋友提供这样一个宝贵的学习平台,充分体现了其作为全市公共图书馆中心馆的责任担当,十分值得称赞。

4.3.2 社会评价

"爱心电脑俱乐部"开设以来,多次被广东多家媒体进行报道,如广州日报、广州老人报、信息时报、湛江日报等,2019年还接受广东电视台国际频道记者采访,新闻报道 E-books win over readers in GZ 于4月22日在新闻晚高峰栏目播出。

4.4 为"图书馆之城"建设推广提供可行路径

"爱心电脑俱乐部"得到社会各界志愿者及团队的支持,除了与文化馆的合作外,还先后有广州大学计算机学院志愿服务队、华南理工大学"新传心"志愿服务队、广州微软志愿服务队的成员担任培训导师。在镇街一级分馆层面,相关案例的推广往往会受到人员配置的限制。爱心电脑俱乐部引入社会服务团体,根据人员情况灵活进行配置,为案例在"图书馆之城"体系下的推广提供了一条可复制的路径。

5 反思与展望

"爱心电脑俱乐部"属于广州图书馆建立最早、持续性最长的品牌活动之一,有着12年的历史,创办初期就建立会员制度,定期举办活动,组织机制比较成熟。然而,在广州地区公共图书馆事业蓬勃发展的今天,"爱心电脑俱乐部"从总体上看仍属于"单兵作战",缺乏与区、镇街级公共图书馆的有效联动,在社会范围覆盖面不广、知名度不高、影响力不强。

未来几年,借打造共建共治共享社会治理格局的东风,随着"图书馆之城"建设的推进,"爱心电脑俱乐部"的星星之火将迸发出更大的光芒。

(1)提供专门培训,培养专职服务人员,发挥中心馆指导作用,把爱心电脑俱乐部的活动延伸到社区图书馆或分馆;也可以招募、培训志愿者担任俱乐部辅导员,定期在社区图书馆开展电脑或手机培训,把"爱心电脑俱乐部"的服务推送到基层图书馆。

(2)采用线上授课的方式弥补现下授课的不足。嘉兴图书馆每年开展5000场活动,其中除了常规的文化阅读活动之外,针对老年人开办了"夕阳红e族老年电脑培训班",针对进城务工人员开展"帮兄弟回家——春运网络购票知识辅导与培训活动",拟实现从阅读推广到知识服务全覆盖。此外,嘉兴图书馆将电脑培训课录制成视频,方便读者随时上网浏览与学习,真正实现了覆盖线上线下、各类人群、不同场景的知识需求。"爱心电脑俱乐部"可以参考嘉兴图书馆的做法,利用现有的资源,录制相关的培训课程,发布在公众号或官方微博上,让读者可以看到课程回放,从而扩大受众面与传播范围,惠及更多的人。

(3)借助共建的力量建设品牌、宣传品牌。广州图书馆于2018年年底成立"广州图书馆读者委员会",该委员会是由广州图书馆发起成立的一种社会公众参与组织,通过这个组织听取读者意见、建议,接受社会监督。委员会的成员来自各个行业,其中有一位是参加"爱心电脑俱乐部"的老年人代表。借助委员会成员的社会力量,我们可以扩大"爱心电脑俱乐部"的影响力。此外,可以联系报纸、电视台、电台等媒体机构加强宣传,吸引、号召大众关注老年群体并参与相关的志愿服务。同时,将故事、活动整理成宣传材料,通过图书馆的微信、微博等线上平台进行传播。

(4)建设一个平台,通过网络、新兴技术手段统筹共享数字包容服务资源,更好地开展各类型的"爱心电脑俱乐部"活动。随着广州老龄化比例的不断上升,公共图书馆可以在提高老年人信息素养、促进数字包容方面发挥重要的作用。但相比中心馆,不少分馆的发展仍面临着诸如管理人员短缺、经费紧张、设备陈旧、活动少、使用率低下等种种困境。借助"图书馆之城"建设的契机,可以搭建一个平台,实现"爱心电脑俱乐部"活动的相关人力、信息、物质、知识等资源在平台上进行共享共建,各馆可以在平台上进行交流合作。通过资源整合利用、各馆互联互助,有效地促进"爱心电脑俱乐部"活动在公共图书馆的深入拓展,从而提高活动水平,实现活动的可持续发展。

参考文献:

[1] 图书馆之城简介 [EB/OL]. [2020-06-16]. http://www.gzlib.org.cn/libCityIntord/index.jhtml.

[2] 陈雪丽. 丹麦老年电脑教育的特点及其对中国的启示 [J]. 老龄科学研究, 2015 (9): 73-80.

作者信息:

陈国勋,广州图书馆图书资料馆员;
蔡豪源,广州图书馆图书资料馆员;
谭绣文,广州图书馆图书资料副研究馆员。
通信地址:广州市天河区珠江东路4号广州图书馆。

浅谈图书馆的政府购买服务

——以南沙区图书馆为例

受客观因素制约，与广州市其他区图书馆相比，南沙区图书馆存在着机构编制未独立、专业人员少的现实困难。南沙区图书馆自建成以来，受到市民的广泛欢迎，但不可否认的是，在硬件设施、文献建设、业务创新、学术研究等方面，南沙区图书馆与广州图书馆及其他区馆之间仍存在着一定差距。为了进一步提高公共文化服务水平，促进南沙区公共图书馆事业发展，更好地满足当地居民的精神文化需求，南沙区另辟新址，筹建更具现代化特色的新图书馆。

1 挑战：在没有独立建制的情况下如何推动用工创新

新图书馆的建设工作给南沙区图书馆提出了挑战：如何既保证旧图书馆的正常运行，又按时按质推动新图书馆的建设？首先需要攻克的一个难关就是人员不足。南沙区图书馆原有的工作人员是以整体外包的方式，引进了一家企业负责全业务运行。这种整体外包的模式可以快速解决用工难的问题，但是对图书馆专业化发展会带来问题。运营承接商要考虑用工成本，在服务模式上，就不会有驱动力去业务创新、专业建设。新馆建设的重任当前，这个模式可借鉴的经验不多，必须寻求新的出路。加上南沙图书馆目前没有独立建制，所以走传统的老路子也行不通。如何破题？用工方式的选择，是南沙新图书馆首先要解决的问题。

2 破题："人力外包+业务外包"结合模式

在国家大力提倡政府购买社会服务的大背景下，南沙新图书馆向区内提出了人力资源外包服务的需求。

一是根据《广州市公共图书馆条例》，根据服务人口配置人员数量的标准,申请了三十多名外包服务人员。考虑到新馆的定位较高,人员薪酬设置参照南沙区内同等级别标准,取值10.8万~11.8万元/年。通过招投标,由一家人力资源公司负责提供人员。人员要满足新馆发展需要,以专业化、高标准为原则向全社会公开招聘。为确保人员队伍的活力,年龄设置在35岁以下,广泛吸引年轻的有生力量。聘用人员与人力资源公司签订劳动合同,发挥专业公司的优势对员工进行劳动关系管理,南沙区图书馆则对员工进行业务管理。

以"人力资源外包"的方式,可以提高用人标准,确保用人质量,对新馆的主要专业力量搭建起到促进作用。所需人员均围绕图书馆的一切需要服务,馆方根据人员业务素质表现,对人员的去留具有一定权限,可以充分引进市场管理机制,灵活处理。人员外包的模式还有利于突破事业单位的聘用规则局限,破格任用高素质、高水平的人才。例如,因业务发展需要,南沙区图书馆特聘一名经验丰富的专家担任运营馆长,体现了人员外包模式的灵活和高效。

另外,新进员工的劳动关系管理,不仅只是招聘和面试的问题,还涉及劳动合同的订立、社会保险费的缴纳、劳动合同的变更与解除、劳动争议的处理等一系列问题,委托人力资源公司来处理此类人事业务,不仅更加专业,而且有助于图书馆在内部职能部门不完善的情况下,对人员实施全面完备的管理。

二是推行项目管理制和绩效考核。劳务外包,并不是包而不管。在实行人员外包的情况下,如何增强员工对图书馆的归属感、对工作的责任感,是一个值得注意的问题。为了避免人浮于事,充分调动员工的工作积极性,鼓励员工发挥才干,积极主动地承担工作,南沙区图书馆实行了项目管理制和绩效考核结合的创新型人员管理办法。

项目管理制,即鼓励员工承担图书馆建设和业务发展中一定数量的项目,将项目完成情况和员工的绩效考核挂钩,根据考核结果对员工进行排名,进而直接影响员工的薪酬数目。员工按时按量地完成项目,甚至主动发现馆内业务中需要改进的地方,申请立项,按要求完成,即可按照培优补差、多劳多得的原则,在薪酬中获得相应的奖励。推行此制度,有利于在员工之间形成一种良性竞争的氛围。

绩效考核的指标除了完成项目的情况,还包括员工的业绩水平,以及在业务竞赛中取得的成绩。不同部门的员工,有不同的业绩考核指标。比如,对于流通部门的员工来说，每日接待读者数量、借还文献数量等就是最直观的衡量标准。南沙区图书馆还定期举行相关业务竞赛，如流通服务中的图书上架、查找指定书目。将竞赛成绩纳入考核范围，有助于激励员工保持学习习惯，不断提升自己的业务能力和水平。

通过在南沙区各镇街图书馆中推行绩效考核，每日通报业绩排名情况，南沙区图书馆有效地激发了员工的积极性，提升了服务质量，这一点在2019年的各项服务数据中有所体现，相比上年均有所增长。

三是将部分业务整体"业务外包"，减轻人力成本。在新馆建设中，如果单纯依靠三十多人的人力资源外包，一方面仍达不到馆建需要的人力配置；另一方面一些基础性的工作由这批人员负责未免大材小用。为了既能保障充足的人力，又不造成人才的浪费，就衍生了部分基础业务整体外包的思路。南沙在借鉴老图书馆的丰富经验的基础上，将"流通业务"整体外包。由老图书馆的外包服务商的团队承担新馆的流通基础业务，这批团队经营多年，是新馆的一块"压舱石"，能充分发挥专业特长，实现基础业务的运转。基础业务所需的人力成本以整体业务外包的方式解决，不在馆方考虑的主要成本内。

截至目前，南沙新图书馆实现了"人力外包"+"业务外包"的合作机制，确保了人尽其用，构建了一个新的用工模式。

3 对购买服务的深层次思考

新馆建设的历史性推动，让南沙区图书馆从"整体运营外包"，转向了"人力资源"+"业务外包"。经过多年的摸索，总结出了值得分享的经验。在不同成长时期的图书馆，采取的模式应有不同变化，才能适应新的发展。在基础不完备的情况下，走整体运营外包或许能迅速解决场馆运行问题，但是不可持续。在建设初期的图书馆，还是要多注重"人"的队伍搭建，所以提倡走人力资源外包的模式，能迅速构建基础运作团队。在建设中期，通过优胜劣汰，部分业务可以转向社会购买服务，多尝试"事"的购买，不限于流通、采编，甚至阅读推广服务。随着人工智能的到来，未来的图书馆，或许在人力成本上会更精简，在未来，我们的馆员价值主要会在哪里？这值得我们图书馆人进一步探索。

作者信息：

杨焱，广州市南沙区图书馆副馆长；
汪欣，广州市南沙区图书馆图书资料馆员。
通信地址：广州市南沙区图书馆。

花都区公共图书馆文化志愿服务案例

1 背景

习近平总书记对志愿服务作出重要指示：志愿者事业要同"两个一百年"奋斗目标、同建设社会主义现代化国家同行。文化部 2016 年 7 月 14 日发布并实施的《文化志愿服务管理办法》，在第二条把文化志愿者定义为："是指利用自己的时间、知识、技能等，自愿、无偿为社会或他人提供公益性文化服务的个人。"根据党的十九大精神和中央文明委《关于深入开展志愿服务活动的意见》，按照《志愿服务条例》《文化志愿服务管理办法》的有关规定和要求，推进文化志愿服务体系建设，更好地满足人民群众日益增长的精神文化需求，花都区文化志愿服务结合实际，积极培育文明风尚，以不断提高公民文明素质、社会文明程度和群众生活质量为前提，广泛开展文化志愿服务活动。先后印发《关于建立健全花都区文化志愿服务工作体系方案》《花都区文化志愿服务激励机制》，逐步健全志愿服务队伍，及时组织策划满足群众文化生活需要的服务项目，不断完善服务管理机制，以实现文化志愿服务的经常化储备、规范化管理、常态化服务、品牌化培育、项目化配置、信息化支撑、社会化运作。其中，花都区图书馆通过政府和各级党委提供的平台，建设成立文化志愿者服务总队及文化文艺志愿服务分队，组织策划相关文化志愿服务项目，着力使花都区文化志愿服务发展壮大。

《广州市公共图书馆条例》第二十三条里说明市、区人民政府应当按照服务的常住人口每 1 万~1.5 万人配备一名工作人员的标准，结合服务时间、馆舍规模、馆藏资源数量、用户服务量等因素合理配备相应数量的公共图书馆工作人员。2018 年以来，花都区图书馆读者年接待量和图书年外借量均超过 100 万，服务量居广州市区级图书馆第二位，按花都区常住人口 120 万计算，应配备工作人员 80~120 人。而全区公共图书馆工作人员仅 40 余人，人员的短缺无法满足庞大的读者服务和阅读推广需求。为有效解决图书馆人手不足带来的不便和为应征文化志愿者的民众提供实践平台,2018年7月花都区文化志愿服务总队以及花都区图书馆文化志愿服务队正式成立。花都区图书馆文化志愿服务队在整合自2015年9月开始投入服务的文化志愿者资源和长期开展文化志愿服务的华南理工学院广州学院、广东省交通学院、广东第二师范学院、广东省行政学院其各自成立的志愿服务队伍的基础之上,正式授牌华南理工学院广州学院文化志愿服务分队、广东省交通学院文化志愿服务分队、广东第二师范学院文化志愿服务分队、广东省行政学院文化志愿服务分队、东风日产文化志愿服务分队、社会文化志愿服务分队共计6支分队。

文化志愿服务总队的设立,使得文化志愿者储备经常化、文化志愿服务管理规范化、文化志愿服务常态化得以有效实现。截至2019年年底,花都区图书馆已累计吸纳1958名注册文化志愿者,各分队的成人文化志愿者总计超800名,仅以阅读推广为主的文化志愿者就有近200人,而未成年学生文化志愿者更是逾千人;仅2019年一年,花都区图书馆开展文化志愿常规服务活动1213场次,文化志愿讲师参与的专项活动206场次,文化志愿分队主持的主题活动16场次,总参加人员达8000人次,当年总志愿服务时长达4万多小时。

2 花都区图书馆的特色文化志愿服务品牌

2.1 "我也是图书管理员"项目

"我也是图书管理员"属于入门级文化志愿服务项目。成年人文化志愿者普遍应用于"我也是图书管理员"文化志愿服务项目。花都区图书馆通过文化志愿者协助区图书馆进行图书整理、阅读推广、阅读引导、数据分析等,根据图书馆当下流量数据,定期安排相应人数的文化志愿者到馆服务。进行文化志愿服务前,由图书馆工作人员统一进行岗前专业培训,初步教授图书馆前台的工作流程及礼仪、图书分类等专业知识,并且针对不同年龄阶层、不同社会背景的文化志愿者按需调整培训内容:例如,针对所有被录用的文化志愿者进行业务实操培训,由图书馆资深前台工作人员分批实地讲授并带领文化志愿者进行图书分拣、上架等作业,并进行现场实操考核;针对高校文化志愿者增设专属培训课程,由图书馆专门负责礼仪培训的人员讲授图书馆服务的相关礼仪及服务技巧。该项目对缓解因人员短缺造成服务开展受影响的局面有显著的成效,仅2019年,该项目的文化志愿服务活动共开展 1213 场次，截至 2019 年 11 月，参与人数达到 6349 人次，累计志愿服务时长达 47084 小时。

2.2 高校分队协助阅读推广文化志愿者项目

高校分队协助阅读推广活动是文化志愿者服务的进阶级项目。在本地区的高校学生文化志愿者，社会实践需求比其他在校学生大，图书馆文化志愿项目除了可以选择"我也是图书管理员"外，更多地会选择参与组织策划阅读推广活动，他们通过实际的操作，熟练掌握举办各类大小型活动的各项技能。花都区图书馆按照往年的经验，利用本地区高校文化志愿者在校的课余时间，结合当下的节日主题，给予中心指导思想，通过高校文化志愿者举办各类阅读推广主题活动，诸如"广州读书月""我们的节日"以及学雷锋、儿童节等，进一步丰富了读者的阅读生活，提高了大众的阅读兴趣，鼓励青年学生在社会实践中传播文明，成为文明实践活动的先驱。

2.3 未成年人专属文化志愿者服务项目

未成年人专属文化志愿服务项目适用于年满 12 周岁且未满 18 周岁的在校学生志愿者。花都区图书馆结合自身工作和广大学生志愿者需求，出台针对未成年志愿者的招募录用条款，同时在寒暑假和各个节假日前通过在图书馆张贴招募海报以及在广东"i 志愿"平台、图书馆微信公众号发布招募信息，并由文化志愿服务管理人员统一安排面试，面试成功后再进行集中培训上岗，服务内容主要是协助图书馆馆员和参与馆内各部门的工作。因未成年志愿者群体极其庞大，在人员管理方面有较大难度，花都区图书馆采取同龄人监督同龄人的方式，通过组织优秀的未成年人文化志愿者面试，筛选具有领导能力、社交能力乃至办公室软件操作能力等的小部分志愿者，分别负责图书馆内各类工作的执行管理。例如，将具有舞台经验且形象良好的中学生，安排在图书馆为各大型活动、比赛现场服务；品学兼优且本身就是学校学生代表的中学生，有成为图书馆文化志愿服务管理人员的得力助手的潜力，参与协助管理核心的文化志愿服务，在社会实践的同时也提前掌握就业技能，为其今后的人生增添一笔财富。通过实践，在节假日、寒暑假等高峰时期有效地解决了图书馆人员紧缺的问题，提高服务效能。

近年来，教育部对九年义务教育的中学生有志愿服务、社会实践、职业体验方面的考核要求，花都区多所学校（包括花都区秀全中学、花都区秀全外国语学校、花都区圆玄中学、花都区芙蓉中学、花都区清埔初级中学、花都区金华中学）对六年级以上的学子有 8～32 小时的志愿服务时长规定，中学生入团的条件中更是将该项列入硬性考核标准，要求志愿时长必须满 8 小时；公共图书馆属于公共福利文化服务的主要机构，地理位置也相对优越，寒暑假期间人流量大量增加，针对青少年儿童设计的活动也在同期频繁举行。图书馆作为首选的志愿服务平台，每到寒暑假均会有主动前来参与图书馆志愿服务的在读学生志愿者。为了充分发挥学生志愿者的作用，花都区图书馆通过让学生文化志愿者参与青少年儿童专属活动，将经过筛选的在读学生文化志愿者安排到在图书馆举办的各个青少年儿童阅读推广活动中，成为青少年儿童专属活动的文化志愿主力，协助负责场地布置、现场咨询指引、登记签到、维持秩序、统计整理等。例如，2019 年 7 月至 8 月底，举办了"21 天阅读挑战书"活动、"羊城之夏"系列活动、各类青少年比赛、音乐会、朗诵会、画展等。花都区在广东省立中山图书馆的牵头的"21 天阅读挑战书"活动中，通过小读者阅读打卡、借阅、推荐图书，设阅读之星、借阅之星、图书推荐之星三个奖项，每个奖项均设有相应的证书与奖品。该活动项目由学生文化志愿者参与完成，参与人数达 500 人次，包括活动前期的馆内宣传、活动中为来馆读者打卡登记、活动结束后审查统计，由于该活动周期长——贯穿整个暑假、受众广——全区中小学生都有机会参加、口碑好——学校和家长都鼓励小读者主动参加，从而受到家长好评，该活动已经成为花都区图书馆暑期必备的阅读推广项目，也成为学生文化志愿者的专属文化志愿服务项目内容。另外，由高校文化志愿者主导，策划组织并实施以节日为主题的读书活动，成为在校学生志愿者的另一项专属文化志愿服务内容。花都区图书馆结合教育部门的政策，同时为释放内部工作压力，通过充分利用图书馆的公共文化平台，为花都区的在读学生志愿者提供了文明实践的机会，也通过庞大的在读学生志愿者群体，很大程度上减轻了部分工作压力，解放人手并保障各类活动进行，取得显著的成效。

2.4 "文化志愿讲师"文化志愿服务项目

花都区图书馆在收集文化志愿者人员资料时归纳整理出当地有名的作家、书法家、画家、教师、文艺工作者等文化志愿者名单，为让这批高级知识分子能在文化志愿服务工作中发光发热，花都区图书馆与区作家协会、区朗诵协会、区民间文艺家协会、毕婉敏名教师工作室等单位结成阅读推广合作单位，共同联合开展图书馆阅读推广活动：如区作协副主席余清平老师讲授的"从义冢谈作文的构思与逻辑"阅读活动；区芙蓉诗社副秘书长黄娟老师主讲的"汉语造字的故事·小学古诗词粤语吟诵"阅读活动；花都区民间文艺家协会主席刘浪老师主讲的"骆秉章科举之路与成长史"阅读活动；毕婉敏名教师工作室"文化志愿讲师"团队在馆内举办亲子阅读主题活动；协助开展的与玩具图书室相关的亲子阅读项目——"花绘童年，阅享快乐"亲子活动，由"文化志愿讲师"讲绘本故事，家长和孩子进行亲子互动小游戏并阅读玩具书，从而普及亲子阅读；久负盛名的"二十四节气读书会"阅读推广活动。每一期读书会均由"文化志愿讲师"本人及读书会活动专职负责的文化志愿者策划组织开展，受到广大读者厚爱，几乎期期座无虚席，课前课后读者反馈热烈，已逐渐成为区图书馆的优秀文化项目品牌。

为进一步发挥图书馆文化育人和文化传播功能，实现公共图书馆由传统型服务向文化型服务的转变，花都区图书馆于2019年通过阅读推广合作单位推荐等方式招募高层次的文化志愿者，正式成立一支文化志愿者讲师队伍，主要负责组织承办图书馆内外大部分的阅读推广活动、文明实践活动等，每次该类活动均由图书馆主办，讲师团承办并安排相应的主讲老师在新时代文明实践中心花都图书馆分中心授课。该支讲师队伍在新时代文明实践中取得了瞩目的成绩，该项目已成为未来花都区图书馆文化志愿服务的重点培育项目。

除此之外，花都区图书馆还通过"文化志愿讲师"推动并开展阅读进校园、进企业、进单位等系列活动，邀请花都区文化艺术界、教育界以及区内在古典文学、国学研究、文学创作、阅读推广及人文、历史、民俗教育方面富有授课经验的专家学者加入讲师队伍并为读者义务授课，成为"文化志愿讲师"团队的一员。花都区图书馆通过"文化志愿讲师"大力开展阅读推广活动，例如开展"书香有路"——花都区图书馆文化志愿服务项目系列讲座活动，引导全区中小学生阅读经典，培训阅读习惯，提高文学欣赏和写作能力，为建设阅读花都、文化花都夯实软硬件基础。

3 经验

3.1 制定文化志愿者服务制度

文化志愿服务工作受当地政府重视，先后印发《花都区关于建立健全文化志愿服务体系的工作方案》（穗花文明办〔2018〕24号）和《花都区文化志愿服务激励机制》（穗花文明办〔2018〕25号）。为规范志愿服务工作，由花都区图书馆文化志愿服务队牵头制定了《花都区文化志愿者工作管理制度》和《花都区文化志愿服务专项资金管理方案》，明确图书馆志愿者的服务内容、管理培训制度及激励措施等，建立相对健全的文化志愿服务工作申报制度。《花都区文化志愿者工作管理制度》《花都区图书馆文化志愿服务内容》《花都区图书馆文化志愿者权利与义务》《花都区图书馆文化志愿服务行为规范》《花都区图书馆文化志愿者嘉奖制度》阐明了文化志愿者的定义，明确了文化志愿者的权利和义务，对文化志愿者的服务内容、行为规范等进行了详细的说明，包括对文化志愿者的招募、培训、嘉奖等方面都形成了相关的规定。设立专属的花都区图书馆文化志愿服务队活动场所，配置了办公家具并张贴《花都区文化志愿者工作管理制度》、志愿者组织架构、志愿者服务一览表、服务章程；建立志愿者激励机制，申请文化志愿服务经费，对文化志愿者进行统一经费补助，文化志愿服务经费列入财政年度预算。

3.2 设立专职文化志愿者管理人员

目前，花都区图书馆文化志愿服务队队长由图书馆党支部书记担任；副队长由图书馆副馆长担任，负责全面统筹；志愿者管理人员一名，主要负责对接各文化志愿服务分队，制定文化志愿活动方案，负责跟进各文化志愿活动具体项目的组织实施，对接各分队队长进行项目设计、跟进文化志愿者后勤服务、组织开展志愿服务活动、志愿者培训等；兼职工作人员两名，主要负责文化志愿服务的日常培训、礼仪培训、资料整理及协助开展文化志愿活动等。根据花都区委宣传部下发的关于当年开展文化志愿服务项目申报工作的通知，花都区图书馆的文化志愿服务工作通过逐级上报的工作制度，向区文明办、团区委等上级部门积极推荐申报优秀文化志愿项目。成人志愿者的招募的年龄范围为18周岁至55周岁之间，在从事文化志愿服务所要求的具备人文素养以及专业知识或服务技能的健康人士当中筛选，由志愿者管理人员进行统一的面试并试用，通过相关的业务考核才能进入志愿队伍；未成年人志愿者则分为年满12周岁且未满14周岁的在读学生志愿者、年满14周岁且未满18周岁的在读学生志愿者两个类别，分别参与广州少年儿童图书馆花都分馆和花都区图书馆两个区域的文化志愿服务，要求来馆服务的在读学生志愿者服从管理人员安排，在活动周期结束后达到规定的志愿服务时长且无违纪行为者，可给花都区图书馆开具的实践证明和志愿服务证明。

3.3 借助"i志愿"平台的信息化管理

由于文化志愿者流动性较强，为进一步确保文化志愿者队伍的长期稳定，花都区图书馆借助"i志愿"平台规范招募及管理，通过图书馆微信公众号发布招募信息，在2019年招募了53名文化志愿者组成固定队伍。该53名文化志愿者通过微信建群方式组建成"花都图书馆文化志愿服务群"，由负责文化志愿者管理的员工担任管理员，每次执行工作任务前由管理员统一在群内公布信息，以微信群接龙报名方式确定人员名单及工作时间等，工作内容则以图书分类上架、活动保障（活动包括以图书馆名义举办、承办、协办的各项阅读推广活动）为主，同时还包括24小时自助图书馆的全方位保障以及部分临时下乡任务。

所有的文化志愿服务都须依托记录志愿时长的平台，花都区图书馆选择的是全省的志愿服务平台——"i志愿"。花都区图书馆通过"i志愿"平台发布文化志愿活动，招募符合条件的文化志愿者，一般流程为：由文化志愿者管理人员在"i志愿"平台发布项目招募信息，再将所有成功报名的图书馆文化志愿者按成人志愿者、未成年人志愿者、高校志愿者进行分类组建群，微信群设置相应的管理人员，每次项目开展前在微信群内发布排班信息，志愿者根据自己的时间安排在群内进行接龙报名，名额满员后则由志愿者管理人员统一进行汇总登记，同时在"i志愿"平台对成功录用的文化志愿者进行"录用"及"面验"操作，最终在进行文化志愿服务时，由业务前台负责图书馆文化志愿工作的人员为其统一计算志愿时长，在提高图书馆服务效能的同时也为花都区乃至周边地区的广大学生志愿者提供实践锻炼的机会。

3.4 开展有序的文化志愿者培训

文化志愿者的培训一般分为业务培训、专项培训。由于从事图书资料专业，花都区图书馆的文化志愿者在志愿服务前必须进行岗前培训：熟练掌握图书分拣、整理、上架、顺架等基础操作；针对性学习办理书刊借还、自助借书指导、续借书刊的申报登记及办理、逾期书刊的催还、预约借书的登记与通知等操作；了解区图书馆的馆藏布局，熟悉联机检索系统操作方法，懂得如何查找文献资料，保证上岗时能为读者提供咨询和导读服务；掌握少儿图书馆的借阅管理、书刊宣传要点，协助开展儿童导读、流通服务、读者活动和读者调查工作。专项培训则包括礼仪培训、文明培训、活动保障培训，具体由当下活动负责部门统一指导跟进。

3.5 实施文化志愿者激励措施

每年对在服务时长、服务质量上表现突出的优秀文化志愿者（团体），给予相应奖励或激励：根据文化志愿者的服务时长及业绩，按照《广东省星级志愿者资质认证管理办法》的有关规定，每年度开展"星级"文化志愿者评选活动，在图书馆服务达到一定志愿时长的志愿者，可获得相应的景区免费门票；被评选为优秀文化志愿者的，将被推荐参加"花都好人""广州好人""中国好人"等评选活动。如2019年年底，为表彰志愿者对文化服务做出的贡献，在花都区委宣传部、区文化广电旅游体育局的领导下，花都区图书馆组织举办"花都区文化志愿服务2019年度总结活动"，评选出优秀文化志愿项目5个、优秀文化志愿讲师10名、优秀文化志愿者10名，文化志愿服务之星10名、优秀文化志愿服务队伍8支。同年12月，花都区文化志愿者服务总队被评为2019年广州市优秀文旅志愿者服务团队。

激励措施还包含组织优秀文化志愿者交流经验和学习观摩。花都区图书馆在2019年11月1—2日，组织50名文化志愿者在花都、深圳开展了为期两天的经验交流及学习参观活动，通过"带进来，走出去"的活动方式，邀请志愿服务界的资深讲师，让文化志愿者了解更多关于文化志愿的理论知识、业务规范和创新的文化志愿服务，并根据优秀文化志愿者分享的实际经验，加强对文化志愿者的运营与管理。此次活动，开拓了文化志愿者的眼界、定义了图书馆文化志愿服务方向，提高了文化志愿者的各方面素养。

通过各种激励措施来增强文化志愿者自身的荣誉感和自豪感，鼓励更多社会各界人士投身到文化志愿服务中，对更好地开展文化志愿活动、积极服务社会、提升文化志愿者队伍的服务水平具有重要的意义。

4 展望

4.1 树立相对应的文化志愿服务品牌

目前，花都区文化志愿服务缺乏相对应的文化志愿服务品牌，应不断提高广大市民对文化志愿者服务活动的知晓率和参与率，引导更多的群众自愿参加活动，做到"志愿服务周周举办 志愿活动你我参与"，不断提升现有文化志愿服务项目档次，突出社会效益，凸显和推广文化志愿服务品牌：如联合区各街镇文化志愿者开展专属的系列文化志愿服务活动，打造具有特色的区域文化志愿服务品牌。

4.2 开展多元化的文化志愿服务

目前，图书馆的文化志愿服务仅以大部分读者为服务对象，对于残障人士、自闭症儿童等特殊群体，没有相应的团队提供文化志愿服务，应将这部分特殊群体作为文化志愿服务的特殊服务对象，按需开展相应的多元化的文化志愿服务。

4.3 健全系统化管理

目前，花都区图书馆文化志愿者人员资料库、服务规章制度、文化志愿者业务培训以及服务记录等已逐步建立起来，但文化志愿者的培训仅涉及基础知识，围绕基本服务流程进行，缺乏专业性知识、团队管理知识、心理健康等方面的培训。日后应加强志愿者的全方位培训交流，逐步提升服务水平，加强与相关部门的合作，拓展文化志愿服务的内容，探索文化志愿服务新模式。

4.4 拓展文化志愿者队伍

为今后能持续深入开展文化志愿者服务，进一步加强业务培训，应联合各街镇、各分馆对文化志愿者进行统一的业务培训，做到把图书馆文化志愿服务"带进来，送出去"，逐步提升服务水平，壮大文化志愿队伍。

文化志愿者招募、培训、文化志愿服务需求匹配、文化志愿服务成果评估指导、监督等各方面的管理仍有改进空间，应进一步思考如何充分利用信息技术，更好地提高文化志愿服务的工作效率，建立全面涵盖文化志愿者招募、培训，文化志愿服务需求匹配，文化志愿服务成果评估指导、监督等各方面的高效率工作系统，加强对大数据资源的挖掘应用，使之更好地服务文化志愿者，把文化志愿者事业做大做强。

参考文献：

［1］文化志愿服务管理办法．［EB/OL］．http：//www.gov.cn/gongbao/content/2017/content_5189209.htm.

［2］中央文明委关于深入开展志愿服务活动的意见．［EB/OL］．http://

www.wenming.cn/zyfw_298/zlk/201011/t20101104_4599.shtml.

[3] 志愿服务条例. [EB/OL]. http://www.gov.cn/zhengce/content/2017-09/06/content_5223028.htm.

[4] 文化志愿服务管理办法. [EB/OL]. http://www.gov.cn/gongbao/content/2017/content_5189209.htm.

[5] 广州市公共图书馆条例. [EB/OL]. http://www.gzlib.gov.cn/policiesRegulations/78168.jhtml.

作者信息：

郑馥丹，广州市花都区图书馆助理馆员。
电子邮箱：13929666166@139.com。
通信地址：广州市花都区新华街宝华路38号花都区图书馆。

走访村落，搜集零次文献

中国图书馆学家杜定友提出"地方文献"的概念，强调图书馆要重视地方文献的搜集整理，包括"图书、杂志、报纸、图片、照片、唱片、拓本、表格、传单、手稿、印模、簿籍等"。民间文献是地方历史文化的重要载体，在文史研究中长久不衰，散落在民间的"村落文献"是地方文献的重要组成部分，对村落文献的收集整理、对地方文献的研究有着重要的意义。因此，对村落文献进行收集、整理、加工、研究工作，已经迫在眉睫。

从化历史悠久，这里出土的文物有距今七八千年的新石器。现在保存下来的古村落、古建筑大部分是明清时期建筑，可以说，从化是岭南文化的发祥地之一。千百年来，一代又一代的从化人，在这片土地上繁衍生息、辛勤劳作，留下无数智慧的结晶。从化众多的历史村镇，体现了客家文化和岭南文化的融合交汇，蕴藏着大量具有历史价值的"零次地方文献"。目前这些文献大都散落在古村落、地方圩镇、民间收藏爱好者家中。对从化村落文献等"零次地方文献"的收集挖掘、加工整理，是历史赋予从化区图书馆地方文献部的艰巨任务。

1 从化区图书馆地方文献部现状

从化区图书馆地方文献部于2016年6月迁移到少儿馆5楼，面积达400多平方米，分设族谱、地方文献、政协文史、李高松赠书等8个专柜，馆藏量5763册。馆藏资料以图书为主，并收藏部分音像资料、电子出版物，具有馆藏量大、品类丰富、涵盖面广等特点，地方特色浓郁，极具研究价值。配备工作人员1名，开放时间为9：00—11：30，14：30—17：30，并设有预约开放服务，以开架方式管理，为市民提供免费阅览服务，所有馆藏均著录了规范的书目数据，同时，承担为广东省图书馆、广州图书馆搜集从化地方文献的任务。从化区图书馆由于人员、资源等条件所限，未能对地方文献进行大量研究。但随着从化区《征集地方文献资料的倡议书》和《从化区图书馆地方文献征集整理方案》的提出与确定，从化区馆将有计划地开展地方文献研究。

《从化区图书馆地方文献征集整理方案》进一步明确了征集整理工作的责任与计划，并获得了一定成果。其中，继续整理、优化《馆藏从化地方文献目录》《馆藏从化族谱目录》，"媒体看从化数据库"和"从化文史资料数据库"已顺利公布于官网供读者使用。

2 从化区图书馆开展地方文献研究情况及"零次地方文献"挖掘整理情况

2.1 地方文献业务开展情况

为更好地全面收藏、保护和利用从化地方文献资料，建立从化地方文献信息保障体系，从化区图书馆在区文广新局的支持下，向政府机关、企事业单位、社会团体、个人，发出长期征集地方文献的倡议书和征集整理方案，并成立以梁宁东副局长为组长的从化区图书馆地方文献征集工作领导小组。在其领导下，由从化区图书馆地方文献部承担的地方文献业务工作全面开展，并组建地方文献数字化加工中心，进行地方文献整理及数字化。近年来，通过不懈努力，从化区图书馆收集整理了一批极具收藏利用价值的珍本、孤本，如民间族谱等，进一步充实了馆藏地方文献。

2.2 "村落文献"挖掘、收集、整理的实践

"村落文献"属于零次文献，它承载着地域文化资源和传统生活形态，是中国社会科学发展的一个重要依托，是"零次地方文献"。自古以来，中华民族以血脉为引，群居而生，形成无数家族。"水有源，树有根，落叶要归根"，正是这种对血脉亲情的重视，对中华文化的认同，中华民族才得以世代相传，生生不息。然而，世代绵延，存留于世的不少古村落却渐渐埋没在时代的脚步下。所幸，在这些古老的事物消逝的同时，尚存有一丝文化韵味留待后人追寻。将"口述历史"拍摄记录，收集零次文献，便是希望通过尚能保留下来的一些物件，如族谱、碑文、村落老者的口述等，去了解如今家族模式的生存现状，以及探讨其传承与发展。

图1　2018年6月27日项目组在银林村搜集的《叶氏家谱》手抄本

在从化本土，活跃着一批以余伟文先生为代表的致力于从化乡村史挖掘研究和加工创作的作家群体。他们深入乡村调查研究，收集大量资料进行文学创作。据此，在地方文献征集工作领导小组和图书馆的支持下，从化区图书馆地方文献部主动与余伟文先生接洽和深度交流，由其牵头共同开展"零次地方文献"挖掘整理项目。该项目通过对项目组成员走访从化自然村落、历史保护村落，特别是对余伟文先生主持采访老人"口述历史"的全程进行拍摄记录，形成零次地方文献，并对散佚的其他"零次地方文献"进行挖掘、收集。从化区图书馆对收集挖掘的零次文献或直接征集收藏，或复制收藏并进行数字化加工整理；走访过程资料及拍摄的"口述历史"属从化区图书馆所有，进行加工整理后提供读者使用。参与项目的作家则利用走访素材进行加工创作，不仅向我们提供文学佳作，促进当前文学发展，更为我们描绘乡村古往今来宏大完整的风貌，为乡村树碑、为小人物立传。这些作品一经出版发行，即向地方文献部捐赠一定数量，以供收藏。

2018年3月至2019年12月，项目组成员随同余伟文先生走访了从化的13个自然村落、4个历史保护村落，受访者达36人次，收集《戚氏宗谱》等手抄族谱6本，获赠《先考戒欺公言行录》《岭南伍氏莆田（翔龙）房总谱》《叶氏正简长湖支系族谱》等族谱一批，共20册。

图2　2019年4月24日项目组在东风村殷家庄祠堂采访老村委书记

3　项目实践

3.1　确定走访的路线

（1）走访从化规划重点保护村落：东风村、殷家庄、凤院村、大江浦村、钟楼村、钱岗村等历史村镇。一些保护完整的村落，如广裕祠、邓氏祠堂、从化学宫大成殿等历史村镇，因其名声在外、保护完整，已有齐全的文献资料，收集意义不大，略过。

（2）走访从化自然村落：官庄村、大凹村、银林村、门口江村、枧村。

（3）走访从化北部山区的革命老区村落：吕田镇。

（4）访寻民间收藏家。

3.2　确定走访的内容

拍摄记录各个受访点的古祠堂、文物、旧物，收集族谱、书稿、原始资料、照片等。采访村落中的老人、名人，拍摄记录，形成"口述史"。

3.3　走访前准备

（1）确定受访对象。项目组负责人联络需要探访的村落，确定受访对象。拟定采访提纲，告知采访事宜。

（2）对受访的村落做全面的了解，村落的历史、文物、名人、祠堂等。

（3）摄像人根据拍摄需要，做好拍摄准备工作。

3.4 走访的实施

在室外的拍摄活动中，摄像人根据祠堂周围环境调整摄像机，尽量使用脚架，令画面稳定。除祠堂、寺庙外，还要多拍一些能体现农村宗族文化的活动、物件。

采访初始，摄像人根据室内环境架设机器，调整拍摄角度，布置灯光，放置麦克风，并对受访者及其展示的老照片、纪念品、手抄族谱等实物资料拍照留存。采访人要引导受访者回忆乡村的历史故事、传说、名人传奇等，发掘生活细节，确定口述中出现的相关地名、人名、事件、时间等信息。

图3　2019年9月22日，在上岳古村采访《朱氏族谱》的主编朱为民。

图4　2019年10月31日，项目组在麻村祠堂门口采访村中老者。

在良口镇枧村，老人戚柏兴收藏的手抄本《戚氏宗谱》，这是他一笔一划用毛笔抄写的族谱。原族谱也是手抄本，抄写者正是戚柏兴的祖父戚衍华。衍华公是清朝廪生，于清光绪三十年（1904）六十多岁时抄写族谱。几十年

图5　2018年9月25日，项目组在良口枧村采访戚柏兴老人。

后，流传三代人的族谱已破烂不堪。戚柏兴不甘祖物消亡，决定重抄族谱。1965年开始，他走村访老，询问历史。重抄后的族谱不但完整保留原貌，还新增大量家族续脉内容。征得老人同意后，项目组带《戚氏宗谱》回馆扫描再归还。

图6　2019年1月27日，项目组在门口江采访93岁的李榕嘉老人。

在门口江村，项目组在村干部李庆祥的协助下，找到了村中年纪最长、已有93岁高龄的李榕嘉老人。李老毕业于广州公安干部学校，1949年入伍，曾驻深圳边防，当检查员、侦察员。老人为我们"还原"了三四十年前的门口江，余伟文先生用文字记录下来，这就成了口述史："门口江村头有两座紧挨的祠堂：必成李公祠和李氏宗祠。必成李公祠是一座三间五进的大祠

堂。20世纪伊始，两间祠堂的命运就与教育紧紧联系在一起。清光绪三十二年（1906），邑中教育翘楚肖锦洲与东华里欧阳愈在李氏宗祠创办学堂'欧肖馆'。肖锦洲（1870—1942年）是桃园蛟龙围人，弱冠入秀才，三十岁中副贡，与欧阳愈'同年、同学、同案、同科'。两人志趣相投办教育，各方子弟慕名求学盛极一时。6年后欧肖馆停办，村中子弟入读村办安良小学。两室两班50多人，高年班设在一巷的头巷厅，低年班设在二巷的书房。有一个校长两个老师，分别是本村人李树荣、李崇本和陈屋巷人陈璧如，教授国史美音。民国三十二年（1943），县府在必成李公祠堂开办环城乡中心小学（后又叫县立第一小学、街口区第一中心小学等），办校伊始有三个班80多人，老师3人。1956年改称门口江小学，有三个班300多人，老师12人。"

在太平镇银林村，通过采访，我们知道了银林叶宅的历史事迹。正如余伟文先生所记录，其家族有"一门五代书法家"的传奇。叶氏书法第一代是开嵩公之孙、光绪戊子科岁贡叶日新。叶公乐善好施，先在西街纪念碑创办育婴堂，后于光绪三年（1877）在叶宅创办乐善堂，传经讲学。日新公写得一手清秀的楷书，如今他的字迹镌刻在"乐善堂"石门匾和"乐善堂宣讲碑志"石碑。其中"从此祀典绵绵，衣冠济济何乐如之不亦善乎"的字句表达了办学者的心愿。

3.5 资料的整理与利用

3.5.1 及时整理

每次走访结束，项目组及时整理走访的资料。对于搜集回来的手稿、族谱等零次文献及时做好编目工作，保证编目质量。系统整理文献加工业务数据，及时归档；按专柜、索书号重新排列上架并对读者开放；对摄像机和照相机中的储存卡进行数字化采集，对采集后的视频进行初步剪辑；视频资料、图片资料和扫描文件分类上传馆服务器并硬盘备份存档。

3.5.2 及时修补

搜集回来的零次文献，一部分已经古旧、残缺，需要花大力气去整理、保存。为了学习修补古籍，项目组专门拜访了江埔街禾仓村龙安里的古籍爱好者龙柱深先生。龙先生喜欢收藏奇石、古旧物品，尤其是收藏了一批价值很高的珍贵古籍，且在修复古籍方面有他自己独特的一套方法，他亦毫无保留地向我们展示如何修补古籍。

图7 2018年3月23日,项目组到禾仓村龙安里探访古籍爱好者龙柱深先生。

4 项目经验与亮点

4.1 政府重视,组织保障有力

为保证地方文献征集工作持续性常态化地有效开展,从化区成立了由文广新局领导牵头的地方文献征集工作小组,提供了强有力的组织保障。从化区图书馆认真贯彻落实局工作意见,一方面,始终坚持"知识(资源)重组"的发展理念,设立了"政协文史资料馆""国学馆""从化古村落保护资料馆"等多个专题阅览场馆,在保护文献的同时,注重对专题资料的活化利用。另一方面,为全面补充、完善地方文献的资源体系建设,从化区图书馆成立了由地方文献部和采编部组成的项目小组,深入田野调查,有力地调动主要力量,确保项目组能够获得每一个村落村委会或者村民的协助,为项目开展提供支持和保障。此外,项目组开创性地进行了从化区口述历史的采集、整理工作,并卓有成效地征集了我区大量抗日战争及解放战争时期的史料。

4.2 积极寻求社会力量参与,合作开展"口述历史"建设

项目组充分发挥主观能动性,寻求外部力量,引入社会资源优势,共同开展"口述历史"建设。项目组始终以寻求与本土地方文献研究大咖、乡村作者深度合作为抓手,一是与专家合作,确保项目工作的专业性。二是专家

的前期研究成果为该项工作提供了基础和指导。项目组联动社会力量，依托馆藏资料，探索图书馆开展收集零次文献的概念、意义、功用，并基于余伟文先生《从化乡村史记》的创作经验，对零次文献在地方文献工作中的运用进行了初步的探析。三是与专家合作，有利于图书馆专业人才队伍建设，提升了馆员的专业性。通过收集零次文献和口述历史的形式，记录从化地方传统文化，对从化当地的发展和历史有了更深刻的了解。同时，配套利用无人机航拍技术，借助先进航拍设备的全方位记录的目标。这既是对即将逝去的口头文化遗产的抢救，也是图书馆补充馆藏、形成特色的方式之一。项目组成员在工作中积累了实践经验，开阔了视野，提高了学识水平。

4.3 极具特色，充实完善了馆藏文献信息资源

项目组深入乡村，通过田野调查、与村民面对面访谈的方式，"触摸"历史，在最末端形成无可替代的本土资料。项目组秉持能搜尽搜的理念，尽最大努力搜集扶贫开发、生态建设以及对古村古籍、本土方言（音频、视频）保护时的资料（如破旧村庄的消失、扶贫资料中的新旧对比等），并形成新的史料。习近平总书记强调新农村建设要"望得见山，看得见水，记得住乡愁"。项目组收集到的文字、图片、音像、实物等，做到全面、真实地记录村落的历史人文状况，为正在消失的村落留下历史印记，留住乡愁，留住精神归宿，为寻根溯祖、保护文脉提供帮助。让每个在从化乡村成长与走出去的人，都能找到自己的根脉。

5 反思与展望

"走访村落，收集零次文献"项目组在开展工作中，得到许多村民的热心帮助，他们乐于为从化乡村文化振兴出一份力，令从化区图书馆的文献收集工作得以顺利开展。同时，我们也遇到不少困难，主要有以下几点：

一是"村落文献"属于零次文献，没有明确的分类方法，这对文献的保存与利用造成了很大的困难。

二是现场搜集难度较大。某些珍贵的资料，收藏者会拒绝赠送、复印，项目组只能采取拍照、摄录的方式现场获取。

三是摄像器材老旧、笨重、像素低，加上摄像人经验不足，导致拍摄效果欠佳，画面不清晰。视频资料后期处理的工作量大，人手不足，加大开发的难度。

四是零次文献中的"口述历史"因受访者的记忆、环境、心理等因素，其准确性受到一定的影响。

展望未来，从化区图书馆将逐步推进并落实以下三个方面的工作：一是加强地方资源建设，继续扩大从化地区收集零次文献的覆盖面；二是认真总结数字化工作经验，完善零次文献的数字化建设；三是继续借助社会力量开展征集工作，通过网络、海报宣传，有偿或无偿的方式最大限度征集零次文献。

参考文献：

［1］余伟文．从化乡村史记［M］．广州：琼林书院，2017．

［2］广东省地方志办公室．全粤村情·广州市从化区卷（一）［M］．广州：广东人民出版社，2017．

作者信息：

孙观贤，广州市从化区图书馆采编部馆员。

通信地址：广州市从化区城郊街河滨北路616号。

南沙图书馆与人工智能的深度融合实践

1 背景介绍

人工智能作为影响广泛的颠覆性基础技术，对未来各行业的发展将产生深远影响。近年来，发展人工智能技术也多次被写进我国的政府工作报告，已上升为国家战略，人工智能技术的创新或场景应用，有待各行各业探索实践。在图书馆行业，《国际图联趋势报告》已将人工智能列为四大技术趋势之一，人工智能对图书馆的影响有可能是全方位的。从微观层面看，包括图书馆的信息资源建设、服务、馆员、图书馆建筑与环境、管理等各个方面。

目前，国内人工智能技术在图书馆落地应用的成果很多，最具代表性如"刷脸办证""智能机器人"等。2017年浙江理工大学图书馆实现刷脸进馆和借阅；2018年，上海交通大学、西安电子科技大学等高校图书馆开始将人脸识别门禁系统用于读者进馆管理；2018年9月株洲市图书馆推出刷脸借书服务；2018年，深圳图书馆可直接调用人脸识别API接口，读者资料最终被提交给国家公安部实名数据库进行人脸比对，成功返回身份识别结果后即可为读者办证，通过移动支付方式缴纳押金；2019年，三亚市图书馆借助支付宝实现刷脸借书；等等。这些人脸识别技术应用主要通过采集持证读者照片，将照片与读者证进行绑定，从而实现刷脸识别读者身份，应用方向集中在门禁系统、办证、借还服务等。或者充分利用智能机器人，实现人与人为交互中介到人与机器为交互中介的转变。通过机器人可以实现导航、问答、互动等。例如读者可以同机器人聊天，在人机交互的过程中完成信息咨询；或利用智能手机上的智能管理系统，实现个性化书单推送、预约座位等。例如清华大学图书馆的机器人"小图"、上海交通大学图书馆的"小交"以及深圳图书馆的"小图丁"。

上述技术应用，仅在人工智能技术与图书馆基础业务表层进行了尝试和探索，但在人工智能与图书馆业务的深度融合方面，还有较大的研发空间，在解决图书馆传统服务难题上缺乏突破性创新。

2 案例亮点

2.1 "书服智慧终端"服务项目

"书服智慧终端"是南沙区图书馆的一大创新技术应用,也是南沙区图书馆在图书馆界的首创,实现了人脸识别与图书管理系统有效对接,通过人脸自动比对和智能技术应用,预知了读者身份和相关借阅信息,做到服务"有备而来"。一方面,实现了咨询服务由"被动等候"到"主动出击"的转变,调整馆员自身角色定位,在技术赋能及方式创新中强化自身能力素养,从而转变服务习惯,为读者提供更全面细致和个性化的智慧服务。另一方面,能够构建图书馆个性化知识推荐服务体系。以读者为中心,整合系统生成的读者个人阅读报告、活动预约和馆方提供的资源推荐、个人建议等服务要素,构建读者喜好画像,依托人工智能技术为读者提供主动式的智能推荐服务,创新个性化咨询服务方式,提升服务内涵和质量。该项目在研究路径上,主要实现了人脸识别技术、智能技术与图书馆参考咨询服务的融合,预知服务对象系统数据,改进服务效果。

2.1.1 人脸数据库设计

南沙图书馆人脸数据库,采用云从人工智能技术,基于人脸识别核心算法,包括人脸检测、关键点检测、人脸规整、特征提取、比对识别五个大的步骤。录入的人脸数据所构建的南沙图书馆读者人脸库,可再设立多个分库,如对人才卡持有者、残障人士、特殊读者建立专项人脸库,便于图书馆为不同人群提供个性化优享服务,体现对特殊人群的尊重和关怀。

2.1.2 人脸数据收集

南沙图书馆人脸数据主要通过读者刷脸办理读者证的方式逐步构建起来。读者刷脸办理读者证,主要提供两种渠道:一是现场收集。读者可以通过在南沙图书馆内人证合一终端和自助办证机完成刷脸办理读者证。二是网上收集。读者通过"南沙区图书馆"微信公众号,输入身份证信息,上传人脸照片,也可以完成人脸数据库信息录入和读者信息注册。注册成功后,读者人脸识别信息即可作为读者证使用,享受馆内所有基于人脸数据打造的个性化服务。

2.1.3 人脸数据库应用

当读者需要借阅图书时,不仅可在图书馆服务台由馆员协助使用刷脸借书功能，还能操作自助借书终端，通过刷脸的方式登录图书借阅系统，自行借阅图书（如图1所示）。"刷脸—借书"的无缝衔接，让读者无须再携带读者证、身份证，实现"一脸通行"。

图1　读者通过刷脸的方式自行借阅图书

馆员流动服务中佩戴的AR眼镜，作为"书服智慧终端"个性化服务系统的终端载体，汇集了人脸识别和读者数据库中信息查询及显示功能。当馆员佩戴AR眼镜后，可识别读者人脸信息并显示读者预约服务、阅读书目数量、是否存在逾期未还书籍等主要业务信息。馆员还可以通过AR眼镜扫码识别书籍的详细信息（如图2所示），及时回答读者对于书籍情况的提问。同时，在图书馆4个对外入口还分布着多个人脸抓拍摄像机，可以对进馆读者进行人脸识别，并进行信息比对。当系统识别到残疾或视障读者、特殊身份人员、南沙区人才卡持有者等读者时，该读者位置信息就会通过微信公众号反馈给特定馆员。馆员在接收到这些信息后能快速响应，及时找到该位读者，提供相应的帮助或服务。

图2　馆员通过AR眼镜手持端扫码识别书籍的详细信息

通过"书服智慧终端系统"高效迅速

且无感地进行信息识别和反馈，馆员就能踏出主动服务的第一步，有针对性地提供服务，如提醒预约的活动信息、推荐图书等，让南沙区图书馆可以将传统的被动咨询转变为主动引导，让服务方式从静态转化为动态，增加了馆员与读者间的交流和互动，强化了图书馆对读者的尊重及人文关怀，缩短服务距离。

2.2 资源导航（地磁导航）系统

南沙图书馆引进了先进的地磁导航技术，研发了资源导航系统，实现了对图书馆各个功能区域和文献资源导航查询。地磁定位技术原理是以建筑内各个区域形成的天然存在的、独特的地球磁场分布作为坐标系，通过手机传感器和专用的数据算法进行高精度的位置测算。相比较 Wifi、Beacon、GPS 等，地磁天然存在且较为稳定，如果建筑建构不发生大的改变，地磁分布也不会发生改变，可以实现定位误差在 1 米之内。同时，地磁导航系统项目施工难度小，设备简单，价格低廉，很适合于中型以上的图书馆部署。因为图书馆面积较大，人员流动复杂，室内地磁导航系统可以使馆内读者不受位置的限制，能够快速了解图书馆功能布局、整体结构及功能分区，快速生成馆内导航路线，充分体现人性化、开放化、泛在化理念。同时，还节约了读者时间成本和体力消耗，很大程度提升了图书馆的整体智能化体验。

南沙区图书馆是国内首家将地磁定位技术与图书馆资源导航服务深度融合的图书馆，是图书馆界的首次创新性应用。以南沙图书馆导航小助手微信小程序为载体，读者通过关注"南沙区图书馆"微信公众号，点击"导航"栏目，即可启动导航小助手微信小程序，利用手机进行图书馆内功能区导航、图书导航，导航定位误差可缩小至 1 米之内。当读者需要查询一本图书，只需在小程序上搜索书籍名称，系统即可自动获取该图书所在书架位置，与读者所在位置关联，形成导航路径，从而真正解决"找书难"这样的行业难题。

3 案例意义

3.1 推动图书馆人工智能深度融合

在高新科技飞速发展的大背景下，南沙区图书馆依靠大数据、物联网等智能技术，增加图书馆服务的科技含量，使人工智能技术与部分业务环节的深度融合，构建集人文关怀与科技体验于一体的智慧图书馆新模式。

3.2 改变图书馆服务模式

打造智慧图书馆同时也是图书馆全体职员的服务意识再提升的过程。通过接触新的智慧化系统，进行人机交互，馆员不再局限于传统的服务形式和服务思维，能更清晰地挖掘自身的潜力，重新找准自己的定位，为读者主动提供个性化的服务，从被动服务转为主动关怀，达到"始于读者需求，终于读者满意"的图书馆服务效果。

4 思考

南沙图书馆在图书馆与人工智能技术应用的深度融合案例实践过程中，应该遵守实践性、适度性和整体性三个基本原则。

要建立以读者需求为导向的应用研发，需结合不同区域特点，探索创新成果应用的转化路径和方法。在技术应用的终端设备环节，还需考虑人机协同问题。同时，必须考虑项目的应用前景和推广价值，开发的技术应用要具备兼容性、简便性。除图书馆应用外，最好对相关行业也具有参考借鉴作用。

人工智能技术在与图书馆的深度融合时，要考虑技术创新的应用和整体的投资额度与应用场景的图书馆规模体量有关，而不是任何体量的图书馆都需要这样的技术应用创新。如资源导航应用创新最佳适用于国内中型规模以上的图书馆，体量太小，技术应用则凸显不出效果，还会产生投资浪费。新智能技术的研发和应用，最好基于图书馆业务管理原有系统功能的扩充、完善和智能化，只需取得原有系统的接口，减少不必要的研发投资。

当前，我国大部分地区都在推行公共图书馆服务体系建设，每一个分馆，都是处于体系中的一个节点，因此，局部与整体关系显得尤为重要。自成体系，独立于体系之外，必然会破坏体系的总体性。一方面，人工智能技术的应用创新，不能只局限于某一个馆，应遵循整体性原则，推动整个图书馆总分馆服务体系的发展。例如，上级馆和下级馆之间，馆与馆之间，在系统、资源以及具体业务环节上必须相互配合，而不能有人为的技术壁垒，否则有可能影响创新技术的应用效果，甚至决定项目实施的成败。另一方面，技术的创新不能局限于某个业务环节，而应尽可能与更多的业务环节实现关联，达到相对效益的最大化。

"一切为了用户"是公共图书馆跨界合作的本质。南沙图书馆在人工智能项目应用上，运用了先进的跨界技术，立足构建新的服务机制，试图尽一己之力解答一些业务难题。如何通过智能技术与业务的深度融合，走出科技促进图书馆发展、创新服务体制机制的2.0版本的路径，是图书馆人的历史使命。同时，也有一些问题引起我们的思考，比如信息安全保障和读者隐私保护等法律问题值得研究探讨。实践证明，人工智能技术在图书馆的深度应用还有广阔的发展空间，值得深入挖掘利用。不能仅停留和局限在技术的"拿来主义"层面，更应该具备"创新主义"精神。

作者信息：

杨焱，广州市南沙区图书馆副馆长。
通信地址：广州市南沙区图书馆。

智能管理总分馆　智慧书香惠万民

——越秀区总分馆智慧服务云平台建设案例[①]

1　引言

近年来，广州市以"图书馆之城"建设为抓手，全面推进公共图书馆总分馆制建设。时代的发展、科技的进步、人们生活水平的提高和阅读方式的改变等对公共图书馆的建设和服务提出了新要求，"公共图书馆服务云平台"应运而生。本案例构建了越秀区总分馆智慧服务云平台，实时反映越秀区各公共图书馆资源利用情况，创新图书馆服务模式，编织多层次、全方位的惠民服务网络，满足市民多样化需求，便于广大市民共享图书馆资源，避免资源分配不均、资源浪费或人流过大等问题，充分利用有限的空间实现"文化惠民"最大化，促进公共文化服务均等化，深入实施文化惠民工程，增进文化民生福祉。文章将从越秀区总分馆智慧服务云平台建设背景、服务创新点、服务效能和价值等方面进行阐述，为广州市公共图书馆总分馆制建设提供范例和参考。

2　越秀区总分馆智慧服务云平台的建设背景和总体情况

根据《广州市公共图书馆条例》《广州市"图书馆之城"建设规划（2015—2020）》《广州市加快构建现代公共文化服务体系的实施意见》《关于全面推进我市公共图书馆总分馆制建设的实施意见》《广州市公共图书馆第三方评估管理办法》《越秀区进一步推进广州市"图书馆之城"建设的实

[①] 本文系"2020年广州市图书馆科研课题"《总分馆智慧服务云平台架构及其实现研究——以越秀区总分馆智慧服务云平台为例》（课题编号：2020GZTK01）研究成果之一。

施意见》《越秀区图书馆分馆、服务点建设标准》《越秀区公共图书馆服务规范》《越秀区贯彻〈广州市文化广电新闻出版局印发关于全面推进我市公共图书馆总分馆制建设实施意见的通知〉工作方案》等文件的规定，公共图书馆要激发公共文化活力，加快推进公共文化数字化发展，借助互联网、云技术以及现代通信技术等手段，加强公共文化大数据采集、存储和分析处理，整合各类公共文化的设施信息、活动信息、服务信息、数字资源，为用户提供远程查询、阅读等服务以及个性化信息服务；区级图书馆作为区域总馆，负责本馆和所属分馆的统一管理，以及工作人员的统筹调配，需提供基层业务辅导与培训，提供辅导工作报告、工作记录及有关基层馆材料；区级图书馆需组织区域内公共图书馆利用新技术，如 RFID 技术、镇街道分馆人流量统计等。为了深入贯彻落实以上政策法规的精神，越秀区图书馆从越秀区公共图书馆总分馆建设的实际出发，针对越秀区公共图书馆总分馆制建设中存在的问题，借助高新技术手段，创新服务模式，提升服务效能，完善总分馆服务体系。

一直以来，越秀区图书馆努力营造良好的公共文化氛围，不断探索开展公共图书馆总分馆制建设的新思路，大力推进本地区图书馆网络建设。2015 年，在区内建成 12 个街道分馆；2016 年，对黄花岗分馆、梅花村分馆进行升级改造，建设为越秀区街道智慧图书馆示范点；2018 年，建成 16 个街道分馆，100% 完成街道分馆建设任务。

为了推进越秀区公共图书馆总分馆制建设，越秀区图书馆成立了负责分馆建设与管理的部门——区域总馆办公室，配备 4 名工作人员，还为每个街道分馆配备了 1 名业务馆长。然而，在 16 个街道分馆的管理上还是存在着分馆工作人员流动性大，人员培训与业务指导工作较难开展，设备故障难以及时发现并处理，读者管理、读者咨询压力难以化解，读者服务效能亟待提升等问题。针对上述问题，越秀区图书馆探索出了利用现代化信息技术为公共图书馆总分馆制建设保驾护航的新思路、新方法——建设越秀区总分馆智慧服务云平台，实现总馆、分馆的统一智能管理、统一智能服务。

越秀区图书馆于 2019 年公共图书馆服务宣传周期间，在全市率先推出越秀区总分馆智慧服务云平台，实现总分馆的智能化、自动化管理与服务。越秀区总分馆智慧服务云平台利用大数据、云计算、5G、人工智能、远程监控、语音交互等技术，实现各分馆统一的监控管理、设备管理、人员管理、业务指导、数据分析、信息资源服务等，越秀区图书馆作为区域总馆，可以远程巡检各分馆实时开放情况，与分馆工作人员进行实时互动、交流，为读者提供个性化的信息咨询服务、智能化的自助服务、全方位的大数据服务，让图书馆服务无时不在、无处不在。

3 越秀区总分馆智慧服务云平台的服务及创新

越秀区图书馆利用越秀区总分馆智慧服务云平台将总馆与各分馆连接起来，通过技术手段实现多点联通、服务全覆盖，形成越秀区公共图书馆总分馆服务网络，创新了总分馆管理与服务模式。

3.1 视频监控管理，实时跟踪反馈

大部分场所建设视频监控系统是出于安保的考虑，而越秀区总分馆智慧服务云平台采用5G技术建设的网络化、高清化、智能化视频监控管理系统，主要是用于总馆对分馆人员的监控管理，避免人员缺岗、服务不到位，还可用于总馆对分馆现场环境、设备设施的监控管理，记录读者的阅览轨迹。

各分馆视频监控布点由云平台建设项目小组经过实地勘察，根据分馆馆舍面积、现场环境而定，重点监控区域为分馆出入口、服务台、自助设备、隐蔽位置等，避免出现监控死角。监控中心设在越秀区图书馆区域总馆办公室，工作人员通过电脑或智能手机的监控屏幕可多画面或单画面实时查看各分馆监控视频图像，还可通过远程控制、图像抓拍、录像回放等方式，随时随地全面了解和把握各分馆服务运行状况，加强对分馆自动化管理，从馆舍环境、工作人员状态到整体服务情况，对分馆运行状况进行实时跟踪与反馈。

3.2 自助设备管理，保障分馆开放

各分馆工作人员数量有限，自助服务成为分馆对外开放的主要手段，随着分馆自助设备种类及数量递增，运维压力日益增加，设备统一管理的需求突显。越秀区总分馆智慧服务云平台可对放置在不同分馆的自助设备进行统一集中的管理，远程连接各分馆自助设备，记录自助设备配置信息，监控自助设备运行状况。当区域总馆工作人员发现设备运行异常时，可调用视频监控管理系统协助确认设备运行状态，还可以远程处理故障，当无法远程处理时，可远程指导分馆工作人员现场查找故障原因，现场处理。分馆工作人员发现自助设备故障，也可通过该平台向总馆反映，实现总馆、分馆双向互动，及时解决故障，恢复自助服务，保障分馆正常开放。越秀区总分馆智慧

服务云平台实现实时远程维护设备,减少现场维护成本,与传统维护方式相比,更高效、更适合总分馆管理。

3.3 人流量精准统计,管理服务提质高效

越秀区总分馆智慧服务云平台通过采集总馆、分馆出入口人流量统计系统的数据,对总馆、分馆人流量进行连续监测、统计和分析,提供实时、直观、准确的数据,避免了以往人工统计容易出错、刷卡登记易造成人流停滞现象的发生。此外,云平台通过数字与图形的方式展示到馆人数,提供各种分析数据和报表,便于总馆、分馆合理安排工作人员,更好地为到馆读者服务。同时便于工作人员在发现人流量超过限定的人数之后及时对阅览区之间、总馆与分馆间、分馆与分馆间进行适当的读者分流处置,有效提高总馆、分馆的管理效率和服务质量。

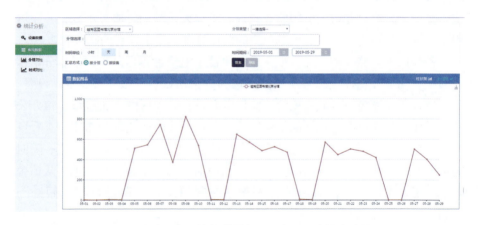

图1 越秀区总分馆智慧服务云平台显示分馆人流量

3.4 线上业务交流,提升服务技能

通过越秀区总分馆智慧服务云平台,越秀区图书馆工作人员可通过摄像头采取远程视频对话的方式为各分馆工作人员提供实时业务指导,分馆工作人员也可实时向总馆反馈馆藏调拨、通借通还等业务情况;总馆、分馆也可以视频会议形式多方沟通决策,提高交流互动现场感、真实感,实现总分馆工作人员即时的互动,提升沟通效率、缩减出行成本、提高管理成效。总馆工作人员日常还可制作培训视频或者资料上传至越秀区总分馆智慧服务云平台,便于分馆工作人员随时获取业务知识,提升他们的业务知识水平和服务技能。

3.5 智能化应答,转变服务方式

越秀区图书馆总馆、分馆的读者可通过"广州市越秀区图书馆"微信公众号进入越秀区总分馆智慧服务云平台进行个性化信息咨询,平台设置了常见问题应答、机器人智能应答、人工咨询等多种咨询方式,满足读者的个性化信息咨询需求,打破公共图书馆实体服务的壁垒,有效提高信息咨询服务的时效性、灵活性。当分馆无人值守时,读者可在分馆现场咨询,由云平台机器人回复读者,当机器人无法回复时,则由总馆工作人员远程实时回复。

3.6 大数据分析与信息资源建设,提供个性化服务

越秀区总分馆智慧服务云平台利用云计算、大数据技术,根据读者阅读行为,分析读者阅读倾向,在读者通过越秀区图书馆微信公众号检索书目、阅览数字资源及了解阅读推广活动信息时可为读者进行阅读推荐、活动推荐,为读者提供个性化信息服务;还可提供读者增长分析、文献借阅量分析、馆藏配置分析等服务,有效提升总馆、分馆的文献资源利用率。平台将文献资源建设融入"大数据"与"互联网+"的环境之中,基于读者的阅读需求,丰富馆藏内容,优化馆藏结构,便于总馆、分馆更有针对性地为读者提供优质的公共文化服务。

图2 越秀区总分馆智慧服务云平台利用大数据分析读者办证情况

3.7 多点服务,打破资源孤岛

越秀区总分馆智慧服务云平台利用5G、大数据、云计算、语音交互等技术,将各分馆的资源充分整合,由总馆统筹管理、合理利用,同时还将总馆专业化的服务、丰富的活动资源、数字阅读资源等无障碍地分享到各分馆,让有限的资源发挥最大的效益,提高资源利用率,打破资源孤岛,实现多点服务。

综上所述,越秀区总分馆智慧服务云平台围绕总馆、分馆的建设、管理、服务等方面进行多方创新,助力越秀区公共图书馆总分馆制建设。越秀区总分馆智慧服务云平台推出后,2019年6月14日,《图书馆报》进行了专题报道,报道了云平台个性化信息咨询24小时在线,打破了公共图书馆实体服务的壁垒;线上业务咨询辅导,可随时获取业务知识;视频监控管理,全面把握各分馆服务开放运行状况;人流量统计,可高效组织读者服务工作;大数据分析,有效提升文献资源利用率等创新亮点。

4 越秀区总分馆智慧服务云平台服务的效能和价值

4.1 越秀区总分馆智慧服务云平台服务的效能

越秀区总分馆智慧服务云平台推出后,即在越秀区图书馆总馆和16个街道分馆同时上线。区域总馆办公室通过越秀区总分馆智慧服务云平台可详细了解各分馆的运行状况,如分馆工作人员到岗情况、自助设备运行情况、活动报名与活动开展情况、接待读者数量、读者办证量、文献借还量、读者咨询服务量等。各分馆在开拓读者服务工作、举办阅读推广活动时,云平台可为总馆统筹资源、调配人手、制定决策、优化服务提供依据。区域总馆办公室还可以即时与各分馆工作人员点对点联系,指导业务工作开展,提升各分馆服务效能。以下是《越秀区图书馆16个街道分馆服务数据对比表》:

表1 越秀区图书馆16个街道分馆服务数据对比

序号	服务项目	2019年6月至12月服务量	2018年6月至12月服务量	同比增长率(%)
1	读者接待总量	663766人次	411238人次	61.4
2	文献外借量	306872册次	157154册次	95.1

续表 1

序号	服务项目	2019年6月至12月服务量	2018年6月至12月服务量	同比增长率（%）
3	活动参与人次	187282人次	127631人次	46.7
4	设备现场维护次数	18次	30次	-40
5	解答咨询服务量	9070次	7368次	23.1

从表1可以看出，越秀区总分馆智慧服务云平台推出后，越秀区图书馆16个街道分馆服务效能得到了较大提升。通过分馆人流量统计分析、优化整合馆藏资源、开展个性化服务，引导读者充分利用各街道分馆，在总馆外墙装修闭馆的情况下，读者接待总量较同期增长61.4%，文献外借量较同期增长95.1%，活动参与人次较同期增长46.7%；通过对自助设备实施统一管理与远程维护，设备现场维护次数较同期减少40%；通过增进线上交流，提供智能化应答服务，咨询服务量较同期增长23.1%。

4.2 越秀区总分馆智慧服务云平台服务的价值

4.2.1 充分利用技术手段，创新图书馆服务

越秀区总分馆智慧服务云平台充分融合了"互联网＋"、大数据、云计算、5G、人工智能、远程监控、语音交互等技术，实现新时代背景下分馆的智能化服务，将总馆的参考咨询服务、资源推荐服务、移动图书馆服务、个性化信息服务等各项服务延伸至分馆，为利用高新技术创新图书馆服务提供了范例，探索了总分馆服务与前沿科技领域的融合发展。

4.2.2 挖掘读者需求，提升信息资源服务水平

越秀区图书馆借助越秀区总分馆智慧服务云平台，采集图书馆基于读者行为的大数据，创建模型对广大读者的公共文化需求进行深度挖掘分析，以便图书馆进行阅读分析、优化馆藏配置、促进阅读推广、创新服务项目，使各项读者服务工作更具针对性，拓展图书馆信息资源服务的广度与深度，有利于实现公共文化的高度整合和资源共享，扩大公共文化的覆盖面，提升公共图书馆的服务能力和服务品质。

4.2.3 全天候互动式服务，满足读者信息咨询需求

越秀区图书馆借助越秀区总分馆智慧服务云平台，为读者提供线上24小时不间断的互动式服务，满足读者的个性化信息咨询需求，甚至闭馆期间读者服务仍得以延续，有效提高信息咨询服务的时效性、灵活性，同时还减

轻了馆员的咨询服务压力，使馆员免于应付日常重复的常规咨询，有精力从事更专业的信息咨询及更深层次的读者服务。

4.2.4 密切总分馆联系，提高服务效率

越秀区总分馆智慧服务云平台的应用，能够密切总分馆之间的联系，让总馆对各分馆开放情况、各项服务数据等做到随时掌握、有效督促、加强管理，并加强人员培训，减少沟通成本，优化整合资源，促进资源共享，提高服务效率。例如云平台的人流量统计功能，能够让馆员及时了解各分馆读者入室情况、实时分流读者，让总馆和分馆的空间资源、馆藏资源、活动资源等最大限度为读者所用；云平台的线上沟通平台，通过总分馆远程多点视频会议、远程多点技术支持、远程人员管理、远程多点业务辅导，极大地节约人力资源、时间成本、交通成本；云平台的信息资源服务能够高效整合全区公共图书馆资源，让总分馆服务网络内的各类公共文化资源可以实时分享到各分馆，让广大市民能够更好地利用图书馆资源。

4.2.5 创新服务模式，提升服务品质

越秀区图书馆使用越秀总分馆智慧服务云平台助力越秀区总分馆制建设的创新服务模式，有助于提高公共文化服务标准化、均等化水平，提高基本公共文化服务的覆盖面和适用性，不断提升越秀区公共图书馆的服务能力和服务效能，促进越秀区公共图书馆的创新发展、可持续发展，推进全民阅读和文化惠民，提升群众文化获得感和幸福感。

5 经验与展望

越秀区总分馆智慧服务云平台建设有赖于良好的组织架构、科学的建设原则、合理的规划设计。平台按照建设规划分阶段、分步骤实施，未来将进一步完善服务功能，推进公共图书馆总分馆制建设。

5.1 经验

越秀区总分馆智慧服务云平台在越秀区图书馆总分馆服务体系建设中的应用，为公共图书馆推进总分馆制建设提供了范例，以下几点为越秀区总分馆智慧服务云平台建设过程中的一些经验与启示。

5.1.1 成立越秀区总分馆智慧服务云平台建设项目小组

为了确保越秀区总分馆智慧服务云平台顺利建成，越秀区图书馆作为区域总馆，应建立云平台建设组织架构，统筹规划，稳步推进，分工协作，细

化工作职责，建立协调工作机制。越秀区图书馆于2018年成立了项目小组，由分馆业务的副馆长谢洁华担任组长，由技术部主任刘芷茵担任副组长，技术部其余成员为项目小组组员。项目小组的任务是确定越秀区总分馆智慧服务云平台的建设需求，制定建设方案，推进项目的组织实施，保障平台的稳定运行与日常维护。

5.1.2 注重顶层设计与功能定位

越秀区总分馆智慧服务云平台规划设计初期需做好顶层设计，云平台的功能设计要着重解决本地区总分馆管理与服务中存在的痛点与难点，从实际出发，结合越秀区区情定位云平台的服务功能。为解决分馆工作人员流动性大、难以管理等问题，云平台设置了远程视频监控、即时线上通讯功能，便于加强总馆对各分馆人员的管理；为满足业务指导与培训工作的开展，云平台设置了线上培训功能，便于促进总分馆工作人员的沟通交流与业务培训；为化解读者信息咨询压力，云平台设置了智能应答功能，便于多样化地快速响应读者咨询；为满足读者的个性化服务需求，云平台设置了大数据分析功能，便于图书馆采集与分析读者阅读行为数据、馆藏资源数据，拓展个性化服务手段。

5.1.3 设立越秀区总分馆智慧服务云平台建设原则

第一，整体统一。由于越秀区总分馆智慧服务云平台是一个复杂的体系，应在整体的框架体系下，统一规划、统一设计、统一建设，保证平台下各个子系统保持统一的技术路线、统一的技术架构。第二，兼容扩充。越秀区总分馆智慧服务云平台体系设计不仅要求能够满足目前的图书馆业务使用需求，还必须具备一定的扩充性与先进性，使平台与图书馆业务发展和当代信息技术进步相适应。第三，安全可靠。由于越秀区总分馆智慧服务云平台应用性强，在设计过程中，应选用成熟稳定的技术与架构，确保建成的云平台适应各方面的需求。越秀区总分馆智慧服务云平台用户范围广、数量大，交互性强，设计时应加强平台的安全防护能力，确保平台运行可靠，服务不中断，数据不丢失。

5.1.4 加强越秀区总分馆智慧服务云平台在全区范围内的推广应用

越秀区总分馆智慧服务云平台上线前，越秀区图书馆技术部工作人员积极做好平台各功能模块的测试工作，保障平台稳定运行，并对区域总馆办公室、各分馆工作人员进行应用培训，确保总分馆工作人员熟悉平台的应用。日常，技术部工作人员定期监控平台运行，做好平台运维，认真收集平台运行中出现的故障问题与用户建议，及时整改完善，使平台可持续发展。

5.2 展望

越秀区总分馆智慧服务云平台服务功能多样，服务对象数量庞大，涉及面广，平台的整体建设不能一蹴而就，急于求成，需以越秀区公共图书馆总分馆制建设顶层设计为指导，做好平台建设整体规划，分阶段、分步骤实施。2019年公共图书馆服务宣传周期间推出的是越秀区总分馆智慧服务云平台一期项目，目前越秀区图书馆正在推进越秀区总分馆智慧服务云平台二期建设。平台二期建设重心是加强各分馆人员管理与提升信息发布服务能力。

目前，越秀区总分馆智慧服务云平台对于分馆人员管理主要依靠视频监控管理系统，通过远程视频监控查岗，但对于分馆工作人员实际到岗时间、外勤工作情况难以有效监管。未来，越秀区总分馆智慧服务云平台将增加分馆工作人员考勤管理功能，通过手机定位打卡追踪、检查分馆工作人员到岗情况，流程化审批工作人员外勤及休假，实现总馆对各分馆工作人员的统一管理、远程监管。

为了充分揭示越秀区总分馆服务各方面的服务数据，越秀区总分馆智慧服务云平台将强化大数据发布功能，通过与"广州图书馆之城智慧墙"对接，在总馆向公众发布各分馆服务数据，包括读者接待量、读者注册量、文献借阅量等。

作者贡献说明及简介：

谢洁华，承担越秀区总分馆智慧服务云平台建设的统筹规划、方案制定、组织实施；越秀区图书馆副研究馆员。

刘芷茵，承担越秀区总分馆智慧服务云平台建设的规划设计、需求分析、技术选型、方案制定、组织实施；越秀区图书馆副研究馆员。

天河区图书馆基于"天河云学习中心"的数字阅读服务实践

为贯彻落实《中华人民共和国公共图书馆法》《广州市公共图书馆条例》《广州市加快构建现代公共文化服务体系的实施意见》等有关法律法规，天河区图书馆创新服务方式，将数字化图书馆建设及数字阅读推广定位为天河区图书馆发展和开展服务的主要方向，推动图书馆服务普遍均等，更好满足辖区居民精神文化需求，进一步推广全民阅读，构建书香天河。

1 背景与目标

随着网络信息技术的不断进步，数字化的阅读模式逐渐盛行。中国新闻出版研究院发布的2018年全国国民阅读调查报告显示，2018年我国成年国民数字化阅读方式（网络在线阅读、手机阅读、电子阅读器阅读、iPad阅读等）的接触率为76.2%，较2017年的73.0%上升了3.2个百分点。数字阅读以其内容丰富、形式多元、获取便捷和互动性强等优势对促进全民阅读率做出了积极贡献。数字阅读推广是国家促进全民阅读事业发展的重要组成部分。《公共图书馆法》明确指出："图书馆要完善数字化服务体系，配备相应的设施设备，建立线上线下融合的文献信息共享平台。"

作为"全民阅读"的组织和实施者，阅读推广工作的重要阵地，天河区图书馆基于建筑面积小的实际情况，创新服务方式，将数字化图书馆建设及数字阅读推广定位为天河区图书馆发展和开展服务的主要方向，以购置数字资源为基础、搭建公益性终身免费学习平台"天河云学习中心"为依托，在"天河云学习中心"、移动图书馆App基础上，新增适合手机阅读的电子图书资源，建设微信图书馆和可以覆盖到基层社区的电子书借阅设备，打造覆盖多种终端、全区范围的数字基层文化设施（如图1所示），真正使读者能在任何时间、任何地点访问我馆丰富的数字资源，推动图书馆服务普遍均等，更好地满足辖区居民的精神文化需求，滋养人们心灵，提高公众素质。

图1 打造成为覆盖多种终端、全区范围的数字基层文化设施

2 实施要点

2.1 打造以"天河云学习中心"为基础的数字资源库,有效补充馆藏资源

结合天河区用地紧张、公共图书馆建筑面积较小、纸质文献资源入藏有限的实际情况,天河区图书馆主要通过自建数据库与购买第三方平台资源相结合的方式,打造本区域特色的数字资源库,丰富馆藏信息资源。目前,天河区图书馆自建数据库5个,共16TB,如地方文献数据库、古籍在线阅览数据库、天河区立法决策信息服务平台、天河区专题咨询与情报分析服务平台、音乐图书馆等资源库。自购数据库7个,共18TB,如党政文化专题文献资源库、广东方言数字资源、CNKI数字资源、学术教育视频、名师名家精品视频、中国精品文化文艺期刊、新语有声图书馆等数字资源库。

2.2 覆盖新媒体多种终端,方便读者多途径访问资源

因应新媒体新技术的发展,以及新的阅读方式和趋势,2013年,贴合PC端,天河区图书馆推出"天河云学习中心"平台(如图2所示),为读者

提供涵盖12个学科、1.8万门课程的11万余集视频等资源,为读者提供一个终身免费、专业高效的在线学习平台。2014年推出"天河移动图书馆App"掌上阅读平台,适应手机、平板电脑等移动设备使用,为读者提供了可全文阅读的电子图书达300万册、主流报纸约400种等数字资源。同年推出微信公众号,挂接有声图书馆等数字资源,并定期发布馆内最新的有声图书资源导读推文,充分发挥阅读宣传推广主阵地作用。此外,App及微信公众号对接全市公共图书馆通借通还管理系统,整合图书馆基本服务功能,就像随身携带的"移动图书馆",为读者提供全方位服务,满足读者多样化的信息需求,在移动阅读、社交阅读的国民阅读新趋势中,让图书馆服务焕发生机,成为天河区图书馆宣传全民阅读、推进全民阅读的得力助手。

图2 "天河云学习中心"平台

2.3 向街道社区分享数字资源,扩大阅读服务覆盖面

为解决全区公共图书馆服务存在不均衡不充分的问题,由区域总馆为全区各街道分馆和社会合作分馆配备电子书借阅机,实现居民就近通过电子借阅机的屏幕查阅最新电子图书,并通过手机扫二维码形式下载观看。实现掌上阅读服务不仅能让读者更方便地借阅到优质、喜爱的图书,不用担心复本不足而排队等待,也不用担心传统借阅流程的复杂麻烦,更不用受图书馆开放时间的限制。

同时,为社区书屋配备文化信息分享数字标牌,向社区居民分享文化信息和生活资讯。为深入贯彻落实中共中央、国务院《关于推进社会主义新农村建设的若干意见》和《关于进一步加强农村文化建设的意见》,切实解决广大农民群众"买书难、借书难、看书难"的问题,结合国家新闻出版总署的工作要求,从2017年开始,通过数字标牌的形式,分期分批将数字资源覆盖和延伸到全区206个社区，把经过数字化的传统文化资源推送到辖区居民的家门口。

图3　天河区图书馆为200多个社区书屋配置信息资源分享数字标牌

3　实施亮点

3.1　建设"智慧党建"线上专栏，为党员提供学习资源

通过参与"智慧党建"专题工作建设，将图书馆的数字资源引入党员干部的学习日程当中。将党史党建相关资源进行分类整理汇集，供广大领导干部学习，对领导干部提升执政水平起到了促进作用。

3.2　利用有声读物推广经典阅读

经典作品往往由于篇幅过长、文字晦涩等原因，让人们兴味索然、望而却步，变成"人人都希望读过，但人人又都不愿去读"。天河区图书馆在微信公众号中引入以经典出版物为主要内容来源的有声书图书馆，为读者提供有声书读物5万小时、18万集（且每月更新，年更新总量1万小时），收罗了包括茅盾文学奖、鲁迅文学奖、全球华语科幻星云奖等各类获奖作品，并邀请名家演播。通过朗读、广播剧、书评、讲故事等多种形式，让经典作品变得生动有趣、引人入胜，从而拉近读者与经典之间的距离，激发读者阅读的兴趣，让人们在通勤路上、运动、做家务等缺乏文字阅读条件的情况下也能"听书"阅读，以及为少儿、老年人、视障者等阅读能力有限的读者提供阅读经典的途径，接受优秀文化的熏陶。

3.3 线上线下融合，开展阅读推广活动

因应新媒体时代下，数字阅读新方式成为人们阅读的重要方式，通过线上网络媒介传播信息，与线下实体环境开展活动互联互动，创新活动形式，吸引更多读者参与，进行阅读推广。如天河区图书馆第十三届天河读书节启动仪式，开设在线直播，吸引在线读者1.5万人观看，提高了读者的参与度。会同华南师范大学文学院举行朗诵创作大赛活动，通过线上征集作品，并现场播放获奖作品，营造广大读者热爱经典诗词、诵经典诗词的浓郁文化氛围，增强群众民族自豪感，在广大年轻人及广州地区高校学生中掀起朗诵古诗词，传承民族经典文化的新高潮，弘扬中华民族传统文化；开展线上"全城共听一本书"听书有奖活动，推广馆内优秀有声读物；"图书馆杯"主题图像创意设计征集活动等线上活动以及线上展览，拓展阅读方式。

3.4 线上平台打造多元互动

目前，天河区图书馆推出门户网站、微信公众号、微信小程序、移动图书馆App等多种线上平台，一方面整合图书馆优质馆藏资源，另一方面利用线上交流互动便捷、高效、受众面广等特点，通过线上服务平台，加强读者与图书馆之间，以及读者之间的交流互动，如读者进行问题咨询、意见反馈、活动报名、在线办证，图书馆向读者进行问卷调查、推介图书。读者能即时反映，馆工作人员也能及时接收读者意见和需求，并及时给出反馈，形成良性的交流互动，更好地满足读者需求。天河云学习中心等平台通过设置个人空间、互动社区，让读者之间能够进行分享交流，满足社交阅读的需求。

3.5 利用数字化促进天河地方文献与古籍保护

近年我馆加强地方文献和古籍的保护工作，建立天河区地方文献和古籍保护中心，2014年建成天河地方文献数据库、天河古籍查询阅数据库，通过对现有古籍善本进行数字化加工，搭建天河区图书馆古籍数据库平台，实现古籍检索及古籍文献在线浏览，方便广大读者古籍文献查阅和学习。

4 成效与影响

4.1 数字服务平台访问量明显增长

"天河云学习中心"既是用户的书房,又是一个大教室,给用户提供一个专业、有趣、高效的终身学习模式,深受广大用户欢迎。平台资源覆盖面广,数量庞大,读者使用率逐步提高,具有良好的社会效益。至2019年年底,"天河云学习中心"首页访问量累计400万余人次,视频播放量累计260万人次。"天河移动图书馆" App掌上阅读,自推出以来受到广大读者的青睐,截至2019年年底,点击量累计6000余万次,登录人数60余万人。电子图书自助借阅机给市民带来移动数字阅读的便利,也使全国乃至全世界的图书馆数字化阅读服务进入一个新的发展阶段。截至2019年年底,24台电子图书自助借阅机累计下载量为100万余册。门户网站访问量约300万人次。门户网站累计首页访问量约300万人次,微信公众号粉丝10万余人。2018、2019年度,天河区图书馆自建自购数字库资源下载浏览分别为170.83万篇(册)次、245.37万篇(册)次,2018年、2019年《广州市"图书馆之城"建设年度报告》显示,天河区图书馆在全市区级公共图书馆中排名均为第二。

《南方日报》《信息时报》《广州天河新闻报》等媒体对天河云学习中心、移动图书馆App等数字服务平台进行了详细报道,提升了社会影响力。

4.2 建立全覆盖的服务网络,推动图书馆服务均等化

通过配送基础设施设备,以移动服务、自助服务等方式,将优质的数字信息资源向街道、社区输送,真正做到图书馆服务网络全覆盖。在降低信息传播的成本、扩大覆盖面的同时,在基层图书馆人员紧张、馆藏资源有限的情况下,充分发挥图书馆职能。

4.3 推动深度数字阅读,提高读者数字阅读素养

数字环境下,随着数字阅读越来越普及,浅层阅读、沉迷失控等问题也日益突出。天河区图书馆通过经典作品有声读物推广等方式,加强对数字化阅读的规范和引导,推动传统阅读和数字阅读相融合,有效发挥公共图书馆对数字阅读引导与推广的作用,提升读者深度数字阅读素养。

4.4 带动全区公共图书馆服务效能提高

通过加强数字化建设，广泛应用数字技术，丰富馆藏资源，完善馆藏结构，与线下阅读活动融合促进发展，贴近读者需求，吸引更多读者到馆，使用图书馆资源，天河区图书馆服务效能明显提升。2019年，区域公共图书馆总分馆的年到馆读者124万余人次，年人均到馆0.71次；年文献外借71万册，年人均文献外借0.41册次；累计注册读者5.8万人，占常住人口的3.3%；年开展读者活动850多场，年参加读者活动19万余人次，占常住人口的10.9%，街道月均开展3.4场。人均到馆人次、年人均文献外借、注册读者占常住人口比例，年人均自建自购数据库下载篇次，年读者参加活动人数占常住人口比例的平均增长率分别为15.2%、20.71%、18.37%、48%、47.75%。

作者信息：

刘驰，广州市天河区图书馆馆员；
谢秀珍，广州市天河区图书馆助理馆员；
黄宝怡，广州市天河区图书馆助理馆员。
电子邮箱：tianhetushuguan@163.com。
通信地址：广州市天河区龙口西路80号。

黄埔区启动对社会力量分馆一次性日常运营防疫补助[①]

黄埔区为减轻企业因疫情影响带来的生产压力，推动各社会力量分馆正常开展公共文化服务，助力复工复产。于 2020 年 5 月 15 日正式启动针对图书馆、文化馆、社会力量分馆的一次性日常运营防疫补助申报工作。按照"效能优先，分档补助"的原则，2019 年已对公众开放并产生服务效能的社会力量分馆，将有机会获得一次性财政拨款补助。该做法为广州首例。

1 以"效能优先，分档补助"的原则由财政拨款补助

由黄埔区文广旅局（以下称"区文广旅局"）拟定社会力量分馆日常运营补助经费分配工作方案，对 2019 年 12 月底前建成，正式对公众免费开放并产生服务效能的各社会力量分馆进行一次性补助，助力激活社会力量分馆的运行动能，增强它们持续健康稳定发展的能力。

根据工作方案，本项工作采取服务效能指标评审的方式，根据评审结果以"效能优先，分档补助"的原则由财政拨款补助，黄埔区文化广电旅游局组织专家组对通过资格初审的分馆根据服务效能进行评审打分并确定补助档次，分档按不同系数补助。经费补助专项用于社会力量分馆的日常运营和疫情防控工作，不作他用。

2 社会力量参与共建结出硕果

广州地区拥有众多屡屡"刷屏"的美丽图书馆、文化馆，不少是社会力量参与共建结出的硕果。其中，图书馆、文化馆总分馆制"黄埔模式"得到社会各界广泛关注，数十家社会力量分馆的建设和运营为黄埔区公共文化服

[①] 本文载《广州日报》2020 年 5 月 16 日。

务标准化、均等化、便利化助力，为区域经济发展提供了软支撑。2019年下半年，黄埔区文广旅局以"送艺术服务资源"和"送阅读服务资源"到社会力量分馆的形式，在全区22个图书馆、文化馆社会力量分馆开展日常活动配送共计220场次，惠及企业员工、群众近万人次，共有39位经验丰富的讲师（机构）接连送上文化食粮，在回收的2314份群众满意度调查问卷中，满意度高达99.49%。

区内很多馆的设计，并非传统意义上的"读书室""练舞房"，而是因地制宜、因需施策，在阅读、培训等基础功能外，延伸服务链条，拓展服务领域，创新服务样式，更类似于一种"平台"或"小型综合体"的模式，为多元化、变动快的基层文化需求提供了灵活多样的解决方案。比如位于科学大道科汇金谷3街2号1楼的黄埔区图书馆、文化馆瑜源分馆，是将剧目创作、儿童剧场、艺术教育、文创产品全链条整合到图书馆、文化馆之中的"生态群落"；区图书馆黄埔街分馆与街道文化站、家庭综合服务窗口"合署办公"，让"精神需求"与"柴米油盐"无缝对接；广州东部首个企业园区分馆——华新园分馆则能"一站式"提供政策发布、产品展示，商务交流、技术对接、项目申报、政策、金融、法律、财税咨询等各类与园区服务相关延伸服务；万科山景城分馆作为长岭居板块首个对外开放的公共文化服务设施，是这片新社区重要的基层文化支点。

如瑜源分馆，在复工复产中，馆方采取了许多主动、创新的做法，尽力做好公共服务。开发了"网上剧场"，每周六的"文创产品"展示等，重新开放不久的许多社会力量分馆，经历2020年年初疫情的冲击后，在观众人数、活动频次等方面受到不小影响，一般性、基础性的服务效能打了折扣，平台化、基站式的综合性功能更是不能得到充分发挥。作为建设参与方的各种社会力量，虽然积极推动服务创新，但日常运营的压力使得许多分馆对政府支持的需求显得更为迫切。

黄埔区文广旅局，黄埔区委、区政府高度重视复工复产工作，区文广旅局结合自身工作实际，积极推动管理、服务落在实处，着力解决文旅企业、行业的难点痛点，并不断尝试文旅与其他产业的协同合作和相互赋能。以社会力量分馆来说，目前就是在"建"的板块基本完成的基础上，与开展疫情期间申请一次性日常运营经费补助、日常活动配送工作相结合，目的在于推进社会力量分馆向管好、用好转变，以达到进一步提升图书馆、文化馆社会力量分馆业务水平的目的，让建好的"市民生活的第三空间"更具价值，为做好"六稳""六保"、复工复产提供文化支持。

下 编

广州市公共图书馆优秀阅读推广

大众阅读推广

公共图书馆地方文献阅读推广的"广图样本"

——以"阅读广州 悦读分享"系列活动为例

"阅读广州 悦读分享"系列活动是广州图书馆广州人文馆重点打造的本土文化服务品牌之一，项目启动于2016年，至今已连续举办4年。该品牌依托馆藏广州地方文献，以推动地方文献阅读为宗旨，以弘扬岭南文化为使命，以打造地方文化品牌为方向，在"广州文库"评选成果的基础上，引入专家评委、图书作者、出版编辑、书评家等举办的一系列阅读推广活动，培育了"悦读分享会""广州人文沙龙""本土作家作品展""阅读广州"等多个图书推荐主题版块，采取多渠道、多形式、线上线下相结合的模式搭建文化交流和文献推介平台，让公众实现对地方文献的零障碍入门与解读，与地方文化进行零距离的交融与对话。

1 案例背景

地方文献是反映揭示一个地区政治、经济、文化、教育、历史、风土人情、物产资源等信息的重要文献资源，也是各地公共图书馆馆藏资源中最具特色的一部分。当前，国内公共图书馆对地方文献"以藏为主，重藏轻用"的管理模式及理念已经有了较大转变，但传统服务习惯和服务方式仍然占主导地位，地方文献工作多侧重文献信息服务以及历史文献整理出版方面，如专题目录索引编制、图书展示、特色数据库建设等，尚停留在提高文献知晓率和利用率的浅层面，人们对于地方文献的普遍认知更近似于参考书和工具书。图书馆阅读推广项目围绕地方文献开展数量偏少，而且推广活动规模较小、形式单一、不成体系，甚至主题内容更偏向于地方文化而非凸显地方文献，未能有效激发人们的阅读兴趣。

公共图书馆开展地方文献阅读推广不仅有助于梳理本土历史文化脉络，为经济社会发展和文化繁荣提供支撑，也可增进后来者对地方人文历史的了解，提升城市居民文化认同感和归属感。地方文献内容跨学科、跨行业、跨时代，类型各异，能够引导社会大众阅读取向，培育人们对地方文献的阅读兴趣，可进一步促进拓展阅读、迁移阅读、延伸阅读，拓展全民阅读的深度和广度。城市公共图书馆身负地区文化传承与社会教育职能，深入挖掘地方文献价值，积极推广地方文献阅读既是公共图书馆的职责所在，也是谋求特色化发展的重要途径。

在这一背景下，广州图书馆多年来一直探索地方文献的深度开发利用与阅读推广的有效路径，重点打造本土文化服务品牌，于2016年正式启动"阅读广州 悦读分享"系列活动，旨在围绕地方文献，以主题活动的形式吸引社会各界关注和了解，进而激发人们对地方文献的阅读需求、阅读兴趣。

2 案例实践

四年来，"阅读广州 悦读分享"系列活动持续深化内涵、创新载体、丰富形式，2016年4月启动"阅读广州——'广州文库'评选活动"；同年8月策划"悦读分享会"；2017年7月发起"广州人文沙龙"；2018年7月开展"阅读广州"图书深度导读与资源推介；2019年2月推出"本土作家作品系列展"，至今已然发展成为包括五大主题多项活动的综合性活动，涵盖地方文献"荐、评、藏、赏、用"五个方面，各个主题版块动态穿插且彼此关联，最大限度地满足读者需求，增加地方文献吸引力。

2.1 引入专家力量构建长效支持机制

为保证项目的权威性、专业性和可行性，"阅读广州——'广州文库'评选活动"启动之初邀请了六位来自各领域权威人士担任评选顾问，对评选实施方案进行论证审定，并对评选专家委员会成员进行提名。经推荐，评选专家委员会由著名作家、行业名家、研究专家、知名书评家、出版专家、市场专家等共计14人组建而成，在荐书、评选过程中提供强有力的智力支持，其中专家荐书累计406种，均附有个人撰写的推荐评语，为后期阅读推广提供了珍贵素材。这些专家对广州这座城市都有着深厚的感情、深邃的思考和深刻的认识，并在各自领域取得一定成就和具有较强的影响力。专家顾问团的引入是项目至关重要的环节，不仅有力保障评选活动有序推进，提升评选成果的公信力和影响力，更重要的是专家的"圈内"资源可以在图书馆这一平台得以汇聚，实现资源、项目、活动精准对接，促成了广州图书馆和省市文联、作协、文艺评论家协会、社科院等机构的深度合作，为"悦读分享会""广州人文沙龙"等主题版块活动提供支持，多方协同推动地方文献阅读推广。

2.2 五位一体模式强化阅读推广体系

地方文献类型多样，涉及的学科范围也非常广泛，特别是在文献信息量剧增且无序化的当下，更需开阔见闻、指示门径。区别以往传统媒体图书评选、图书馆书单等传统机制，广州图书馆是构建"荐、评、藏、赏、用"五位一体的地方文献阅读推广体系。"荐"即荐书，以城市为原点分设历史、人物、文化、文学、综合五大主题，① 采取"公众荐书＋专家推荐"的方式，广泛邀请读者、作者、出版社、媒体和书评家等多方主体推荐图书。"评"即评选，通过公众投票以及专家评选，筛选出一批最能代表广州城市形象和文化特色的现当代出版物形成"广州文库"。"藏"即定向征集入藏，在地方文献征集方面发挥本项目"筑巢引凤"的作用，一方面对入选图书作者及专家学者定向征集地方文献，特别是收集珍贵签名本；另一方面向市民广泛宣传地方文献的历史人文价值，并鼓励其积极参与捐赠，截至2019年年底，活动累计征集187种697册，其中家谱19种74册。"赏"即赏读分享，持续邀请候选及入选图书作者或相关专业人士举办讲座沙龙，与读者分享、讨论创作或阅读心得，打造一个名家与公众零距离的交流平台，对地方文献阅读形成熏陶、带动作用。"用"即读者使用，将评选结果、专家推荐语以及每期讲座沙龙内容分批汇集成册，为读者了解广州城市概貌、历史文化、风俗习惯等提供便利，满足不同文化背景的读者多层次的信息需求。"荐、评、藏、赏、用"五位一体，形成一个相对闭环，各个环节互为补充、互相促进的阅读推广服务体系。

2.3 以项目化管理提升阅读推广成效

"阅读广州 悦读分享"系列活动采用项目制管理模式，设有专项工作团队，实施项目负责人制度，项目负责人统筹项目规划、资源整合以及品牌推广，对项目全过程进行计划、组织、协调、控制和评价，把握活动效果、质量和进度，实现项目既定目标并持续优化改进；各主题版块同时设立负责

---

① 评选过程中按专家委员会意见增设"典籍·文集"类，将五大主题中规模较大的、重要的、有代表性的著作或文集单独收录。

人,负责子项目各项工作,围绕项目目标进行活动策划、专家联络、现场执行、宣传推广等工作,团队分工合理,职责明确,项目还引入馆外专家学者担任顾问,为荐书、评选、活动选题、专家邀请等环节提供智力支持。项目实践过程严格按照立项、审批、执行、评估的程序进行,在立项阶段,做到定主体、定目标、定进度,制定一系列工作方案、年度规划和各种工作计划;获得审批后对任务进行分解细化,将"阅读广州 悦读分享"系列活动拆分为"悦读分享会""广州人文沙龙""图书深度导读与资源推介""本土作家作品系列展"四个主题版块,对项目目标进行细化,层层分解到团队成员,确保定人、定时、定量、定责;执行阶段,项目负责人统领整个项目并为各子项目提供指导帮助,及时协调解决项目实施过程中遇到的疑难问题,建立项目工作跟踪管理制度,及时修正预期设定目标的执行偏差;项目采取按月推进、季度督查、半年小结、年度考核,及时反思项目成效与不足,为后续项目优化提供重要的依据。

"阅读广州 悦读分享"系列活动启动于2016年,已连续举办4年。该品牌依托馆藏广州地方文献,以推动地方文献阅读为宗旨,以弘扬岭南文化为使命,累计举办线下讲座、沙龙及展览55场,刘斯奋、李明华、章以武、李庆新、陆键东、曾应枫、陈泽泓、连登、梁凤莲等本土文化名家、学者多达87人次参与,读者参与逾13.9万人次;2018年下半年起新增线上图书导读与电子资源推介,累计推送50期,阅读量逾2.5万。"阅读广州 悦读分享"系列活动举办四年以来,对189种地方文献进行深度推介,推广地方文献内容涵盖多个主题,有力促进地方文献阅读,获得《南方日报》《广州日报》《信息时报》《新快报》、大洋网、人民网广东频道、南方网、东方头条、新浪网、腾讯网等媒体报道转载50余次,活动影响力和品牌价值持续提升。"阅读广州 悦读分享"系列活动经评选,获得"2018年全民阅读优秀案例"称号,重点项目之一的"广州文库"评选活动也获颁中图学会首届公共图书馆创新创意征集推广活动"最佳创新奖"。

3 经验总结

在借鉴各地公共图书馆阅读推广工作的先进经验基础上,广州图书馆广州人文馆立足自身实际,经过多年的探索与实践积累了丰富经验,形成地方文献阅读推广的特色范例。

3.1 凸显优势准确定位，创现当代地方文献新品牌

地方文献从时间的维度可以分为古代、近代和现当代地方文献。现当代地方文献内容与本地受众关联高，容易引发共鸣，其鲜明的时代性和实践性，也更贴合时代和人们的需求，具有丰富的人文价值。广州图书馆开展地方文献工作超过30年，机构设置从原来的地方文献室发展到今天的广州人文馆，逐步构建文献总量逾10万、多层次广覆盖的地方文献资源体系，其中现当代广州地方文献占比远高于古代和近代，体系健全、类型丰富且独具特色。在当前重历史文献轻现当代文献、重收集整理轻推广利用的背景下，广州图书馆加强对现当代地方文献的开发利用与阅读推广，不仅十分必要，而且独具优势。"阅读广州　悦读分享"系列活动在立项之初即有明确定位——打造具有广州地域文化特色的活动品牌，依托馆藏丰富的广州地方文献资源，活动早期通过评选的形式，筛选出149种最能反映广州城市形象和文化特色的现当代出版物，形成《阅读广州——"广州文库"（1978—2016）入选书目》，以此为契机延伸出讲座沙龙、主题展览、专题书架、推荐书目、讲座录编印、电子资源推送等类型多样的阅读推广形式，搭建起以文化交流和文献推介为一体的综合性平台。"阅读广州　悦读分享"系列活动正是以优势馆藏为依据，以读者需求为基础，以特色差异为导向，走出一条具有广图特色的地方文献阅读推广道路。

3.2 把握受众细分需求，打造差异化阅读推广体系

地方文献阅读推广，关键在于让阅读成为"悦读"，让人们愿意读、喜欢读、自觉读。"阅读广州　悦读分享"系列活动非常重视受众体验感、获得感，不断根据受众意见反馈优化和调整阅读推广活动的形式、主题、内容、时间等。例如，2018年从受众差异性需求出发，在原有的"悦读分享会"基础上，新创设"广州人文沙龙"主题版块活动。主题上，前者以书为媒，受众主要是对书有一定了解或曾经阅读的市民；后者以文化为引，受众主要是对本土文化有着强烈的好奇和想深入了解的市民。内容上，前者一书一讲，主要挖掘文本内涵价值，促进深度阅读；后者围绕广州文化现象设计若干个专题，如城市记忆、文化建构、报告文学、文化地标、书法、饮食、城市更新、广州音乐、文化创新等，以此为引推荐专题图书，吸引潜在读者。形式上，前者多为一人主讲，计划性更强；后者少则二人、多则七人现场对谈，气氛相对自由随性。围绕优秀地方文献以及地方文化两个核心，

细分受众需求,进行精准地发掘满足,并开展有效的阅读推广。

3.3 多措并举多点发力,扩展推广渠道打造新矩阵

成功的地方文献阅读推广,必须持续创新活动形式和内容,形成全方位、多平台的推广渠道。"阅读广州 悦读分享"系列活动每年通过分析本馆发展规划、读者需求及活动评价,对各主题版块活动组合及资源配置进行再调整和再组合,通过横向拓展和纵向深挖做到年年有新意、届届有特色。在推广渠道方面,"阅读广州 悦读分享"系列活动分阶段、分层次、分梯度建立推广矩阵:一是设专区,于广州人文馆中庭设置"广州文库"专区展示入选图书,并编印派发"阅读广州 悦读分享"系列活动宣传册、讲座全记录、折页等,增进人们对活动的了解;二是办展览,2016年至2019年共举办专题展览18场、送展2场,参与人数逾13.6万人次,如2019年开设的"本土作家作品系列展"甄选广州现当代具有代表性的作家及其著作,以"一月一作家"的形式先后推出秦牧、欧阳山、陈残云、萧殷、陈国凯、黄谷柳、吴有恒等著作专题展览,推介文献124种149册,有力推动优秀地方文献阅读,展现本土文艺创作精品;三是推资源,为适应人们阅读行为和阅读习惯的数字化转型,依托讲座内容及专家推荐,充分利用信息技术和数字馆藏,由图书馆员执笔,在官方网站、微信公众号等平台开设"阅读广州"图书推荐栏目,定期为公众提供地方文献的深度导读与资源推介,打破线下活动时间和空间的限制,让人们随时随地可以阅读地方文献。自2018年7月启动以来,以《叶曙明"揭广东人的老底",是不是也扎中了你的心》《从赤脚小子到香港土地爷,一个真实的霍英东》《大咖眼中的广东》《老广口中的"河南",不简单》等为题在微信公众号累计编写推送了52期地方文献导读与资源推介文章,截至2020年6月底,广州图书馆及广州人文馆微信公众号相关阅读量逾4.1万。

3.4 品牌化项目化运作,形成良性发展的长效机制

"阅读广州 悦读分享"系列活动始终坚持品牌引领、项目运作模式,重视构建有效运行、良性发展的长效机制。当前各类机构举办的阅读推广活动在主题、内容、形式等方面的差异越来越小,而品牌代表着独特性、优质性和不可替代性,有助于建立认知度和传播形象,增加读者黏度,进行市场细分。以"阅读广州 悦读分享"系列活动为例,为使品牌名称易读易记,便于识别,在对外宣传中凸出"阅读广州"这一简化名称,各主题版块活动

名称以"阅读广州"为统领,既有助于利用已建立起来的品牌声誉带动新主题版块活动,也可以使品牌下的主题版块活动在保持相对独立性的同时,相互促进、共同发展。地方文献阅读推广更需要建立统一的视觉形象识别系统,从活动宣传物料、讲座录封面、微信推送文稿到网站专题页面,每年实行统一主题、统一形式、统一宣传、统一设计,强化视觉效果以及推广效果,通过反复呈现固定品牌形象,培养用户品牌与活动的潜意识。调查显示,参与者对"阅读广州 悦读分享"系列活动的品牌认可度较高,逾九成参与者对活动感到满意或者非常满意,表示时间允许的话会报名参加下期活动。地方文献阅读推广还需要引进项目化管理的理念,依托项目管理的方法和手段,从全面立项、任务分解、过程控制到总结反馈等四个环节及关键节点进行科学管控,有步骤、分阶段地推进项目实施,形成地方文献阅读推广高质量、良性可持续发展的长效机制。

4 结语

在大众文化信息需求增长、人们阅读方式和阅读习惯发生深刻改变的今天,公共图书馆理应担当起信息导航员和优秀文化倡导者的角色,推动地方文献资源开发和开展地方文献阅读推广既是城市公共图书馆的责任和义务,也是实现特色化和品牌化的现实需要。新时代公共图书馆应建立"以用为主,藏用并重"的地方文献馆藏资源服务体系,大力推动地方文献阅读推广与宣传,充分展现馆藏,营造良好的地方文献阅读环境和氛围,引导人们进一步认知与利用图书馆地方文献资源,促使地方文献的社会人文价值得到彰显。

资料附录

（一）活动海报

阅读广州——（2016年）"广州文库"评选活动宣传海报

（二）活动照片

(三) 媒体报道

（四）获奖证书

广州图书馆：
　　贵单位提交的"'阅读广州 悦读分享'系列活动"案例，获评 2018 出版界图书馆界全民阅读年会"2018 年全民阅读优秀案例奖项"，案例策划人广州图书馆。
　　特颁此证，以资鼓励。

二〇一八年十一月

广东省广州图书馆：
　　在第一届公共图书馆创新创意征集推广活动中提交的案例《阅读广州——"广州文库"评选活动》获得最佳创新奖。
　　特颁此证，以资鼓励。

中国图书馆学会
二〇一八年五月

作者信息：

黄妙贤，广州图书馆馆员。
电子邮箱：84855438@qq.com。
通信地址：广州市天河区珠江东路 4 号广州图书馆。

诗意空间　美学体验
——广州新年诗会阅读推广案例分析

1　案例背景与概况

1.1　广州新年诗会举办背景

广州图书馆新馆于2013年6月开放后，每年与中山大学课题组合作，对读者的阅读行为和使用行为进行调查研究，并根据调查研究的结果促进广州图书馆的服务水平提升，以不断满足市民的阅读需要。据2014年的调查报告，读者参与广州图书馆举办的活动比例仅占样本数量18%，读者对公共图书馆的需要仍然停留在传统的意义上，即以学习自习为主要目的，参与阅读推广活动的平均值仅为1.97。报告建议公共图书馆以文化品牌建设和改良社会氛围为目标，对外提升图书馆形象和影响力。开展阅读推广活动，真正影响社会阅读氛围，提升城市的文化竞争力和市民文化素质。另根据2016年广州图书馆与中山大学课题组合作发布的《广州市民阅读行为与公共图书馆使用行为调查报告》，有73.56%的市民从未参与过图书馆举办的各类活动。课题组认为，广州图书馆在读者活动的未来努力方向应当是提高公共图书馆读者活动的质量，包括注重读者活动的策划和前期宣传工作、建立读者协会并细分读者人群、充分利用社会资源并加强与社会力量合作和注重与读者的互动并做好活动后期的资料整理四个方面。

打造具有创造性和高品位的阅读推广活动不仅是肩负"城市文化地标"和"公共交流平台"使命的广州图书馆所需要的，也是顺应了市民日益增长的对美好生活的需求。广州新年诗会正是在这一背景下诞生。

1.2　广州新年诗会概况

广州新年诗会是由广州图书馆联合具有"中国第一民刊"之称的《诗

歌与人》杂志共同打造的一个以诗歌为主的大型阅读推广活动。自2014年起，每年元旦前后在广州图书馆举办，截至2020年已连续举办7年。每场诗会活动都受到媒体和市民的广泛关注，累计参加活动6300多人次，媒体报道76篇次，2018年网络直播受众人数10万人以上。2018年3月，广州新年诗会入选"国际图联（IFLA）国际营销奖十个最富于启发性的项目"之一；同年8月，广州新年诗会荣获第三届广东省图书情报创新服务奖。

诗会是诗歌与多种艺术方式发生关联的创意呈现，每年围绕一个主题，以"诗"为轴心，邀请国内外诗人、导演、艺术家、文学家、音乐家、舞蹈家、设计师加盟创作，利用广州图书馆的建筑特点，配合光影搭建艺术舞台，将诗会主题与空间设计融为一体，以不同艺术表演，如诗歌朗诵、舞蹈、沙画、音乐、对话、多媒体欣赏等，多种形式展现诗歌的魅力，呈现出具有层次美感的艺术现场。

广州新年诗会举办至今已产生广泛影响，2017年1月的《羊城晚报》报道称"'广州新年诗会'已经成为广州迎接新年、体现城市文化品位的标志性活动"，其成功举办为图书馆举办诗歌类活动乃至大型阅读推广活动提供了现实的示范意义。

2 案例实践

广州新年诗会备受追捧的背后是广州图书馆和合作伙伴把诗会作为活动品牌的深耕，它不仅是广州图书馆一个标志性活动，更象征着一个城市的文化品质，是经由时间积累、内容创新、影响叠加而得到广大读者认同的结果。诗会打破一般诗歌朗诵的单纯表现形式，从诗歌创作、节目编排、场景设置等各方面围绕诗会主题而创设，每一场诗会都是围绕主题设计的有机整体。

2.1 诗会主题高度创新

广州新年诗会的核心价值在于心灵的参与、文化的引领和创意的叠加。7年来，每一场诗会主题策划都独具创意，力求给予读者诗歌与艺术关联的新鲜体验。2014—2020年广州新年诗会的主题分别是"光芒涌入""静与光""寻墨""时间之间""无限的凝视""移动的瞬间"以及"玄听与幻视"。广州图书馆以"美丽书籍"为设计理念，2013年6月，广州图书馆新馆全面开放，2014年广州新年诗会仍处在探索期，曾以"光芒涌入——2014

国际（广州）新年诗歌与艺术演绎"为主题，将"发光的书本"——广州图书馆作为背景，探索诗歌与图书馆的联系；2015年广州新年诗会正式确定现名，继续从广州图书馆这座建筑出发，以"静与光"的意象演绎主题"诗歌与建筑"，把国内外诗歌与建筑美学放在舞台上对话；2016年广州新年诗会将目光转向中国传统文化——书法，探寻"诗歌与水墨"的关系，用"水墨"来演绎诗歌，在诵读"墨"的诗歌之声中，引出诗性之光；为纪念汤显祖和莎士比亚逝世400周年，2017年广州新年诗会主题是"时间之间"，探索诗歌与戏剧的关联，并从这两个层面重新解读两位大师的作品，关照两位大师的世界征象；2018广州新年诗会主题是"诗歌与爱情"。人类过去那么多年，诗人写得最多的是爱情诗，爱是"无限的凝视"，诗会以世界经典的和当下产生的爱情诗歌作为创作题材，探索诗歌与爱情；2019广州新年诗会突破以往诗会观演关系，以"移动的瞬间"为主题，运用装置艺术的空间理念，鼓励读者和观众主动参与进来，在空间里找到诗意；2020年是爱尔兰诗人叶芝的重要诗剧作品《伊美尔唯一的嫉妒》发表100周年，值此之际，广州新年诗会也是第一次将《伊美尔唯一的嫉妒》翻译并搬上中国舞台，以诗剧的形式展现诗歌的魅力。

2.2 诗会形式深度融合

2.2.1 多种艺术形式融合呈现

7年来，广州新年诗会不断尝试与各种艺术形式融合，延展诗歌的魅力，既有朗诵、音乐情景、舞蹈等表演方式，也有沙画、戏剧、古琴等艺术形式，使诗会成为呈现出多层次美感的艺术现场。2019年诗会尝试用艺术装置展现主题"移动的瞬间"，探讨诗歌与空间的关系，为表达空间的变化无穷和多种可能性，诗会在图书馆大堂放置一个"方程"装置作品，"方程"是由九个柱子构成，再以形体艺术的方式拉动"方程"，把"方程"当作一个隐秘的"舞者"来互动，同时借助诗歌、音乐、舞蹈、光效、节奏、行为等元素，让读者感受体验空间时间。

2.2.2 多元文化碰撞融合

广州新年诗会从诗歌选择、参与人员、表演形式等多方面呈现多元文化的融合。一方面，注重跨文化交流，围绕诗会主题选择诗歌，邀请不同国家和地区的诗人艺术家参加诗会，并使用英语、波兰语、意大利语等不同语种甚至粤语等中国方言朗诵诗歌。如2020年上演爱尔兰诗人叶芝的重要诗剧作品《伊美尔唯一的嫉妒》，使诗会起到了跨文化交流平台的作用。另一方面,聚焦本土文化推广。诗会中,中国传统文化特别是岭南文化也通过各种艺术形式凸显。如2017年的新年诗会以戏剧为主题,昆曲、木偶剧等中国传统戏剧艺术优雅亮相,粤语及中国各地方言朗诵的诗歌将诗会推向高潮。

2.2.3 与建筑的充分融合

广州新年诗会充分利用广州图书馆的空间设计,配合诗会主题搭建艺术舞台,使建筑本身成为诗会的一部分,既凸显了广州图书馆的建筑之美,也将这种美与诗歌之美相互映衬,相得益彰。为配合主题呈现,广州新年诗会先后在广州图书馆西门广场、一楼大堂、展览厅、报告厅等举办。2019年新年诗会利用一楼大堂摆放"方程"装置,围绕装置在地上印上诗句营造气氛,利用两边扶梯墙壁做投影,北楼扶梯作为舞美演员等登场地之一,使图书馆大堂临时成为一个多角度、宽阔的舞台。2020年,诗会以诗剧形式呈现,为营造干净、整洁又带有戏剧的神秘色彩的效果,烘托诗剧的情节变化,诗会在广州图书馆1号报告厅举办。在报告厅的舞台与观众席之间搭建一个新的舞台,改变传统的礼堂模式,不再让空间产生陌生感,形成新的文化气场。

2.3 诗会采取综合营销策略

广州新年诗会宣传覆盖上取得良好的效果,以名人营销为亮点,抓取读者注意力,使用整合营销策略营造良好的媒体氛围,迅速扩大诗会知名度和影响力。

2.3.1 名人营销策略

广州新年诗会在开启之初便确立了名人营销策略,与本地著名诗人黄礼孩合作,借助他的人脉资源邀请国内外著名诗人参与新年诗会。以2016年为例,该年广州新年诗会请来了中国著名诗人蓝蓝、吉狄马加及美国的乔治·欧康奈尔、舒雅瞻、珍妮弗·柯洛诺薇、梅丹里,波兰的莱娜塔·谢根,澳洲的客远文,意大利的维吉尼亚·德尔加多、白马窦和巴西的安东尼奥·西塞罗等诸多国内外诗人学者,使广州新年诗会受到诗歌爱好者们和广州市民的追捧。

2.3.2 整合传播渠道营销推广

广州新年诗会在传播方式上践行了整合营销的策略。首先,统一宣传标识。事前设计好一整套宣传资料,包括宣传海报、宣传单张、活动场刊等,每年现场都有一些独特且值得留念的纪念品,如文身贴、竹蜻蜓、面具、雨衣等,具有统一标识的视觉设计作品和独具特色的纪念品让读者感受到浓郁的节日气氛并产生持久的回忆。其次，适时开展线上线下宣传。在广州新年诗会举办一周前，整合各种传播渠道，密集式宣传活动信息。线下，在图书馆大堂、电梯口等显眼的地方悬挂巨幅海报，营造气氛。配合广州新年诗会举办广州图书馆新春媒体交流会，联合媒体及时报道诗会盛况。广州图书馆还注重利用官方自媒体平台包括广州图书馆官方网站、微博和微信平台，发布活动预告。广州图书馆官方自媒体平台聚集了大量读者，截至2019年年底，官方微博拥有5.4万多粉丝，官方微信拥有81.6万粉丝，为活动提供了强大的参与力量。再次，网络直播加持人气。活动当天，官方微博、网络平台直播诗会活动，2018年收看直播总人数超过10万人次，凡参与活动的观众都会收到诗会场刊或诗歌作品集。最后，媒体报道扩大传播。在活动结束后，传统媒体和网络转载报道。2014—2020年媒体报道数量共计76篇，百度网站以"广州新年诗会"和"广州图书馆"为关键字搜索，共有相关资讯376篇，报道媒体有本地主流媒体如《南方日报》《南方都市报》《广州日报》《羊城晚报》等，也有国家级媒体如人民网、新华网等。2017年的新年诗会还被《南方日报》（覆盖范围超过6000万用户群）新闻头版报道，成功引起了政府部门的重视，其报道被多个政府部门网站转载。

3 案例成效

3.1 创新公共图书馆阅读推广模式，给予读者独特的美学体验

广州新年诗会立足诗歌主题，多种艺术形式结合，意在给予读者独特的美学体验，满足读者的审美需要。事实上，每年广州新年诗会的活动报名系统一经开通，名额立即被抢空，其受读者欢迎的程度可见一斑。广州新年诗会创新了公共图书馆阅读推广模式，其高品质的艺术体验获得读者的肯定和青睐，有读者在微信朋友圈分享时发表感言称："每年一度精细制作的广州新年诗会，在一个忙碌的城市留驻诗的精神之光，是对这个城市新年最好的祝福。"广州新年诗会作为文学与图书馆公共空间在美学上践行的新鲜个案，其绽放的创新光芒是我们确立自己的城市文化品牌的努力方向。

3.2 公共图书馆与社会力量合作打造高质量全民阅读活动品牌的成功范例

广州新年诗会的成功举办也引起了社会各界的广泛关注，吸引了越来

多文化名人加入诗会。近年来,在广州图书馆和著名诗人黄礼孩的召集下,广州新年诗会已形成了以符文瑜、季乔、熊春红、三生、刘琦、刘钊等广州艺术家为主创,诗歌界、朗诵界、媒体界、舞蹈界的诗人和艺术家百余人参与活动的盛况,嘉宾组成日益多元,使广州新年诗会表现出越来越强的活力。

活动除了吸引越来越多的文化名人参与,也吸引了不少企业和社会机构赞助。广州新年诗会对社会力量加入公共图书馆服务,实现高雅文化和大众文化的互融共通,公共文化的共建共享起到推动作用。

3.3 提升了广州图书馆知名度与影响力

广州新年诗会每年都会邀请与主题相关的业界代表人物参与活动,如2016广州新年诗会邀请到了山东艺术学院美术学院教授、书法家、诗人于明诠,广州美院艺术家陈侗,华南师范大学教授、文字学博士后、书法家吴晓懿一起畅谈诗歌与书法之间的共性与个性。嘉宾和公众的积极参与、各种媒介的充分报道发挥了人际传播和口碑传播作用,迅速提升了广州图书馆作为城市文化地标和公共交流平台的知名度与影响力。此外,每年新年诗会的举办期间也是市人大政协"两会"召开期间,在2016年广州市政协会议上,知名画家、广州市政协委员陈铿主动推介该活动,引发委员们的热议。大型公共文化活动的成功举办有助于增强政府对公共文化服务领域的关注和投入。

2018年3月,广州新年诗会入选"国际图联(IFLA)国际营销奖十个最富于启发性的项目"之一。2018年8月,广州新年诗会荣获第三届广东省图书情报创新服务奖,更进一步提升了广州图书馆在业界阅读推广领域的知名度与影响力。

资料附录

（一）宣传海报

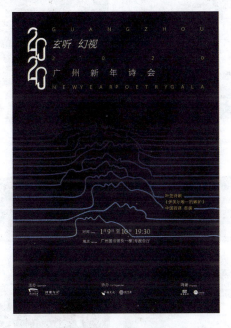

2020 年广州新年诗会海报

（二）活动照片

2020 年广州新年诗会现场

2019年广州新年诗会现场

2018年广州新年诗会现场

2017年广州新年诗会现场

2016年广州新年诗会现场

2015年广州新年诗会现场

2014年广州新年诗会现场

（三）媒体报道

（1）《广州日报》App：2020年1月10日

一票难求的2020广州新年诗会在广州图书馆上演

1月9日和10日，爱尔兰著名诗人叶芝的读剧《伊美尔唯一的嫉妒》（亦翻译为《艾默尔唯一的嫉妒》）作为广州图书馆与《诗歌与人》杂志社主办的2020广州新年诗会在广州图书馆上演。广州新年诗会的创始人、著名诗人黄礼孩说，以往的广州新年诗会做过多种题材，也有多种表现方式，但一直没有做过诗剧，2020年把诺贝尔文学奖获得者诗人叶芝的诗剧搬上舞台，这是一个突破，也是一种新的尝试。1919年，爱尔兰诗人叶芝写出《伊美尔唯一的嫉妒》，至今正好一百年。

（2）《南方都市报》App：2020年1月9日

2020广州新年诗会"新玩法"：首演中文版叶芝诗剧

2020年1月9日和10日，爱尔兰著名诗人叶芝的诗剧《伊美尔唯一的嫉妒》作为广州图书馆与《诗歌与人》主办的2020广州新年诗会节目在广

州图书馆上演。该剧创作于100年前，以神话之名写个体的命运和爱尔兰民族的宿命。广州新年诗会的创始人、著名诗人黄礼孩说，以往的广州新年诗会做过多种题材形式，但一直没有做过诗剧。2020年把叶芝的诗剧搬上舞台，是突破，也是新的尝试。该作品今年由暨南大学著名翻译家程佳首次翻译成中文并在中国舞台上演。

视频：南都记者谭庆驹董晓妍

1月9日晚上8时，2020年广州新年诗会在广州图书馆负一楼报告厅举行，本次活动中表演了叶芝诗剧《伊美尔唯一的嫉妒》。本次表演是此剧在中国的首演。

徐昊 摄
《南方日报》2020年1月10日A11版

（3）其他媒体报道
金羊网 2020 年 1 月 9 日

上演诗剧！2020 广州新年诗会搞搞新意思 叶芝诗剧《伊美尔唯一的嫉妒》中文版在穗首演

搜狐号文学报 2020 年 1 月 10 日

叶芝诗剧首译：让记忆的白鸟披上新的光辉飞过大海 | 独家首发（节选）

新浪网 2020 年 1 月 11 日

叶芝诗剧《伊美尔唯一的嫉妒》中文版在广图首演（节选）

新浪网号信息时报 2020 年 1 月 10 日
广州新年诗会有新意，叶芝诗剧中文版在广州图书馆首演

光明日报 App：2020 年 1 月 9 日
广州新年诗会首次推出叶芝诗剧《伊美尔唯一的嫉妒》

南方 Plus App：2020 年 1 月 10 日
2020 广州新年诗会"头啖汤"：叶芝诗剧中文版在穗首演

广州日报 App：2020 年 1 月 10 日
新年诗会：诗意广州的一张文化名片

广州参考 App：2020 年 1 月 10 日
2020 广州新年诗会：叶芝的诗剧上了舞台

广州参考 App：2020 年 1 月 10 日
新年诗会：诗意广州的一张文化名片（节选）

羊城派 App：2020 年 1 月 10 日
上演诗剧！2020 广州新年诗会搞搞新意思，今晚还有一场！（节选）

搜狐新闻 App：2020 年 1 月 9 日
2020 广州新年诗会·平行展（节选）

作者信息：

刘双喜，广州图书馆社会活动推广部主任，副研究馆员；
龙思宇，广州图书馆社会活动推广部媒体宣传推广中级岗，馆员；
沈翠婷，广州图书馆社会活动推广部活动组织与档案管理中级岗，馆员。
电子邮箱：gttuiguang@gzlib.org.cn。
通信地址：广州市天河区珠江东路 4 号广州图书馆。

联结社会力量的平台

——"广州公益阅读"案例

广州公益阅读（原广州阅读联盟），2017年4月由广州图书馆首倡（2018—2020年广州新华出版发行集团股份有限公司曾参与共建），以推动全民阅读为宗旨，采取多种方式联合社会力量共同举办阅读推广活动，致力于让阅读成为一种生活方式。自2017年4月22日正式启动至2020年7月15日，广州公益阅读举办阅读活动共计1543场，受益人次近19万。2018年，广州公益阅读在广州市图书馆学会主办的优秀阅读推广案例评选活动中荣获一等奖，并入选广、佛、肇、清、云、韶六市图书馆学会联合年会的创新服务案例。①

1 案例背景

随着社会经济的发展，人民生活水平的提高以及广大人民群众公共文化需求的日益增长，公共图书馆的阅读推广工作越来越成为热点。2015年，由中共中央办公厅、国务院办公厅印发的《关于加快构建现代公共文化服务体系的意见》倡导以建立行业联盟的方式实现文化共建共享，[1]一部分公共图书馆积极探索政府、公共文化机构、社会力量三方共治的文化治理模式，通过建立阅读联盟引导，鼓励社会主体参与到全民阅读推广中来。2014年，江苏省江阴市图书馆首创"公共图书馆+咖啡馆"合作模式，建立"三味书咖"城市阅读联盟，补充了市区图书馆网络，并将讲座、沙龙、读者培训等阅读推广活动延伸至各联盟点。[2]此后，其他各地公共图书馆，如上海市青浦区图书馆、佛山市图书馆、宁波市图书馆也分别牵头成立了青浦阅读推广联盟、佛山阅读联盟和宁波阅读联盟，联合社会力量共同举办各类阅读推广活动。

---

① 该案例获奖时的名称为"广州阅读联盟"。

与此同时，广州地区公共图书馆开展全民阅读工作的条件和环境更加成熟。2015年《广州市公共图书馆条例》的颁布实施、2016年《中华人民共和国公共文化服务保障法》的出台，进一步为广州图书馆联动社会力量推广全民阅读提供了法治保障，在此背景下，广州图书馆于2017年4月首倡建立广州公益阅读（原广州阅读联盟）项目，旨在广泛吸纳各领域社会力量的参与。

2 案例实践

2017年4月至2018年年底，广州阅读联盟通过读书会招募形式，先后与40家阅读组织建立了合作关系，共同举办阅读推广活动787场，参与人次超过2万。

2018年3月，广州新华出版发行集团参与广州阅读联盟品牌共建，与广州图书馆共同支持读书会活动。

自2019年3月起，广州阅读联盟正式更名为"广州公益阅读"，实行项目制管理，每年面向广州市各类阅读组织征集"广州公益阅读创投项目"，并根据定位公益性、需求针对性、项目创新性、项目示范性、团队能力等评选标准选出重点项目、创新项目和一般项目，要求各阅读组织在全市范围内开展阅读推广活动。

由于广州公益阅读在转型更名前后的实施方式有所差异，本节主要总结广州公益阅读在转型更名后的运作机制。

2.1 联合社会力量推行阅读项目

自2019年3月至2020年7月，广州图书馆与广州新华出版发行集团共同推动80个"广州公益阅读创投项目"立项，其中2019年36个，2020年44个（"2020年广州公益阅读创投项目"名单见附录），包括5个重点项目、30个创新项目、45个一般项目，参与项目策划、执行的阅读组织共有58家。广州图书馆和广州新华出版发行集团为其中的重点项目和创新项目提供合作活动经费及相关资源、服务（活动场地支持、宣传推广等），对于一般项目则仅提供相关资源与服务。这样的做法既能够借助社会力量补充公共资源的不足、提升活动的多元性，又可以充分发挥公共图书馆在推广全民阅读的引领作用。

"广州公益阅读创投项目"丰富多元、各具特色，涵盖文学、艺术、亲子、普法、特殊人士阅读等不同主题。比如，由全国知名读书会——"爱读书会"发起的"爱读书会2020阅读活动"项目关注严肃文学，多邀请青年本土作家进行书籍分享；由公益组织广州市三十七度公益促进会主办的"温暖朗读者"项目服务于困境儿童，招募朗读志愿者为困境孩子提供阅读陪伴；由司法机关广州市越秀区人民检察院策划的青少年普法项目致力于在中小学为青少年进行法治教育；等等。

2.2 建章立制规范项目管理

为加强对"广州公益阅读创投项目"的管理，广州图书馆制定了《广州公益阅读创投项目管理办法》《"广州公益阅读创投项目"活动管理规则》《"广州公益阅读创投项目"活动安全指引》，并与参与"广州公益阅读创投项目"的各个阅读组织签订合作协议，明确各方权责，在各项目活动组织策划、宣传推广、业务记录以及合作活动经费使用等方面做出明确要求，规范活动开展；同时，建立年度考核评估机制，将考核结果作为下一年创投项目的评选依据，督促各项目实施方按质按量举办阅读推广活动，从而提升活动的规范性和专业性，解决部分阅读组织在组织、策划及活动宣传中存在的一些困难。

2.3 品牌化运作吸引社会资本投入

"广州公益阅读"重视通过微信公众号及媒体报道、制作海报等方式加强宣传推广，同时要求执行"广州公益阅读创投项目"的阅读组织在活动宣传中添加广州公益阅读logo，提升品牌影响力，其良好的社会效益也吸引了其他社会力量的投入。比如，2019年广州万科两度参与"广州公益阅读"活动，于4月广州读书月期间与旗下3个广场推出10场"粤读春光"系列主题活动，并于8月与旗下地产公司举办了5场"童画广州 童阅未来"主题活动，广州万科为这些活动提供了经费、场地、宣传、组织等方面的支持与帮助。此外，作为百胜餐饮集团之一的广州必胜客也将其位于东方宝泰的餐厅打造成"广州公益阅读"的"悦读基地"。

2.4 坚持公益原则、服务特殊群体

广州图书馆和广州新华出版发行集团在评审"广州公益阅读创投项目"时向服务于残障人士、来穗人员、儿童与青少年等特殊群体的项目倾斜，间接促使各类阅读组织向公益服务领域拓展，也推动了公共图书馆服务的普遍

化、均等化。在 2019—2020 年立项的 80 个"广州公益阅读创投项目"中，有 43 个项目专门服务于特殊群体，努力为市民提供无差别的阅读服务。

比如，"广州爱心读书团助盲阅读"项目主要服务视障群体；"弘毅书舍·2020 听障人士读书活动"主要服务于听障人士；"2020，爱惜时，爱共读"项目由肢体障碍人士自发组织阅读活动；"广州微笑'童声童戏'立体读书计划"则重点为来穗流动的家庭举办亲子阅读会⋯⋯

3 案例成效

3.1 坚持不断创新，活动数量多、质量高、受益广

自 2017 年 4 月 22 日至 2020 年 7 月 31 日，广州公益阅读总共举办了 1582 场公益阅读活动，参与人次 37.14 万，效益超出预期。比如，根据合作协议，2019 年"广州公益阅读"活动场次达到 366 场、参与人数达到 3660 人次即可达标，但实际上，2019 年全年，各个"广州公益阅读创投项目"总共举办了 531 场公益阅读活动，参与人数为 19416 人次，大大超出了原定目标。

2020 年疫情期间，广州公益阅读创新服务形式，并联合南国书香节组委办公室、南方科技大学科学与人类想象力研究中心等机构合作开展线上阅读活动，自 2020 年 2 月至 7 月，广州公益阅读总共举办了 228 场线上读书会，参与人次 33.19 万，这些活动涵盖文学、艺术、心理学、商业、亲子教育等不同领域的内容。

3.2 活动分布广，扩大了公共图书馆的服务覆盖面，提升服务均等化水平

"广州公益阅读"活动广泛分布在社区会所、咖啡馆、书店、广图分馆、区图书馆、学校及律师事务所等地，提升了广州图书馆服务的均等化和覆盖面，营造了良好的阅读氛围。2020 年疫情期间，广州公益阅读转为线上活动，影响力更辐射到广州、佛山、河南、河北、江西、山东、辽宁等地。

比如，"广州微笑'童声童戏'立体读书计划"主要在文冲、赤沙、棠下等以流动人口密集点为主的社区开展亲子故事会；"读天地世界，种桃李春风"项目立足于自身所在的社区，在白云区时代玫瑰园定期举办阅读分享活动；"拾星者读书计划"的主办方拾星者读书会在 2020 年 4 月读书月前向

全国书友征集诗文朗诵音频，并于 4 月 23 日当天在微信群集中分享，活动吸引了来自广州、佛山、河南、河北、江西、山东、辽宁等地的书友参与。

3.3 特殊群体文化权益得到保障，社会效益显著

2019 年，广州公益阅读为残障人士、来穗人员、儿童与青少年等特殊群体总共开展了 268 场阅读活动，占全年总活动场次的 50.5%，使 13225 人次受益。2020 年 1 月—7 月，25 个专门服务于特殊群体的项目举办了 81 场活动，参与人数 112761 人次，这些活动在一定程度上保障了特殊群体的基本文化权益。

以"广州爱心读书团助盲阅读项目"为例，2019 年，该项目在广州图书馆、荔湾区培真路面向视障读者举办了 15 场活动，包括 8 场无障碍电影口述活动和 7 场阅读分享会，全年服务的视障读者 150 人次。这些活动丰富了视障读者的文化生活，不少视障读者表示自己在活动中感受到了文化的无障碍，并且通过活动嘉宾的分享"看"到了世界。此外，每场活动前后，该项目都与视障朋友保持沟通，根据他们的建议策划更多主题积极向上的无障碍电影口述活动，更好地满足视障读者的文化需求。

3.4 依托大型活动和媒体平台，影响力逐步扩大

广州公益阅读积极参与广州读书月、南国书香节暨羊城书展、"广佛同城共读"等大型活动以提升品牌影响力，受到媒体的广泛关注。

以 2020 年为例，为配合广州读书月宣传，广州公益阅读总共举办了 47 场线上活动，1.47 万人次参与，活动受《广州日报》等媒体关注，相关新闻被推送至学习强国 App，广东电视台"珠江新闻眼"栏目以"阅读正能量"为题对"广州公益阅读"线上活动做了系列报道，影响力逐步扩大，广州公益阅读微信公众号用户数量在此期间增长 367 人。此外，2020 年 4 月—5 月，受南国书香节组委会邀请，参与"广州公益阅读创投项目"的阅读组织共组织策划了 20 场线上活动，获得《中国新闻出版广电报》、南方+App、《广州日报》《信息时报》《藏书报》等媒体的报道，并被推送至学习强国 App 的广东学习平台。

4 案例反思

在取得成效的同时，广州公益阅读在发展过程中也有一定的制约因素。

第一,由于广州图书馆空间及人力资源有限,不能满足所有广州公益阅读创投项目的场地需求,有的项目未能在固定地点面向固定受众举办,持续效果不强;有的项目因活动场地的协调成本过高,降低了活动组织的积极性。针对这个问题,广州公益阅读未来需要加强与广州图书馆分馆、新华书店以及其他社会企业合作,争取为各项目创造更好的平台,更好地满足活动场地需求。

第二,参与"广州公益阅读创投项目"的部分阅读组织出于各种原因,不能完全按质按量举办阅读活动。首先,"广州公益阅读创投项目"的执行者大多有其本职工作,因时间和精力有限,很难完全按照管理制度要求执行项目;其次,经费自筹的"广州公益阅读创投项目"由于经费不足,积极性和认真度普遍较低。针对这个问题,广州图书馆未来在征集广州公益阅读创投项目时需甄选具有较强策划、组织能力,有独立团队的项目申报者,并积极拓展合作方,引入更多社会资源,调动项目执行者的积极性,保证项目顺利执行。

资料附录

(一)"2020年广州公益阅读创投项目"名单

序号	项目名称	项目类别	申请机构/申请人
1	广州微笑"童声童戏"立体读书计划	重点	广州市微笑公益服务中心
2	云上沙龙	重点	云上艺术文化发展(广州)有限公司
3	读天地世界,种桃李春风	创新	任丽萍
4	全面小康·公益阅读	创新	江永强
5	绘·幸福家庭阅读计划	创新	高欣莉
6	创读学社开放阅读	创新	朱锋
7	阅读与自然教育	创新	谢燕珊
8	2020,爱惜时,爱共读	创新	王宇

续上表

序号	项目名称	项目类别	申请机构/申请人
9	博雅羊城青少年科普阅读与科幻创作行动	创新	广州市越秀区博雅青少年成长服务中心
10	四味书圈2020阅读治愈计划	创新	李杨
11	拾星者读书计划	创新	谢秀云
12	四健荟·绘本悦读计划·2020	创新	广州市越秀区四健荟青少年发展中心
13	广州爱心读书团助盲阅读	创新	李群
14	京京读书会生活美学系列读书会	创新	李京京
15	经典原文读书会"读原著、赏文化"项目	创新	马泽胜
16	传奇书社·读书分享会×百日读书计划	创新	蔡斯淙
17	伴读计划——视障读者无障碍阅读服务项目	创新	广州市越秀区捌零柒社会服务中心
18	来穗书香家庭培养项目	创新	杨鸿
19	爱读书会2020阅读活动	一般	郑裕敏
20	启书润知系列读书会	一般	广东启润律师事务所
21	2020年公益阅读推广人成长营	一般	广东省南方阅读公益基金会
22	"阅读,让我们都一样"孤独症儿童伴读计划	一般	广州市心友心智障碍者服务协会(原名广州市孤独症儿童服务者协会)
23	扩经典力量,促童阅活力	一般	广州玩咖教育咨询有限公司
24	荐书官	一般	广州崛起文化传播有限公司
25	尚之雅悦耳动听读书分享计划	一般	广州市尚之雅餐饮管理有限公司天河分公司

续上表

序号	项目名称	项目类别	申请机构/申请人
26	茶知识科普及茶文献阅读推广	一般	广州市怡臻原文化传播有限公司
27	鲸鱼会客厅·一起读书	一般	郝婧羽
28	魔灯院全球艺术史项目	一般	广州市魔灯院咨询有限公司
29	弘毅书舍·2020听障人士读书活动	一般	潘建惠
30	"独角兽书社"系列读书会	一般	广州商学院法学院
31	七嘴八舌共读计划	一般	广州市荔枝青年成长促进会
32	开卷广州（2020年）	一般	广州文化高地投资发展有限公司
33	鲸灵亲子阅读计划	一般	广州市鲸灵心理咨询服务有限公司
34	2020法德童行之青少年法治教育读本阅读活动	一般	广州市越秀区人民检察院
35	童说岭南实践计划	一般	广州市越秀区粤岭说书文化艺术中心
36	粤读会–少年传承人计划	一般	伍时杰
37	小狮书儿童导读项目	一般	广州市小狮书文化传播有限公司
38	温暖朗读者	一般	广州市三十七度公益促进会
39	小行星·城中村阅读计划	一般	广州市越秀区微乐益公益成长中心
40	"黄埔培童"儿童阅读计划	一般	广州市黄埔区心灵家园服务中心
41	《壹绘·壹期》绘本阅读分享	一般	广州市壹航教育科技有限公司
42	小眼观世界阅读活动	一般	张恩惠

（二）活动照片

2019年8月19日，"追梦广州·公益阅读"项目在南国书香节暨羊城书展现场举办活动。

（三）媒体报道

"广州公益阅读"2020年读书月期间活动报道在学习强国App广东频道首页被推荐

广东电视台珠江新闻眼栏目:"爱读书会 2020 年阅读活动"项目负责人麦小麦分享疫情期间可以阅读的书籍。

参考文献:

[1] 中共中央办公厅,国务院办公厅. 关于加快构建现代公共文化服务体系的意见[EB/OL].[2015-01-14]. http://www.gov.cn/xinwen/2015-01/14/content_2804250.htm.

[2] 宫昌俊,曹磊. 江苏江阴市:推动城市阅读联盟的时间探索[J]. 国家图书馆学刊,2015(4):16-20.

作者信息:

邹也静,广州图书馆社会活动推广部,助理馆员,主要负责"广州公益阅读"项目日常管理,活动组织、协调,"广州公益阅读"微信公众号运营、管理工作。

电子邮箱:gzallreads@gzlib.org.cn。

通信地址:广州市天河区珠江东路4号广州图书馆。

令古典音乐飞入千家万户
——"音乐零距离"阅读推广案例

1 案例背景与概况

1.1 案例背景

随着人们生活水平不断提高，人们对精神文化层面的需求也不断提高。公共图书馆作为社会公益性服务机构，理应提供更加多样化的特色服务。多媒体鉴赏区是广州图书馆的特色主题馆之一，主推音乐、电影、录音特色服务。音乐类特色服务中，除了为读者提供高品质的音乐鉴赏外，还举办各类音乐讲座活动，旨在传播音乐知识，升华音乐认知。

2015年5月，多媒体鉴赏区即将全面对外开放，专门做了一次读者调查，问卷调查的"您希望我们举办何种类型的音乐活动"一项中，选择"音乐鉴赏类活动"的受访者占比最高，达到83.83%。为此，2015年7月，首个音乐品牌活动"乐享汇"创立，"乐享汇"定位为小型音乐鉴赏讲座，以多媒体鉴赏区的多媒体设备为依托，主要邀请高校教师为大众讲解音乐知识、鉴赏经典曲目。

"乐享汇"活动推出后受到读者热捧，但存在活动场地小、缺乏完整有规模的现场表演环节、主题活动与阅读推广联系不够紧密的问题。"乐享汇"活动举办场地仅有38个座位，受场地限制，"乐享汇"活动每次只能邀请一位主讲嘉宾，在讲解过程中只做少许表演示范。在活动开展5期后，共回收了150份读者调查问卷，超过70%的受访者表示"想现场欣赏完整的曲目表演"。此外，"乐享汇"活动没有很好地与馆藏资源推广工作相结合。基于上述原因，为提供更好的服务，"音乐零距离"活动应运而生。该活动在广州图书馆负一层1号报告厅举办，场地舞台长19.6米、宽7.5米，观众区域面积约560平方米，可提供504个座位，接近国家大剧院小剧场的规模。

1.2 案例概况

"音乐零距离"项目由广州图书馆专题服务部多媒体鉴赏组负责运营，目前共涵盖"讲演""赏析""鉴赏"三个系列。其中，"音乐零距离·讲演"于2016年1月正式推出，活动在广州图书馆负一层报告厅举办，每月举办一至两场，邀请广州交响乐团演奏员、广州各高校教师前来主讲，同时邀请表演嘉宾进行现场表演，深受大众喜爱；经过两年的探索，人力、资金、活动经验等方面逐步成熟，2019年"音乐零距离"继续推出"赏析""鉴赏"两个系列活动，将活动与阅读推广服务紧密结合。其中，赏析和鉴赏活动均以馆藏音乐资源为对象，赏析活动邀请名家或教授对经典曲目进行赏析；鉴赏活动依托多媒体设备，为听众提供高品质的音乐鉴赏服务，但不设讲解环节。

"音乐零距离"项目共由三名馆员承担，其中，两名馆员负责"音乐零距离·讲演"系列的策划、组织和现场跟进，另一名馆员负责"音乐零距离·赏析""音乐零距离·鉴赏"系列相关工作。

2 案例实践

"音乐零距离"项目旨在"令古典音乐飞入千家万户"，以普及音乐文化、传播音乐知识、提高音乐品位为定位，搭建市民终身学习的平台。在活动实践中，"音乐零距离"始终坚持开放、多元、包容、平等的原则，致力于让所有读者都能"欣赏优质表演，升华音乐认知"。

随着活动的持续开展，我们不断总结项目经验，分析存在问题。为完善"音乐零距离"的品牌建设，使其更深入人心、充分体现广州图书馆的特色，在活动实践过程中，我们采取了以下四点措施：

2.1 形成"主题多元化、专题深入化"的项目思路

公共图书馆致力于履行"提升全民文化素质"的社会职能，且以广大市民为服务对象的特质，决定了其音乐活动的核心思路、呈现形式和具体内容有别于音乐厅、大剧院、专业音乐院校等音乐机构。为此，"音乐零距离"从项目开始之初就设定"主题多元化、专题深入化"的基本思路，从广从深打造活动品牌。

"主题多元化"思路的提出主要基于图书馆用户背景多元的特点、社会

力量合作模式的构想和"音乐零距离"用户的需求,考虑到不同背景受众的需求和心理特点,在设计音乐活动主题时,需推出符合图书馆用户定位的音乐活动。

另外,"音乐零距离"打破与固定机构长期合作的模式,尝试与不同团体或个人进一步拓展社会合作,为活动内容多元化提供支持。"音乐零距离"在2016年曾向参加活动的读者发放并回收有效问卷213份。在"您平时喜好欣赏何种类型的音乐"一项中,选择"西方古典音乐"和"中国民族音乐"的受访者占比最高,达到38.13%和30.09%。因此,"音乐零距离"在策划活动时,首先确定以西方古典音乐和中国民族音乐为两大方向,在其范畴内进一步细化,设计了交响乐、艺术歌曲、钢琴演奏、戏曲、民族器乐等多个主题。

为发挥公共图书馆的社会教育职能,音乐活动的设计不止局限于单纯的视听欣赏上,还需要通过活动传播深化音乐知识的理念。"专题深入化"在具体策划中体现为两个方面,其一,是为部分相对小众又有吸引力的主题设计多个场次,并将活动内容集结为纸质版专册,以提升活动深度和品质,达到"升华音乐认知"的目的。2018—2019年"音乐零距离"先后推出民歌、昆曲两大专题,民歌专题以地理区域为线索,分为江南民歌、中南民歌、西南民歌等5个版块,共举办了6场专场活动,带领听众细细体味不同地域的民歌风味;昆曲专题从戏曲语言、戏曲文学、戏曲扮装、戏曲伴奏等方面解析昆曲艺术,共举办了10场专场活动。其二,在专题中实现了各个场次的有效衔接。民歌专题由5场讲座和1场音乐会组成,5场讲座中每场都设有民歌教唱环节,而最后一场民歌音乐会则与前5场讲座的教唱内容紧密结合,并邀请部分读者参与演出。昆曲专题分为上半年和下半年两个主题版块,两个版块均由4场小型讲座和1场音乐会组成。其中,4场小型讲座包含戏曲文学、伴奏音乐、戏曲语言、戏曲扮装等方面,全方位地解读戏曲艺术,每场讲座都有戏曲片段的现场表演,而音乐会则是所讲戏曲的全本演出。

2.2 打造多层次立体化活动

"音乐零距离"作为广州图书馆唯一的大型音乐品牌活动,在履行文化推广与交流职能的同时,与本馆馆藏推广形成联动,引导读者使用与音乐相关的纸质文献、光盘资源以及数字资源。

"音乐零距离"项目依托多媒体鉴赏区的空间和资源优势,在讲演系列的基础上，逐步提供更多形式的音乐主题服务。为使"音乐零距离"这一项目更为丰满和立体，并体现图书馆的定位和特色，2019年新推出了赏析和鉴赏系列。其中，"音乐零距离·经典唱片赏析沙龙"是以馆藏经典音乐唱片为赏析对象，为读者介绍音乐作品相关知识，剖析音乐风格和创作手法，带领读者进一步理解音乐作品；"音乐零距离·鉴赏"活动则在多媒体鉴赏区专业影音鉴赏室播放精选的音乐馆藏资源，让读者获得高品质的鉴赏体验。赏析、鉴赏系列，在主题、内容上与讲演系列相呼应，充实、拓展了讲演系列的内容；而讲演系列则带动了赏析、鉴赏系列的宣传推广，有效增强了多媒体鉴赏区的空间服务效能。

2.3 明确音乐主题服务活动化的意义，扩大社会合作范围

在图书馆环境下，音乐主题服务活动化的定位和意义关系着服务活动化的核心思路、呈现形式及具体内容等。活动负责人首先要确立音乐主题服务活动化的整体框架，明确这一模式下的社会力量合作思路（如图1所示），在合作中掌握更多主动权，打破与固定机构长期合作的模式，尝试与不同团体或者个人进一步拓展社会合作，通过竞争，激发各机构的积极性，打造出符合图书馆音乐主题服务的活动。

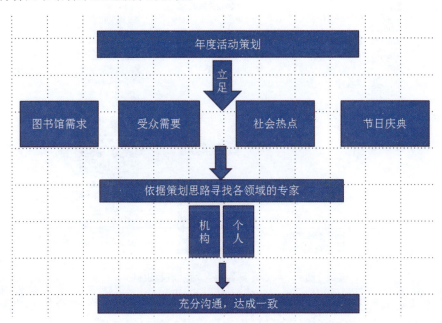

图1　音乐主题服务活动化社会合作思路

2.4 活动流程向规范化和标准化发展

丰富充实的音乐讲演活动涉及讲解环节和现场表演，还需要使用音响和舞台用品。为保证良好的演出质量，舞台调度和各环节协调的重要性不言而喻。此外，"音乐零距离"的上座率几乎达到100%，大量参与活动的观众也使维护现场秩序成为一个难题。因此，"音乐零距离"在现有工作流程和既有惯例的基础上，形成一套规范化、标准化的活动流程（如图2所示），这不但可以帮助项目成员理清思路、抓住重点，也有利于项目的长期运营和不断改进，还能为图书馆举办类似活动提供借鉴。

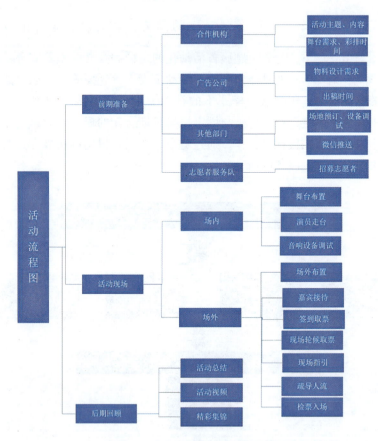

图2 "音乐零距离"活动流程设计

活动流程固然可以有章可循，但其中的关键在于沟通——与合作方的沟通（如确认舞台需求和彩排时间）、与馆内其他部门同事的沟通（如负责设备调节和维持秩序的物业安保部门、负责对外宣传的网络服务部门）、与广告公司的沟通（协调宣传物料的设计与制作）、与志愿者服务队的沟通（招募有经验的志愿者维持场外秩序）。立足于事前充分沟通，则可在标准化的流程框架中灵活变通，顺利完成活动。

3 案例成效与反思

经过三年实践，"音乐零距离"品牌活动取得了阶段性建设成果，同时也存在一些不足。

3.1 案例成效

截至 2019 年 12 月底，"音乐零距离·讲演"共举办了 37 期活动，服务 18500 人次。"音乐零距离·赏析"举办 4 场，参与人数 152 人。"音乐零距离·鉴赏"举办 203 场，参与人数 2624 人。随着三年来的发展和积累，"音乐零距离"系列活动不但拥有了一批较为固定的"铁粉"，同时也在持续吸引新群体加入，拥有了一定的品牌影响力。

在广州图书馆微信公众号发布的活动预告中，2019 年"音乐零距离"讲演活动的阅读量平均 7000 +，最高阅读量 1.5 万；"赏析活动"阅读量平均 4000 +，最高阅读量 1.2 万；鉴赏活动的阅读量平均 5000 +，最高阅读量 1.1 万。除此以外，读者的留言也体现了他们对"音乐零距离"活动的强烈喜爱。

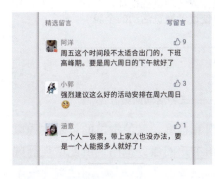

图 3 "音乐零距离·讲演"第 30 期读者精选留言

图 4 "音乐零距离·赏析"第 1 期名额秒光

"音乐零距离"活动一经推出，其丰富多彩、水平上乘的现场表演和嘉宾深入浅出、妙趣横生的针对性讲解，受到观众的广泛好评。活动现场通常座无虚席，还有不少听众早早排队等候。活动开始前，现场大致需要 20 名工作人员及志愿者维护现场秩序，充分说明"音乐零距离"活动取得的良好社会效果。2017年"音乐零距离"荣获广州图书馆品牌活动项目，更体现了它在活动质量和社会效益上的不俗成绩。

3.2 反思

由于"音乐零距离"活动是线下进行，因此，一场精彩的活动最多只能服务500多个读者。为让更多读者受益，"音乐零距离"还提供多种形式的活动回顾，将活动进行二次传播。

截至目前，由于本馆自建的多媒体数据库尚在筹备中，同时也囿于人力，"音乐零距离"的后期工作还不够完善和系统，仅仅做了文字回顾总结和部分视频剪辑，但我们设想，未来"音乐零距离"的活动回顾方式可分为以下三种：

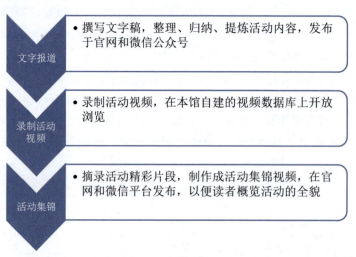

图5 "音乐零距离"品牌建设——三种活动回顾方式

此举既可以为本馆留存珍贵的活动资料和档案，又使本馆的音乐主题服务通过网络得以延伸，在一定程度上扩大图书馆的服务范围，由此增强品牌的影响力。因此，完善后期工作是音乐主题服务活动化以及活动品牌建设不可或缺的一环。

"音乐零距离"作为广州图书馆在音乐主题服务方面的一种尝试，目前也取得了阶段性建设成果，下一步可基于现有经验和对策逐步完善品牌，以更多高品质的服务和活动满足广大读者不断增长的精神文化需求。

资料附录

（一）"音乐零距离·民歌"系列活动方案

一、专题对象

民歌是最早出现的声乐艺术，简单地说，民歌就是劳动人民在生活和劳动中自己创作、自己演唱的歌曲。它源于民间，也主要流行于民间。由于民歌在长期的流传过程中经受了人民群众集体的筛选、加工和提炼，因此它凝结了历代人民的集体智慧，是群体的思想水平和艺术水平的充分展现。

二、民歌系列活动的现实意义

党的十九大报告指出，没有高度的文化自信，没有文化的繁荣兴盛，就没有中华民族的伟大复兴。进入新时代，人民对美好生活的需要日益增长，对物质文化生活提出了更高要求。文化建设如何呼应这个时代的召唤、呼应人民的需要？广州图书馆作为藏书量、信息化水平等多个指标在国内领先的大型综合性公共图书馆，有很好的文化资源和宣传平台，应当更好地实现文化惠民和文化便民的目标。

中国民歌是中华传统音乐文化的优秀代表，广泛的群众基础和对其他音乐艺术的无声渗透彰显其艺术价值。推广中国民歌文化，有利于帮助广大读者更深刻地认识中华优秀传统文化的精髓。

从民歌自身的特性来说，民歌结构短小，素材精悍，形式生动活泼，易于引起读者兴趣，且不需要很强的专业技巧，便于推广。

三、活动形式：音乐赏析讲座

四、活动地点：负一层报告厅

五、活动对象：14周岁以上读者

六、活动内容

民歌系列活动包含六场讲座，以民歌欣赏、教唱为主，引领读者感受民歌之美。

民歌系列活动各期活动主题			
序号	主讲人	主题	计划时间
1	王沥沥，中央音乐学院音乐学硕士、星海音乐学院音乐学系副教授、硕士生导师、中国民族音乐教研室主任、广东省骨干音乐教师培训专家库成员。	吴侬软语——江南民歌	2月3日
2		黄土魂——西北民歌	2月25日
3		云岭音画——西南民歌	3月3日
4		楚湘风情——中南民歌	3月17日
5		五彩中华——少数民族民歌掠影	5月26日
6		民歌讲演活动	6月16日

（二）宣传海报

"古筝音乐会"宣传海报

（三）活动照片

读者排队参加《古典音乐纵横法》讲座

"大美·国风"民歌音乐会

昆曲表演

作者信息：

曹翘楚，广州图书馆助理馆员。
电子邮箱：616142447@qq.com。
通信地址：广州市天河区珠江东路4号广州图书馆。

广州人文生活的引领者
——广州图书馆羊城学堂讲座案例

1 案例背景介绍

近年来，公共图书馆在借阅藏咨等传统服务功能之外，逐步深入拓展各类公共交流服务，如讲座、沙龙、读书会、展览、培训等阅读推广活动，使公共图书馆逐渐实现功能转型，成为城市的"第三空间"。目前，在一些大的城市图书馆，公共交流服务比重持续增加。以广州图书馆为例，2019年日均举办活动14场次，其中，讲座是图书馆重要的服务项目之一，羊城学堂讲座则是其中的品牌项目。

广州图书馆举办公众讲座的历史悠久，最早可以追溯到20世纪80年代建馆之初，在全国率先举办为准备成人自考的广大考生专门开设的辅导讲座，一时间，在图书馆外大排长龙，一座难求。这样面向社会公开举办讲座在当时可谓是风气之先。2004年，由广州市文化局主办、广州图书馆承办的"广州文化讲坛"在广州图书馆开讲。几年间，广州文化讲坛坚持每周举办讲座，吸引了大批广州市民来图书馆听讲座，为日后羊城学堂的创办积累了经验，培养了良好的群众基础。2007年1月，羊城学堂首讲"毛泽东的读书生活"，在广州图书馆正式开讲，拉开了羊城学堂持续十余年为公众服务、开设公益讲座的序幕。

2 案例实践

2.1 羊城学堂总体情况简介

羊城学堂是由中共广州市委宣传部、广州市社会科学界联合会联合主办，广州图书馆承办的面向社会公众的公益性学堂，是"书香羊城——全民阅读活动"的重要组成部分，致力于成为"广州人文生活的引领者"。羊城学堂自

2007年1月13日举办第一讲"毛泽东的读书生活"以来,截至2020年6月底,至今已举办600场,内容涉及经典名著、历史文化、法律法规、投资理财、健康养生、民生建设等诸多方面,学堂以其科普性、精巧性、实用性、鲜活性、开放性、互动性赢得百姓的喜爱和欢迎,现场直接听众累计超过14万人次,线上观众累计超过406.21万人次,在丰富百姓精神文化生活、提高公众科学文化素养、促进学习型社会和文明城市的创建等方面发挥了积极作用。

近14年间,羊城学堂邀请过数百位海内外知名专家学者,如吴硕贤、金庆焕、何镜堂等院士,阎崇年、郦波、商传等央视"百家讲坛"主讲人,还有原中国驻比利时、伊朗、韩国、俄罗斯等国大使和各国驻穗领事,如曲星、大卫·那赫拉、白屿淞等,多位知名作家、学者,如陆键东、止庵、马伯庸、雪漠等,以及多位名家之后,如鲁迅之孙周令飞、梁漱溟长孙梁钦宁等,名家云集、思想交锋。

羊城学堂每周六上午在广州图书馆开讲,参与讲座的读者不仅遍及广州,更辐射佛山、中山、东莞,甚至港澳地区。除现场讲座以外,还有微信公众号、图书、报纸、音频点播、视频点播等多样化的服务模式。2020年,为应对新型冠状病毒肺炎疫情使现场讲座暂停的影响,羊城学堂在2月底率先开展线上讲座直播,从2月至今无间断举办,最高一场观看量达到42.09万人次,陪伴读者度过了居家隔离的时光,被誉为"政府文化惠民典范、市民学习交流课堂"。

2.2 案例服务创新亮点与特点

2.2.1 讲座服务模式不断创新,实现全媒体传播

羊城学堂讲座既坚持政府主导,又引入社会力量,注重活动运作的科学性、服务内容的适销性,积极体现公益文化面向社会、服务大众的功能,努力办成市民需求、市民参与、市民享用的文化学堂,创办十余年来,始终坚持探索服务模式创新,积极拓展讲座品牌影响力,充分利用互联网、手机、广播、电视、报刊等传媒,扩展间接受众的范围。

一些传统推广方式仍然在坚持使用,例如每周讲座前为已登记的读者发送讲座预告短信,通过馆内宣传、豆瓣同城、QQ群、广州图书馆微博、报纸等渠道推送讲座信息。在过去的十年间,广州图书馆一直坚持在《信息时报》刊登讲座的精彩回顾。读者还可以在广州图书馆官网点播往期视频。2010年至今,我们整理演讲文字,出版共五册《羊城学堂》。2010年1月,讲座登陆广东电视台岭南戏曲频道,这标志着羊城学堂第一次登上电视荧

幕。2012年10月，羊城学堂推出子系列讲座"达人故事fun享会"，邀请各领域拥有一技之长的"达人"分享经验、交流心得，如旅行达人、魔方达人等。2014年1月，广州图书馆微信创办，至今拥有粉丝超百万，羊城学堂有了更强大的新媒体宣传平台。2016年3月，羊城学堂微信公众号创办，现已拥有粉丝超1.5万人，仍在不断发展壮大。11月，羊城学堂音频上线知名音频平台喜马拉雅网站，全国的听众都可通过喜马拉雅网站收听讲座音频，截至2020年6月底，点击量已超过23.8万次。2019年11月，羊城学堂首次与《南方都市报》（以下简称"南都"）云直播平台合作，南都以"蹭课了"为标题，对两场羊城学堂讲座进行了云平台播放，共计13万观众观看了讲座，实现了羊城学堂讲座服务模式的进一步拓展和全媒体传播。2020年1月，受新型冠状病毒肺炎疫情影响，馆内线下活动暂停，羊城学堂再次主动出击，与南都合作举办线上讲座直播，从2月底至6月底，共举办10场线上直播，大受读者好评，观看量总计达176.2万人次。

此外，羊城学堂还通过其他活动形式进行推广和宣传。例如：羊城学堂十周年时，以"我们的十年"为主题举办了展览、"我与羊城学堂"有奖征文活动、策划印制《我们的十年》展刊、拍摄羊城学堂宣传片，还制作羊城学堂文创产品、《羊城学堂讲座精选集》光盘等。

2.2.2 讲座策划注重话题性和系列性，开设个人系列讲座

按照"贴近实际、贴近生活、贴近群众"的原则，羊城学堂精心策划每月讲授的系列专题。内容选题贴近公众需求，以文学、国学、经济、历史、法律、健康等方面受到市民普遍关注的知识性、实用性话题为主。每月讲课主题鲜明，既自成一体，又形成了板块联动效应；既讲授经典名著，又讲解时事热点，及时推出"时令菜"。例如，在中法建交五十周年之际特别举办了中法文化系列讲座，邀请到包括中国驻法国前公使（现任中国驻比利时大使）曲星、时任法国驻广州总领事白屿淞、中山大学法国文化专家蒲志鸿教授等一批专家学者莅临主讲。每年的广州读书月都会特别举办读书月系列讲座，2018年，羊城学堂邀请到著名表演艺术家六小龄童与读者分享他的"西游"故事，该场讲座成为羊城学堂举办以来现场参与人数最多的一次，当天早上6点多，很多读者已开始在广州图书馆外面排队，待9:00开馆时，广图负一层大堂瞬间已被挤得水泄不通，500张入场门票顷刻抢光，在容纳500人的报告厅坐满之后，还有近千名舍不得离开的读者，自发席地而坐，在负一层大堂收看讲座现场直播，热情的读者挤满了负一层大堂。

此外，羊城学堂在深化系列讲座方面创新性开设个人系列讲座，邀请到袁

世凯研究专家、年近八十的骆宝善先生主讲"骆宝善评点袁世凯系列讲座",该讲座总共8讲,从2014年起不定期举办,持续到2016年完结,评述了袁世凯一生中的重要事件,凝聚了骆宝善先生的多年研究心得,深获读者认可和喜爱。

2.2.3 讲座形式多样,讲演结合

羊城学堂讲座并不固守一位嘉宾一讲到底的单一形式,经常为读者带来各种创新的演讲方式。羊城学堂可以一个人讲,也可以两人对谈、三人共话,甚至五位嘉宾同台。讲座嘉宾在台上展示过急救方法,展现过古琴技艺,表演过太极拳、粤语相声、南派舞狮,带来过莎士比亚戏剧《麦克白》片段和中国传统昆曲《牡丹亭》片段,还带领过现场读者一起读诗,现场气氛活跃而热烈。

2.2.4 形成品牌特色

14年来,羊城学堂讲座在探索中不断前行,既与时俱进,又有所坚持,逐渐形成了羊城学堂的品牌特色。

一是坚持文化惠民。羊城学堂坚持文化惠民,通过邀请名家演讲搭建市民公共学习和交流平台。任何一场讲座和现场活动,市民完全免费参与,而且可针对活动开展情况提出自己的意见和建议。讲座内容结合市民需求,如健康、家庭关系、亲子教育、生活心理等直接服务于市民日常生活。

二是坚持文化育人。以讲座影响人,通过个人的改变促进城市文明进步。羊城学堂坚持以文化品位立足,通过艺术、文学、历史、美学、礼仪等讲座,塑造、充实市民心灵,丰富精神文化生活。在羊城学堂进社区活动中,市民直接参与文化,直接感受文化魅力,促进高尚文化人格的培育。

三是坚持交流互动。羊城学堂坚持讲座的互动性,创造条件促进交流,讲者与听者、组织者与参与者等都可以通过现场、电话以及广州图书馆官方微博、微信等进行交流互动。

四是坚持不断提升品质和影响力。讲座选题坚持将市民需求、社会热点和政府中心工作"三结合",突出思想性、知识性、趣味性,强调雅俗共赏、通俗易懂。内容涉及多学科知识,并注重社会教育引导性,关注社会热点,彰显岭南特色,注重跨文化交流。

五是坚持品牌培育。羊城学堂创办伊始,就确立了以打造高品质城市公益性学习平台为目标,为此,我们高度重视该活动的品牌培育。一方面,羊城学堂邀请资深设计师专门设计了讲座标识,标识赋予了"羊城学堂"丰富的文化内涵和鲜明的岭南特色。同时,为强化品牌标识在听众中的印象,渲染会场气氛,制作了讲座背景板及印有"羊城学堂"标识的专用信封,促进

了品牌形象的传播，让品牌更加深入人心。另一方面，充分运用传统媒体和新兴媒体的优势，扩大品牌影响力。讲座现已形成现场、网络、手机、图书、报纸、视频直播等多样化的综合服务推广模式。

3 案例成效与影响

自 2007 年 1 月开办至今，羊城学堂已走过了 14 年的发展历程，经过 14 年的积累，羊城学堂已形成了较高的社会影响力和知晓度。羊城学堂坚持文化惠民和文化育人，关注社会热点，突出知识性趣味性，注重交流互动，彰显岭南文化特色，已成为广受读者喜爱的文化品牌，有效促进了广州学习型城市建设和城市文明发展。2016 年 7 月，羊城学堂被中共广州市直机关工委评为首批"广州市直属机关服务品牌"；11 月，羊城学堂被中共广东省委宣传部评为"书香岭南"全民阅读活动"优秀阅读项目"。

今后，羊城学堂将继续朝着专业化、系列化、个性化、移动化的目标，为广大市民提供更好的服务。

资料附录

（一）宣传海报

陆键东"走进陈寅恪的历史世界"活动海报

张宏杰"曾国藩与他的时代"活动海报

（二）活动照片

2014年4月19日，时任暨南大学党委书记的蒋述卓教授做客羊城学堂，主讲"中国古典诗歌的生命精神和哲学智慧"。

2018年3月24日，来自新疆的散文作家李娟首次举办公开讲座，分享自己的非虚构写作经历。

2018年4月21日，著名表演艺术家六小龄童做客羊城学堂，分享自己的西游感悟。

2019年4月20日，林帝浣在羊城学堂举办"从水墨出发——林帝浣书画分享会"。

2019年4月20日，林帝浣老师讲座现场，席地而坐的读者们。

2019年5月11日，羊城学堂"百年名家"系列第二讲，邀请著名学者、作家陆键东老师做客学堂，主讲"走进陈寅恪的历史世界"。

（三）疫情期间的直播讲座

2020年2月29日，疫情后首场线上讲座直播。

（四）媒体宣传

《信息时报》刊载"羊城学堂"精彩内容回顾

2007年,《广州日报》报道"羊城学堂"第1期讲座盛况。

"羊城学堂"每期印制的宣传小票

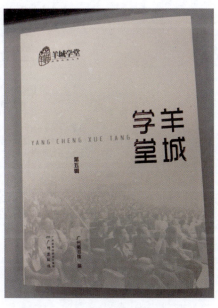

"羊城学堂"讲座讲稿结集已出版至第五辑

（五）其他

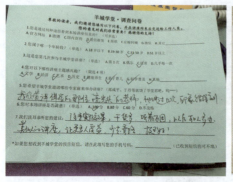

读者满意度调查问卷

2016年11月，羊城学堂荣获"书香岭南"全民阅读活动"优秀阅读项目"。

中共广州市直属机关工作委员会

穗直工文〔2016〕24号

★

关于直市机关首批服务品牌
评审结果的通报

市直各机关党组织：

2014年以来，根据市直机关工委的部署要求，市直各机关党组织发动党员干部，立足机关职能，着力强化服务，积极开展"机关服务品牌"创建工作，创建和培育了一批各具特色的服务项目，其中有26个项目申报2016年"广州市直属机关服务品牌"评定。经过专家评委组评审和网上群众评议，工委研究决定授予市委宣传部"羊城学堂"等5个项目为首批"广州市直属机关服务品牌"。

— 1 —

羊城学堂入选首批广州市直机关服务品牌

作者信息及贡献说明：

刘双喜，广州图书馆社会活动推广部主任，副研究馆员；2007—2013年负责羊城学堂策划和组织工作。

郑爽，广州图书馆社会活动推广部讲座策划高级岗，馆员；2013年至今负责羊城学堂策划和组织工作。

颜戴丽，广州图书馆社会活动推广部讲座宣传中级岗，馆员；2018年至今负责羊城学堂讲座宣传和组织工作。

电子邮箱：gttuiguang@ gzlib. org. cn。

通信地址：广州市天河区珠江东路4号广州图书馆。

创新思维打开创造之门
——黄埔区图书馆品阅黄埔·思维部落工作坊

近年来,黄埔区图书馆认真贯彻落实《广州市公共图书馆条例》《广州市"图书馆之城"建设规划(2015—2020)》的精神,在"一带一路"和粤港澳大湾区建设的框架下,积极探索区域合作共同发展,推出全新阅读品牌活动——品阅黄埔·思维部落工作坊。

1 案例背景

新黄埔区位于广州东部,成立于2015年9月,全区面积484平方公里。辖区内有1000多年的文物古迹,有海上丝绸之路文化、现代工业文化等资源可以深挖,助力讲好"黄埔故事"。2018年,《广州市黄埔区 广州开发区促进文化创意产业发展办法》的发布,为区域内文化创意产业发展提供政策扶持,有益于培育新经济增长亮点。文化创新是文化创意产业的命脉。黄埔区图书馆作为文化阵地,在抓好总分馆建设全覆盖的同时,以提升服务效能为根本,营造创意文化氛围为目的,在打造一个兼具阅读推广与文化创新体验的全新品牌活动上极富现实意义。

近两年来,"品阅黄埔"大品牌下两大常规活动——"菁创科技营"和"创意手工",分别通过科技领域和手工体验两方面,深挖读者创意,培养创新精神。自推出以来,它们不仅在总馆和直属分馆场场爆满,也出现在每月分馆活动需求清单上。可见,随着读者文化素养的提高,读者对以创意为主题的高品质活动需求不断提升。但仅从科技和手工两方面触及创新的阅读活动,无法满足读者多元化的需求。

2019年4月,黄埔区图书馆对阅读推广活动进行了进一步的创新性尝试,联合社会力量共同推出了"品阅黄埔·思维部落工作坊"。基于客观大环境与读者的需求,黄埔区图书馆运用跨界思维,欲打造一个读者可以体验文化创新过程的全新互动分享平台,包括如何萌生创意、知识积累、落实创意等。在前期引导读者走进图书馆，善用图书馆资源，为文化创新服务。后期产品或作品落地，用更贴近现代人的方式宣传图书馆文化，吸引更多的读者，推进全民阅读。

2 案例实践

2.1 集结社会力量创新打造黄埔品牌

"品阅黄埔·思维部落工作坊"是黄埔区图书馆联合社会力量 JLA 设计集团创新推出的阅读品牌活动。该活动邀请多位具有海外教育及工作背景的专家学者到馆分享其专业领域的知识和见闻，向读者传播创意理念、分享创意思维，让读者切身感受创作的魅力。每月举办一两场，每场时长约90分钟，至2019年12月底共举办12场主题活动，平均每场活动上座率达95%，受到广大读者热烈欢迎。线上报名反应较好，首场活动"金子般的同理心"课堂线上报名率高达100%。

2.2 "半开放式"成就创新成果

2019年4月起，思维部落工作坊横跨三个季度，围绕文化创新三步骤，即"打开思维、知识积累及创作分享"，设立三大模块十二个主题。为实现活动内容与读者需求的进一步供需契合，思维部落工作坊在每场主题活动结束时，对现场读者进行在线问卷调查，收集有效反馈。调查内容主要针对主题策划，通过邀请读者推荐他们感兴趣的内容，让读者提前参与课程准备，让活动效果更贴近读者需求。进而分析读者意见，及时调整课程环节设定，比如延长游戏体验环节时间、设计课程内容等。这种半开放式的课程设计模式，让读者充分体验活动从策划到执行的参与感、成就感，这不仅有助于提高读者对阅读活动的忠诚度，更有利于提高活动品牌公信度和互动性，增强图书馆与读者的活动黏性。

模块一：心理。旨在让读者从沟通和表达中认识自己、他人和世界，打开思维，萌生创意。此模块共四大主题：一是"金子般贵重的同理心"，让亲子家庭在游戏的过程中自然地感受到同理心的价值。通过不同的互动体验，让少儿读者学会欣赏自己，同时也学会欣赏别人。二是"30秒自荐术"主讲嘉宾为大家带来一种高效的表达技巧——电梯简报。简要的五要素帮助读者做好精准表达，优化30秒自我介绍。建立自信心，培养沟通技能。三是"同理心与关系构建",90分钟的工作坊,由互动和体验环节模拟人们从陌生到基本熟络、朋友之间的认识和信赖感是如何渐渐形成的。四是"我们的风格",通过主讲嘉宾对四种风格初步介绍,学员现场同风格小组进行议题讨论,根据日常生活积累,推断其他风格人群的反应。

　　模块二:知识。创意的产生,需要不同领域的知识积累。思维部落工作坊邀请读者感兴趣领域的专家或者达人到馆分享他们的奇思妙想、知识及经验。此模块下共四大主题:一是"意大利咖啡与歌剧艺术",主讲嘉宾分享有趣的咖啡文化、创新艺术和意大利文化,并在实践环节与读者一起烘焙意大利咖啡豆,感受咖啡香气的变化。二是"审美经济在今天",邀请广州市公共艺术家协会秘书长刘晟先生,分享典型案例,探讨四个有意思的命题,解读窥探工业发展中艺术的社会力量,展示工业经济下时尚审美的思考观察。三是"人生规划知多点"的主讲嘉宾帮助现场读者思考人生规划方向,并分享制定生命计划表的方法。四是"藏地密码　一人一城一故事":主讲嘉宾与读者共同分享、交换那些在西藏的所见所闻。包括唐卡文化、宗教信仰、人生价值等。

　　模块三:创作。思维部落工作坊提供四大主题的创作平台,让读者的创意落地。四大主题分别为:一是"乐高来啦!小积木玩出大世界",主讲嘉宾为亲子家庭介绍乐高世界。通过游戏体验,少儿读者与家长们迸发创意,创作各种积木组合。二是"动漫玩转敦煌风",特邀叶正华教授与亲子家庭分享创作过程。在体验环节,孩子们与家长在明信片上创作,为守望敦煌的研究院人员和敦煌的孩子们送上祝福。三是"定格的风景　摄影分享",主讲嘉宾现场介绍拍摄构图和小技巧,分享珍藏的照片故事和拍摄经历,并邀请读者进行现场拍摄创作。四是"可触的艺术",两位设计界导师从观察感知到落实描绘,为现场读者提供一种相对完善的思维训练方法,并分享一些惊艳的儿童创意作品,通过黏土手工体验,让青少年读者初步感受创作思维和自由创作的乐趣。

2.3　以工作坊课堂搭建互动交流空间

　　"品阅黄埔·思维部落工作坊"的活动课堂以互动式的分享模式,让广大读者在自由灵活的课堂氛围中,开拓思维,充分表达自己的所思所想。工作坊是以一位在其专业领域富有经验的主讲人为核心,组织20～50名参与对象,在主讲人带领下,通过话题短讲、讨论及游戏体验的环节,达到读者与主讲人双向互动的目的。以"金子般贵重的同理心"活动为例,主讲嘉宾林茵茵博士向亲子家庭讲述同理心与儿童沟通的关系，与家长们讨论同理心理论在实际中的应用。并与孩子们一起通过蒙眼识物、寻找水果、认识小伙伴等有趣的游戏，寓教于乐，让孩子们关注世界和情感，懂得相互体谅，提升人际交往能力与情感认知。游戏结束后，林茵茵博士与读者们互相分享游戏感受，加深对同理心的认识，更懂得设身处地理解他人，懂得换位思考。"同理心关系与构建活动"主题活动则是通过"靠近你""开心与不开心""分享比萨"三个互动小游戏，让现场观众在生活中不断运用同理心，构建起"我和你"关系，感悟同理自己、同理他人，才会拥有和谐的人际关系的道理。"咖啡和生活＆意大利歌剧与艺术"活动则是以现场烹调咖啡作为体验环节：主讲人将咖啡豆烘焙机带到现场，让读者观察咖啡豆从绿色到深灰色的演变过程，并有机会上场亲自学习冲调咖啡。"品阅黄埔·思维部落工作坊"创新活动方式，通过游戏体验把创意思维及晦涩难懂的知识融于趣味实践中，同时触发主讲嘉宾和现场读者之间、读者与读者之间的思维互动，进而形成活动与读者相融。

2.4 顶级导师阵容助力阅读品牌文化输出

思维部落工作坊为保证活动高质量产出，邀请不同专业领域资深主讲导师，阵容包括：英国诺丁堡大学持续教育学博士，近乎踏遍祖国美好河山的背包摄影爱好者，高级培训经理，知名雕塑艺术家，长年专注于咖啡文化与异国文化艺术研究的大学教授，公共艺术界教授等。他们为参与活动的读者打开了一扇扇知识窗口，不断以其专业学识传授丰富的精神文化内涵，满足不同年龄阶段、教育程度、兴趣范畴、求知需要的读者文化需求。在以大文化品牌"品阅黄埔"主线下，思维部落工作坊是黄埔区图书馆在创新阅读服务实践上的重要突破，是新阅读环境背景下的必要尝试，也是我馆在阅读品牌建设过程中的又一成果。

2.5 延伸图书馆触角探索服务边界

思维部落工作坊还推出了敦煌明信片及联合 logo 书签等文创产品。目前，该文创产品已成为我馆多项阅读推广活动的纪念品，深受众多年轻读者喜爱，因此吸引了一大批新粉丝。此外，"可触的艺术"和"定格的风景——摄影分享"不仅把课堂变成创作平台，也为读者提供了展示作品的机会。活动还选取部分读者的现场作品在合作的社会企业组织的艺术展上作为优秀作品进行展示，以此激发读者创作的动力。以读者的需求为导向，扩展图书馆的服务边界,以阅读为基础,不断思考"阅读+",将阅读品牌活动中产出的文创产品通过与社会力量的合作,共同为创作者提供展示作品的机会,为阅读推广注入新的魅力,全面提升全民阅读氛围。

3 反思与展望

依托粤港澳大湾区发展大背景,思维部落工作坊为公共图书馆阅读推广服务的创新提供了参考和依据。一是活动执行以有限人数的工作坊运作模式为主,适合场地小的馆舍举办,可以充分利用空间,将阅读服务效能发挥到最大。二是活动全程采用互动体验式的活动模式,贴合未成年人的喜好和行为特点。适合少儿区及亲子活动体验区,打造针对未成年人或者亲子家庭的寓教于乐的阅读推广活动。三是邀请来自不同专业领域的资深导师,分享他们的专业知识,满足新时代的大众读者对专业化、小众化的知识需求。为公共图书馆设计有一定学术深度又可被大众读者理解的"轻学术"精品阅读活动提供参考,精准对接大众阅读需求,增强公共文化产品供给的针对性。四是供需精准、小众授课、高质产出的活动,符合专攻特定领域服务的主题图书馆举办小众阅读推广活动的要求,也能满足读者的个性化需求。

资料附录

(一)活动海报

（二）活动照片

"同理心与关系构建"活动，导师与现场观众一起分享。

"金子般贵重的同理心"活动，孩子们在导师指导下进行"蒙眼识朋友"互动游戏。

藏地密码——一人一城一故事"活动分享会中,读者朋友们分享各自旅游的经历。

"咖啡和生活 & 意大利歌剧与艺术"活动,读者在导师指导下进行手调咖啡的制作。

"动漫玩转敦煌风"活动,让一带一路"动"起来。

（三）媒体报道

广州市图书馆学会主编的《广州地区图书馆动态》的报道

广东文化网的报道

（四）周边产品

创意书签

创意明信片

（五）课堂反馈

H	I	J	K
2.您会把本次工作坊推荐给其他人么？	3.今天的工作坊里，比较喜欢哪个部分呢？	4.下次的思维部落，您希望主题跟什	5.我们下节思维部落在7月27日，是关于青少年单反和手机摄影的主题。
会	古玩市场分享	墨脱	没有
会	现场分项	读书	没有
会	都挺好	暂无	愿意
会	藏族文化	文化	愿意
会	天葬，旅途见闻	旅游	有
会	分享时间	日本	有
会，非常棒的思维模式	红房子	创业	愿意
会吧	进藏旅游的分享	文化背景	没有哦
会	嘉宾分享内容挺纯粹，主持人很专业、控场能力好	没有哦	有
会	古怪王朝	西藏	有
会的，周末闲暇之余可以开拓不同领域的思维交流	喜欢行走在路上的所见所闻分享故事	人与人之间相处的那些事	暂无
会	红房子	布达拉宫的历史、文化、风景	有
会，接触新事物，扩展自己的视野	关键词 讲解背后的人文历史宗教背景	哲学	有

问卷调查（部分）

思维部落 JLa创意教育

昵称

靳 涛（不及物动词）

收获与感想

17小时的分享，了解到了很多未所思闻的人和事。还教会我分享交流的意义。人生之所以有趣，不就是行走路上遇到的人和事吗？

感谢古道老师，古道小秋佳茗分享！

读者的收获与感想

作者信息及贡献说明：

王霞，黄埔区图书馆助理馆员，负责案例策划、宣传、组织实施，案例撰写，活动跟进。电子邮箱：113373693@qq.com。

黄慧，黄埔区图书馆，负责案例撰写，活动跟进。电子邮箱：798400457@qq.com。

魏乐禹，黄埔区图书馆，负责案例撰写，活动微信宣传、跟进。电子邮箱：2796076227@qq.com。

通信地址：广州市黄埔区开萝大道4号黄埔区图书馆。

少儿阅读推广

"一个故事 一国文化——各国领事讲故事"项目案例

1 案例背景

2015年,广州少年儿童图书馆(下称"广少图")新馆开放,馆内按图书主题划分为童趣馆、绘本馆、港台馆、文学馆、外文馆、科普馆、历史馆等各具特色的主题场馆。"一个故事 一国文化——各国领事讲故事"定位为外文馆品牌项目,以"一带一路"国家战略为切入点,由广州少年儿童图书馆与广州市机关党员志愿服务总队强强联合,通过邀请各国驻穗总领事馆官员担任"儿童阅读的点灯人",以真人图书馆的形式,面向6~12岁的少年儿童,为其"打开瞭望世界之窗",让广州的小读者了解各国文化风情,拓展阅读视野,促进少儿群体的多元文化交流。同时,项目也向世界各国展示了广州优秀的公共文化设施及其服务,增进了世界各国的多元文化交流与融合。

2 案例实践

"一个故事 一国文化——各国领事讲故事"项目于2016年启动,截至2019年,共邀请俄罗斯、意大利、德国、阿联酋等16国驻广州总领事馆的外交官员到馆,使用该国语言和中文双语分享具有该国特色的童书故事,给小读者们带来跨国界阅读体验。该项目每期活动涵盖四大版块的内容。

2.1 经典童书分享

每期活动前,本馆会向各国驻穗总领事馆官员们推荐通过多方调研后精选出来各国的经典文学、绘本故事,也尊重外交官员们的自主选择。各国领事们对少儿阅读十分重视,沟通后选定的故事兼具趣味性和代表性,如经典的俄罗斯童话《渔夫与金鱼的故事》、以澳大利亚袋鼠为原型的绘本故事《约瑟芬想要跳舞》、新西兰的毛利人的传说 How Maui Slowed the Sun 等故事激发了小读者们广泛的阅读兴趣。

表1 经典童书分享活动一览

活动主题	经典童书/故事	故事特色	讲述人
一个故事　一国文化——各国领事讲故事之巴西篇	The Olympic Fire	与2016年巴西奥运举办期间相契合。	巴西驻广州总领事乔西·维森特·雷萨（Jose Vicente Lessa）
一个故事　一国文化——各国领事讲故事之俄罗斯篇	《渔夫与金鱼故事》	经典的俄罗斯童话及其作者伟大诗人普希金。	俄罗斯驻广州总领事普罗斯维尔金·亚历山大·利沃维奇（Alexander Prosvirkin）
一个故事　一国文化——各国领事讲故事之澳大利亚篇	《约瑟芬想要跳舞》	澳洲本土绘本故事，袋鼠形象独具澳大利亚风情。	澳大利亚驻广州总领事馆领事姚彦全（Chris Yost）
一个故事　一国文化——各国领事讲故事之印度篇	The Monkey and The Crocodile	家喻户晓的印度经典童话故事。	印度驻广州总领事馆领事桑吉夫·库玛（Sanjeev Kumar）
一个故事　一国文化——各国领事讲故事之意大利篇	《爱丽丝又不见了》	20世纪最伟大的儿童文学作家之一罗大里的优秀作品。	意大利驻广州总领事馆副总领事吕云霓（Alice Rubini）
一个故事　一国文化——各国领事讲故事之新西兰篇	How Maui Slowed the Sun	讲述新西兰的古老神话传说故事。	新西兰驻广州总领事梅瑞琪（Rachel Maidment）
一个故事　一国文化——各国领事讲故事之德国篇	《吃书的狐狸》	幽默而曲折的德国著名童书故事，表达出读书的愿望得不到满足是件多么痛苦的事情。	德国驻广州总领事馆副总领事雷德（Dirk Lechelt）

续表1

活动主题	经典童书/故事	故事特色	讲述人
一个故事 一国文化——各国领事讲故事之泰国篇	《再等一下吧》	一个有关泰国芒果的绘本故事，告诉孩子：等待是可贵的，不用去害怕等待。	泰国驻广州总领事瓦信·兰巴替盛（Vasin Ruang-prateepsaeng）
一个故事 一国文化——各国领事讲故事之墨西哥篇	《小乐手赫拉尔多的故事》	专门精心创作了一个"墨西哥故事"——《小乐手赫拉尔多的故事》，独具一格的通过"小乐手赫拉尔多"，带领大家游历墨西哥的历史传统文化与著名建筑、美食与音乐。	墨西哥驻广州总领事馆领事柯灵（Karla Ruth Orozco Toledano）
一个故事 一国文化——各国领事讲故事之阿根廷	《菲力普的影子跑走了》	讲述阿根廷经典绘本故事，学会对待和尊重身边爱我们的人。	阿根廷驻广州总领事馆副领事金马诺（Mariano José Quintana）
一个故事 一国文化——各国领事讲故事之瑞士篇	Barry: a true story of rescue on four paws	讲述瑞士国宝英雄犬Barry在雪山救援中，靠自己的四只爪子营救出40多个遇难者的传奇故事。	瑞士驻广州总领事馆副总领事白睿（René Bänziger）
一个故事 一国文化——各国领事讲故事之西班牙篇	A Margarita Debayle	西班牙浪漫的诗歌童话故事。	西班牙驻广州总领事马尔克斯·戈麦斯·马丁内斯（Marcos Gómez Martínez）

续表1

活动主题	经典童书/故事	故事特色	讲述人
一个故事 一国文化——各国领事讲故事之加拿大篇	Finding Winnie	讲述小熊维尼背后那令人唏嘘怜爱的真实故事。	加拿大驻广州总领事馆领事阮博（Bernard Nguyen）
一个故事 一国文化——各国领事讲故事之阿联酋篇	《两位英雄领导人》	以绘本讲述阿联酋建国的起源	阿联酋驻广州总领事馆领事随员阿卜杜勒哈基姆·萨米尔·沙姆希（Abdulhakim Alshamsi）
一个故事 一国文化——各国领事讲故事之波兰篇	《肖邦》	讲述波兰手绘故事《肖邦》，介绍享誉世界的波兰音乐家肖邦少年成长记。	波兰驻广州总领事馆总领事岳安娜（Joanna Skoczek）
一个故事 一国文化——各国领事讲故事之荷兰篇	《飞出画布的鸟》	经典荷兰绘本故事，这是一个关于决心与勇气、友爱与接纳、尊重与独立思考的故事。	荷兰驻广州总领事馆总领事郭媚姚（Marjo Crompvoets）

2.2 各国风情介绍

6～12岁的孩子正处于探索世界的起步阶段，对异国文化风情充满好奇。关于这个版块的内容，本馆与各国外交官员们积极沟通，努力挖掘出小读者们最感兴趣的异国风情，以精美的图片展示，并配以视频及现场解说，让孩子们能身临其境般感受各具特色的异国风情。

各国领事在活动中均精心准备了精彩的视频或图片进行风情展示，深深吸引了孩子们。如俄罗斯篇就展示了极具特色的俄罗斯传统服装、乐器、舞蹈；泰国篇分享诗琳通公主儿童作品及摄影佳作、泰拳和战象；阿根廷通过视频展现了一番阿根廷绝美的自然风貌与悠久的人文风情；西班牙篇里则全方位地介绍了惊心动魄的传统奔牛节、华贵的塞维利亚四月节等各种有趣的节日……

2.3 各国特色展示

在故事阅读及文化大观后,各国领事还在现场为孩子们展示该国最具特色的文化艺术形式或最前沿的文化品牌,如泰国宫廷舞蹈、墨西哥传统舞步、阿根廷足球技艺、荷兰国宝级漫画形象米菲人偶等等。在该项目中,读者们尽情"享用"着各国的文艺"大餐"。

表2 各国特色展示一览

国别	特色文化/才艺展示节目	特色小礼品
俄罗斯篇	—	套娃
澳大利亚篇	穿着袋鼠服装与小读者玩游戏	一对袋鼠玩偶
印度篇	领事身着印度传统服装,演绎极具印度风情的歌舞;领事女儿朗诵了享誉世界的泰戈尔诗集	具有印度特色的小礼品
意大利篇	意大利式狂欢节	圣诞小礼品
新西兰篇	特别从新西兰空运了一批"羊群"到现场,突显"羊背上的国家"特色;表演毛利传统民族歌舞	新西兰的国鸟Kiwi玩偶
德国篇	德语版的白雪公主反串表演	德国馅饼及"Made in Germany"的小型机械玩具挖土机车
泰国篇	两位泰国舞蹈家展示地道正宗的泰国传统舞蹈	泰国鳄鱼小标本等特色小礼品
墨西哥篇	展示民俗特色服饰;墨西哥帽子舞激情四溢、活力十足	—
阿根廷篇	展示高乔游牧民族打扮、马黛茶;足球才艺表演	—
瑞士篇	圣伯纳犬人偶互动	Barry公仔犬礼盒
西班牙篇	用大家都熟悉的中文儿歌《两只老虎》的曲调表演西班牙语童谣	西班牙旅游鸭舌帽
加拿大篇	演示冰球运动	—

续表2

国别	特色文化/才艺展示节目	特色小礼品
阿联酋篇	民俗特色服饰	"阿拉丁神灯"、椰枣
波兰篇	奇幻的波兰剪纸图案的雨伞	波兰特色的小礼物
荷兰篇	展示"风车、奶酪、郁金香、木鞋"荷兰四宝；呆萌兔子米菲与读者互动	独具荷兰特色的小猪、荷兰特色小吃

2.4 特色专题书架

"一个故事 一国文化——各国领事讲故事"项目开展以来，配合每期不同的国家和主题，本馆会制作内容丰富的专题书目，并设置专题书架。通过活动带动主题借阅，让读者们感受跨国界的阅读魅力，达到活动促进青少年阅读的宗旨。16期的领事活动，我们共制作了16期的专题书目，精选多种中外文图书推荐。专题包括："Siberia eye：俄罗斯专题图书推荐""Song of the Ganges：印度专题图书推荐""The love of Siam：泰国专题图书推荐""Der Rhein：德国专题图书推荐""The Eagle of Pampas——Argentina 阿根廷专题图书推荐""Pure world：新西兰专题图书推荐""Seven Treasures of oil sea：阿联酋专题图书推荐"……每期专题再细分类别，如德国专题的图书，从五大类分别展示德国儿童文学、名人等，让读者通过借阅馆藏更深入了解德国文化。

"一个故事 一国文化——各国领事讲故事"系列活动每期均精心设计，营造了包括大背景在内的整体环境氛围，专题活动书目设计是其中一环，同时依大楼梯所布置的荐书墙也成为吸引读者阅读的一道亮丽风景线。

2.5 参观交流、文化交融

各国领事在活动结束后都饶有兴致地参观了广州少年儿童图书馆，广州优秀的公共文化设施设备和服务给各国外交官留下深刻印象，并且潜移默化地展示了广州文化乃至中华文化。印度领事一行参观了广州极具特色的非物质文化遗产——广州织金彩瓷展览；瑞士领事一行为我馆故事衣特色展览吸引并穿上合影；新西兰驻穗总领事的女儿成为该馆的读者，利用自助设备即时借阅了许多外文馆的图书，并玩起了科普馆的科普展品；阿联酋驻穗领事随员沙姆希先生的家人在应急宣教馆体验高层缓降；波兰驻穗总领事为文学馆丰富的馆藏所吸引、欣赏科普馆的水晶骨骼微展……

活动告一段落后，还有更多的后续活动在延续精彩，让中外文化交流延绵不绝：如2017年"为儿童绘画——意大利优秀插画展"展览、分别为四组不同年龄段的孩子开展的意大利"Bibliolibrò：'盖亚的书店'阅读分享会"活动、泰国外交部友好小使团到访……

3 案例成效与影响

3.1 多元文化的交流平台

通过与外国驻穗领事馆合作开展活动，以本馆外文馆为基地，为广少图的读者搭建起一个开放的多元文化交流平台，提供了展示和交流世界各国文化的契机，让广大少年儿童体验原汁原味的外语氛围和异国特色文化，丰富了少年儿童的阅读视野，配合"一带一路"，增进多元文化交流互通。

3.2 广州本土特色文化的传播

各国驻穗领事官员们通过现场活动后的亲身体验，对这座儿童专属的图书馆十分称赞。舒适开阔的阅读空间、丰富多元化的藏书、极具岭南特色的展览、现代化的便利设施都让领事官员们留下了深刻的印象，他们更是对本馆的服务人次、借阅量和阅读活动数量惊叹不已，有领馆官员希望能在自己的国家也建成这样一个优质的少年儿童图书馆。自此以后，意大利领事官员的孩子也成了广少图的常客。

3.3 志愿服务模式的创新

为推进图书馆与社会力量合作，有效提升公共图书馆阅读活动层次，本馆通过与广州机关党员志愿者的合作，激励志愿者结合自身专业知识和业余兴趣，共同策划出多元化的特色志愿者活动项目。在该项目的策划实施过程中，广州市外事办的党员志愿者们积极发挥专业所长，在外事申报及审批过程中体现了专业水准，为项目的成功举办提供了保障。三年间，约200人次的志愿者们，为该项目中近2000人次的6～12岁中外少年儿童读者家庭提供服务。广少图为志愿者们提供更广阔的服务平台，使志愿者们践行志愿精神、提升自我、体现个人价值，实现了回报社会的美好愿景；而通过不断完善激励机制，广少图的志愿服务工作效益显著，形成了双赢的良好局面。

3.4 社会效益显著

"一个故事 一国文化——各国领事讲故事"项目,从 2016 年开展至今,短短三年时间,以广泛持续的好口碑在读者间口耳相传,使越来越多广州的中外少儿读者家庭了解到广少图外文馆优质的外文原版馆藏资源,品牌阅读活动效应明显。各国文化交流合作项目接踵而至,如意大利博洛尼亚插画展在广少图开展、泰国外交部友好小使团到访等。

三年间,项目被广东电视台、《信息时报》等主流媒体,中国图书馆馆学会网站、广东图书馆学会等行业网站,网易新闻、NEWSGD、Life of Guangzhou 等多家中英文网站累计报道及转载百余次。项目得到国家、行业及地区的认可及鼓励,获得了文化部"2017 年文化志愿服务示范活动典型案例"、中国图书馆学会"2016 年阅读推广优秀项目"、2017 年度广州市优秀文化志愿服务项目等荣誉。

4 分析与总结

"一个故事 一国文化——各国领事讲故事"在项目策划的思路、方法和运作模式上具有示范性、复制性、可推广应用,且在活动衍生接续方面颇具效应。项目的示范作用如下。

(1) 利用"名人效应"推广阅读。各国外交官虽不是家喻户晓的人物,但其代表某一国家的特殊身份,非常吸引读者。政要名人讲故事在外国并不新鲜,但在国内还是较为鲜见,因此可以在行业中起到了一个很好的示范作用。

(2) 活动品牌的创立必须有创意及持续性。该活动在创意策划、运作上的整体性和连贯性尤其具有示范作用。

(3) 充分利用政府志愿者队伍的专业特长与资源,提升公共图书馆阅读活动的层次。

(4) 善于利用本土地域优势,寻找优势资源,开展独特的阅读推广项目。

据广州市外事办 2019 年 5 月 9 日统计,共有 65 个国家在广州设立了总领事馆。"一个故事 一国文化——各国领事讲故事"项目于 2019 年圆满完成三季共 16 期活动,项目的持续开展仍具有可行性。该项目衍生出的意义在于,各省市的公共图书馆应以本土文化及本地的公共服务为基调,与世界各国的外交机构一同谱写多元文化交流的乐章。

资料附录

（一）活动海报

（二）活动照片

澳大利亚驻穗总领馆领事姚彦全在讲《约瑟芬想要跳舞》故事

阿联酋篇——嘉宾携家人体验本馆服务

（三）活动特色——专题书架

荷兰篇——专题书目推荐

德国篇——活动专题推荐书架

（四）媒体报道

新西兰篇——活动的英文报道

作者信息及贡献说明：

项目开发与策划：吴翠红、张淑文、王蓉。
主策划执行：周娣、祝玲、周蕾、陈雪梅、黄韵筝。
撰稿人：吴翠红，广州少年儿童图书馆研究馆员；
　　　　张淑文，广州少年儿童图书馆副研究馆员；
　　　　周　娣，广州少年儿童图书馆馆员。
电子邮箱：gzstfd@163.com。
通信地址：广州市中山四路42号广州少年儿童图书馆。

创定制服务　享快乐阅读

——广州少年儿童图书馆"图书馆探秘"定制服务案例

1　案例背景与概况

《国际图联关于图书馆与发展的宣言》指出:"图书馆工作人员是训练良好、值得信赖的中介者,致力于引导人们寻找所需信息"。图书馆馆员不仅是知识的导航员,也是文化资源的整合者。

图书馆与学校都是未成年人最重要的学习机构,以图书馆工作人员为中介,馆校合作开展未成年人活动,具有超强的号召力、影响力:对于学生来说,图书馆可以提供丰富的资源,让学生扩大视野,拓展知识面,丰富多元体验;对于学校来说,中小学图书资源有限,可利用公共图书馆的活动空间和丰富馆藏资源,拓展学校教学活动空间,多渠道地开发学生的课程资源,拓展研学途径;对于图书馆来说,能有效地利用馆藏资源,探讨新的儿童阅读服务模式,创新推广服务方法,并积极配合学校开展主题阅读活动、研学活动,为少儿读者提供高品质的儿童阅读服务。

广州少年儿童图书馆(简称"广少图")专为广州地区0~18岁少年儿童、家长及少儿工作者提供服务,是未成年人教育的主要承担者。基于该功能,广少图承担了广州市中小学、幼儿园走进图书馆的用户教育工作。"图书馆探秘"定制服务活动由此衍生,该系列从2016年开启,经历了4年的迅速发展,已成为少儿图书馆一个靓丽的服务品牌,共开展活动近千场,约2.8万人次参加,社会效益显著,开拓创新了图书馆服务新模式。

"图书馆探秘"定制服务突出团体性,是区别于图书馆各类服务活动的显著之处。该服务源于商业营销模式,针对每个消费者与众不同的个性化需求,为其"量身定做"产品,最大限度地满足需求。我馆尝试将这一商业模式结合读者服务工作,整合馆藏资源和服务特色,设计多种形式的活动类型,形成全新的"图书馆探秘"品牌。定制服务活动有三个专属特点:专门为读者群体量身定制,服务的内容适合不同年龄段的学生身心发展特点;图书馆根据学校愿景和教学目标,开展相关的阅读推广活动;加强图书馆用户教育,培养孩子们的"图书馆情结"。

2 案例实践

"图书馆探秘"定制服务系列活动的核心是以图书为载体,注重图书馆内容和服务创新,并充分结合学校、学生需求和不同年龄层次,将图书馆用户教育、青少年信息素养、故事会、阅读沙龙、讲座、文学赏析与观影等融合起来,经过三年多的实践,流程规范,实施清晰,具备以下特点。

2.1 内容模式化

定制服务菜单是"图书馆探秘"活动的基石。我馆设计了针对幼儿园(详见资料附录)、小学两套菜单,基本项目包括图书馆导览、图书馆礼仪和自主阅读,以及主题馆品牌活动:童趣馆的玩具主题活动、绘本馆的七色花亲子故事会、港台馆的手工书DIY、市民馆的"六招玩转图书馆"、文学馆的经典童话号、科普馆的检索小达人课程、外文馆的魔幻立体书体验、历史馆的广府文化知识趣味谈,同时结合不断更新的图书馆服务功能,如3D电影、消防体验馆、非遗小达人。

"图书馆探秘"定制活动一般控制在一个半至两个小时。针对服务对象的到馆次数,在具体服务策略实施上也有所不同,如面向初次到馆的幼儿园学生及其家长,会加强图书馆礼仪和馆藏指引,配以精心设计的故事会,备以精心挑选的低幼图书供亲子共读;面向第二次乃至多次到馆的团队,我们则会与校方加强沟通,在挑选其他"菜式"的同时,会有更多有关活动细节的沟通,务求让进馆的孩子们每次都有新鲜感,拥有不同的图书馆体验。

2.2 形式多样化

我馆"图书馆探秘"定制菜单相对固定,但活动内容和形式根据年龄层次逐级进阶。为全年龄段读者设计图书馆导览,通过实地参观了解各主题馆馆藏特色,学习图书馆文明礼仪;为幼儿园小朋友举办绘本故事会,讲解《跑跑镇》《狼大叔的红焖鸡》《幸运的一天》等寓教于乐的绘本故事,小朋友们在欢乐的气氛中听故事开阔视野;给他们展示精美有趣的立体书,激发他们对图书的热爱;对于低中年级小学生,该年龄段求知欲最强,带领他们和图书馆机器人互动、参观科普展品、参加检索小侦探比赛，让他们在找书的过程中体验成就感；对于高年级的读者，该年龄段知识量渐渐积累，并且注意力相对集中，小型的用户教育讲座可以让他们充分地了解图书馆，还有馆员带领他们运用计算机学习图书馆信息检索技巧，认识图书馆的数字资源，畅游数字书海；还有用户教育特色活动"创意手工书"，由馆员教读者亲手制作一本手工书，并给自己做的书手绘涂鸦、设计内容，由此养成读者爱护图书的好习惯。

2.3　服务规范化

活动结束后，我馆提交活动反馈表给带队老师，让其对我馆的整体活动效果和分项内容进行评价反馈，以及时征集参与者意见，获取第一手反馈信息。我馆还通过问卷调查、口头交流、电话回访、博客或微博、家长手记等方式，收集各方意见，并围绕预期目标和实际效果进行自我评估与分析。

为总结三年以来定制服务活动开展的实践经历，我馆在 2018 年将"图书馆探秘"定制服务系列资料整理成册，形成了"图书馆探秘"定制服务菜单（幼儿园版）和（小学版）宣传单张，供读者"点菜式"地选择活动，同时制作宣传 PPT 在馆内公开播放。另外，开拓了微信公众号报名版块"团体定制服务"和网上报名系统，用于服务推广介绍和活动宣传。

2.4　活动延伸化

针对一些特殊的孩子（智力障碍、自闭症儿童、暑期"小候鸟"、新生代广州人），我馆则采用主动定制式服务。如联合湖南外来务工协会为 80 个来穗湘籍外来务工家庭定制了一场精彩纷呈的"探秘少图之旅"活动，内容涵盖先进的自助借还设备体验、检索机器人演示及纽伯瑞儿童文学作品、电视导赏，让远道而来的湘籍"小候鸟"感受新少图、开阔视野、增长见识，也增强了和父母的交流；为来穗人员的子女度身订制"羊城全接触　少图探奥秘"定制服务活动；为越秀区培智学校的特殊孩子设计手工书签、手工小书制作、儿歌说唱等活动内容，让孩子们感受社会关怀，体验阅读趣味，平等享有图书馆阅读的权利。

此外，"图书馆探秘"定制服务活动在 2018 年接待了台北市光复国民小学的同学们。2019 年，广少图被心明爱援助中心授予"困境儿童成长驿站"，在广州市民政局的指导下开展广州市困境儿童成长支援服务项目的系列活动，先后接待了来自白云区、从化区、黄埔区等地的困境儿童，提供图书馆定制服务,助力困境儿童融入社会。2016年暑假期间,为100多位参加"花城有爱 穗毕同心"广州毕节青少年交流营的毕节儿童定制"红色之旅",孩子们戴上VR眼镜体验别样世界、听老团干讲革命历史、深入了解图书分拣系统的运作,参与了一趟特别的图书馆旅行。

3 成效与影响

(1)广州少年儿童图书馆的"图书馆探秘"服务常态化、品牌化,创新了图书馆服务新模式,提升了公共图书馆用户教育和阅读活动层次,突显了广少图服务的专业性及业务的精细化发展。

(2)发挥图书馆馆员的桥梁作用,让公共图书馆成为整合社会文化资源的坚实平台。该活动在创意策划、运作的整体性具有示范作用,具备极大的可操作性、可复制性和推广意义。

(3)以满足读者的需求为前提,激活图书馆资源,图书馆利用率显著提高,让公共图书馆的未成年人读者服务更周到,更适应新时代的要求。

资料附录

(一)活动方案

图书馆探秘
——"图书馆定制服务"活动介绍(幼儿园版)

广州少年儿童图书馆地处广州市中心区域,位于中山四路42号,环境优美,交通便利。馆舍阅览空间高大宽敞、服务布局便捷通畅,众多主题场馆特色各异,办证、借还设备完全自助,为广大读者提供全开放、自助化的借阅服务。主要服务群体是0~18岁的少年儿童及其家长。阅览座位1100多个,可供借阅文献资源140万册(件);服务空间全开放,无线网络全覆盖。

广州少年儿童图书馆常年为幼儿园提供"图书馆探秘"定制服务,普及图书馆知识,倡导亲子阅读,吸引婴幼儿家长利用图书馆资源,从小培养孩子热爱阅读的良好习惯。幼儿园可以根据情况提前预约,自由选择项目,共同开展亲子阅读。

1. 预约要求:

- 接受广州市各区幼儿园集体预约,需有家长陪同。

- 预约时段：周二至周五图书馆开放时间内，每个时间段可接待30～120人。
- 需提前2周预约，并与图书馆馆员沟通好具体行程和活动设计。
- 馆内阅读不需要借书证。如需借书，请带好孩子的身份证或者户口本的原件，到一楼大堂总服务台办理借书证。园方也可以提前批量办证。

2. 阅读推广活动介绍

2.1 参观图书馆
由馆员带领初次到馆的读者参观图书馆各主题场馆、特色馆藏、微型展览和特色设备，感受充满童真童趣的馆容馆貌，了解图书馆的运作。

2.2 玩转图书馆聪明小达人
二维码、NFC借书，刷脸办证，活动报名，玩转积分商城，总服务台不断创新技能，让孩子们玩转图书馆，做读书小达人。

2.3 玩具亲子专题活动
为2～5岁的幼儿提供"多元玩玩具，玩中学知识"的活动，引导幼儿通过玩具和游戏，提升他们的想象力、动手能力和解决问题的能力，从而促进儿童智能的多元发展。

2.4 七色花绘本故事会
绘本故事会，让孩子爱上阅读，让家长了解亲子阅读的方法和技巧。

2.5 漫游立体书世界
立体书，又称"弹起来的书""可动书"，通过展示精美的立体书馆藏，调动孩子阅读兴趣，激发想象力和动手能力。

2.6 WORD START 单词起步走
英语单词启蒙，一起学习生活中的各类主题词汇，还有英文儿歌以及趣味小游戏。

2.7 "小篮子"手工坊
为亲子家庭定制的手工活动，让孩子体验动手的乐趣和成就感，提高动手技能。

2.8 手工DIY
认识图书的基本元素，亲手制作一本属于自己的手工书。

2.9 把故事精灵穿在身上——故事衣与手偶DIY
在不织布上裁剪绘粘，不需一针一线，就可以做成一件让自己成就感满满、而且独一无二的故事衣，让喜爱的绘本形象跃然衣上。

2.10 3D影视欣赏

2D/3D中外电影欣赏,提高影视作品鉴赏能力。

(二)活动照片

活动参与人员图书馆门前留影

小读者学习使用自助设备

立体书赏析

小读者在绘本故事会上踊跃回答问题

作者信息及贡献说明:

项目开发与策划:吴翠红、王蓉、张淑文。

主策划执行:孙敏、李文华、邓熙。

撰稿人:孙敏(馆员)、张淑文(副研究馆员)。

邮箱:gzstfd@163.com。

通信地址:广州市越秀区中山四路42号广州少儿图书馆。

打造未成年人 PDA 高效能模式

——广州少年儿童图书馆未成年人"你拣书,我埋单,即借走"实践案例

1 案例背景与概况

1.1 案例背景

读者决策采购(Patron Driven Acquisitions,PDA),又称"需求驱动采购",是一种新兴的图书采访模式,根据读者的实际需求和使用情况,由图书馆确定购入。PDA 是 2011 年由美国引入我国,并受到国内图书馆界的广泛关注。2014 年内蒙古图书馆的"彩云计划——你看书,我买单"是国内影响较大的将理论变为实践的 PDA 活动。读者决策采购凭借着文献采购针对性更强,有效提高馆藏资源利用率,保证资金投入效益等优点,逐步成为国内图书馆采购模式的有效补充。

鉴于未成年人认知水平、阅读习惯及少儿出版市场等特点,未成年人 PDA 较成人读者 PDA 在策划实施上具有较大异质性。由于少儿读物出版更新快、数量大、出版同质性严重,载体形式、装帧安全要求与非少儿文献有明显不同。同时,不同年龄段未成年人阅读需求异质性较强,未成年人对读物的鉴别能力相对弱,这些使得未成年人 PDA 服务在时间和场所选择、宣传推广、效能评估要求上较成人 PDA 有所不同。在实践中,对于未成年人读者决策采购也存在一些需要探讨及思考的问题。

广州少年儿童图书馆(简称"广少图")作为广州市唯一独立建制的少儿图书馆,是全市未成年人文献建设的资源中心,肩负着向广大少年儿童读者提供优质读物的重任。对未成年人阅读进行有效引导,并使优质文献快速地到达小读者手中是广少图资源建设的宗旨。在相关政府部门的支持下,广少图与实力雄厚的图书资源商、图书管理系统技术开发商合作,于 2015 年

起举办读者决策采购活动。至2019年,广少图一直致力于完善活动的高效能模式,并取得一定成效。

1.2 案例概况

南国书香节由广东省委宣传部、广东省新闻出版局等部门牵头主办,是广东文化强省建设的文化品牌项目。广少图于2015年开始,在南国书香节现场携手中标供应商举办"你拣书,我埋单,即借走"读者决策采购活动。2015—2019年活动期间,读者决策采购文献10.56万册,荐购参与读者11159人次,合计码洋302.7万元。

2018年,广少图全新打造"你拣书,我埋单,即借走"读者决策采购服务模式。在南国书香节现场荐购服务的基础上,相继推出线上读者决策采购服务及本馆阵地读者决策采购活动。"线上线下"双重服务推出后,读者既可以到南国书香节现场感受浓厚的荐购氛围,亦可足不出户,24小时畅享网上荐购图书的乐趣;2018年起首次开启在本馆阵地开展读者决策采购活动,读者能更方便地实现一站式办证、借还、续借等需求。

2019年度,项目开展的第五个年头,南国书香节期间读者现场决策采购图书22757册,74万码洋,参与读者2223人次;线上决策采购图书618册,21503.4元码洋,参与读者145人次,办证总数702个,社会效益显著。读者决策采购活动前三日,现场荐借量为53万元码洋,同比上升223%,再次刷新荐借记录,可见,越来越多读者参与到活动中,南国书香节"你拣书,我埋单,即借走"的活动品牌渐趋成熟。

2 案例实践

2.1 注重时间维度效能的提高:24小时畅享线上未成年人PDA

为提高未成年人PDA的时间效能,广少图2018年联合优质图书供应商及图创系统开发商,全新打造"你拣书,我埋单,即借走"服务模式。在南国书香节现场读者决策采购服务的基础上,推出线上决策采购服务。小读者足不出户,便可24小时畅享网上荐购全新图书的乐趣。只要是在广少图办了证的读者,通过打开荐借网址或手机扫描二维码进入荐借系统,就可在荐借平台上采选所有图书。邮寄地址在广州市行政区域内的读者,仅需自付每笔订单6元快递费,就能免费把5册全新图书借回家。该活动让少儿读者安坐家中也能化身为图书馆的采购员。广少图线上未成年人 PDA 的特点主要有：（1）符合未成年人检索习惯的书目信息组织。按未成年人认知特点及使用习惯划分为政治哲学心理、军事、低幼读物、作文各科教辅、家庭教育、文娱体育游戏、拼音读物、成语格言古代汉语、外语读物、大众类文学、儿童文学类小说、故事、诗歌散文、绘本、动漫卡通、科普等类别。（2）吸引未成年人的线上 PDA 界面设计。界面设计活泼生动，操作指引简单明了，吸引未成年人关注使用。（3）导读指引新书上架。根据读者借阅情况每天上架新书，充分展现图书馆对未成年人阅读的导读功能，读者尝新体验感强。每天定时更新上架图书百余种，读者可畅享全新图书荐购模式的乐趣。（4）资源商保障给力，各部门通力合作，项目运行顺利。广少图选择实力雄厚的资源供应商作为合作伙伴，合作公司为线上荐购项目专门设有书目组、加工组、物流组及客户服务组，提供有力保障。同时，馆内采编部、技术部、借阅部及综合部通力合作，为线上荐购各环节、流程提供了有针对性的监控，实现新书到手时间短、服务差错率低，项目运行顺利。

2.2 注重空间维度效能的提高：馆内馆外未成年人 PDA 并驾齐驱

2015 年起，广少图借助南国书香节的书展卖场开展读者决策采购服务，使书展卖场摇身变为图书馆的"借阅"空间。

2018 年更是首次把 PDA 场地设在中山四路馆内，送惊喜的同时更便民。把 PDA 场地设到中山四路馆内主要出于以下几点考虑：其一，一站式服务，更具人性化。小读者能更方便地在馆内实现一站式办证、借还、续借等需求，不少读者在现场腾空卡中图书，尽情过把全新图书"采购"瘾。其二，PDA 参与度和馆藏图书利用相互促进。在馆内 PDA 现场，把 PDA 可选图书与馆内藏书关联推荐，使小读者在决策采购的同时方便地利用已有馆藏，阅读推广效果一举两得。其三，对少儿图书把关筛选，现场读者决策图书均经过把关筛选，可见即可借，有效提高小读者决策采购图书的命中率，在发挥图书馆导读的基础上突显未成年阅读选择的自主性。

2.3 深化评估效能：完善未成年人 PDA 评估体系

美国大学图书馆现有的 PDA 评估模式主要有两种，一种是在线使用数据或者电子资源的使用因子报告评估模式，简称 Counter 模式（Counting On-line Usage of Networked Electronic Resources）；另一种是馆藏资源基本要素评估模式。广少图融合了这两种评估模式,对PDA所购文献的经济价值进行评估,并随着PDA实践深入,不断完善修改PDA评价指标体系。目前,PDA评估体系包括读者参与量、采购数量、采购成本费用、现场办证量、文献归还率、文献再利用评估、主题要素评估、出版社要素评估、作者要素评估、平均利用成本、读者满意度、馆员满意度等评价指标。通过PDA评估,提高馆藏建设效能。

以下是我馆实证评估分析中的部分数据:①归还率。我馆2016—2019四年间荐借文献归还率为95.53%。读者文明阅读,诚信度较高。②再利用情况评估。近四年荐购文献再利用册数占比为96.62%,荐购文献半年(2019年1月—6月)借阅比均保持在2倍以上,半年来总体利用率达258%,重复利用达5次及以上文献占比为58.7%。从文献的再利用情况各指标数据显示,读者对荐购文献再利用热情不减,荐购文献利用率具长效性。③主题要素分析。4年来荐购文献类别比例以下特点:儿童文学小说及动漫卡通为少年儿童读者阅读的主流。儿童文学小说4年来荐借量总体占比17.2%,居各类占借比例之首。其次为动漫卡通,总体占比16.34%;绘本荐购量占比逐年递增,绘本阅读逐步普及并渐成阅读风尚;低幼读物及拼音读物荐购占比逐年递增,幼儿阅读日益重视。④出版社要素评估。荐借图书主要以专业少年儿童出版社出版文献为主,荐借图书出版社排行前十中,专业少年儿童出版社占了9个席位。⑤作者要素评估。荐借图书热门作家排行榜前十名中,以国内流行儿童文学作家为主,其中,杨红樱居榜首。这表明,风格轻松愉快、令孩子放松心情的流行文学备受青睐。⑥平均利用成本。经统计,近年阵地馆传统采访模式购入文献52.3万册,购入经费为1307.5万元,2019年1月—6月半年时间借阅册次为162.9万册次,每次借阅平均成本为8.02元/次。相对于传统模式,对近四年基于PDA入藏图书进行统计,入藏量为6.09万册,购入经费为152.25万元,2019年1—6月借阅册次为24.1万册次,平均成本为6.32元/次。⑦读者满意度。我馆主要通过面对面询问交谈、微信公众号留言、现场填写总体满意度问卷等方式对读者满意度进行调查。经统计分析,读者对我馆荐购活动的整体满意度达95%以上,对一些活动环节也提出了宝贵意见。主要包括延长活动时间,增加合作书店数量,提高图书摆放关联度。⑧馆员满意度。由于读者决策采购还涉及了一些不可量化的要素,如书商成熟度、读者诚信度、文献质量等。因此,活动结束后,我们引入馆员满意度评价,从较为专业的角度对活动进行评估、评价。馆员对荐购活动比较满意的方面有:可以直接了解读者读需求,节约新书到手的时间，提高资源利用率，产生了社会效益。馆员对荐购活动不足的方面有：可供荐购的文献种类、结构可适当充实完善等。

我馆通过PDA提高馆藏建设效能主要从以下几方面着手：①把握读者兴趣热点，为制定新书配置计划提供参考。从读者决策采购数据分析中掌握读者阅读倾向、兴趣、趋势以及各年龄段读者的阅读需求，为图书馆决策采购提供参考依据，使馆藏结构更符合读者的需求，降低零利用文献率及新增文献利用率，文献采购更具靶向性。②根据读者借阅行为关联，指导文献采购与排架。通过对读者荐购数据的关联分析，发现读者阅读图书类别的隐性关联，可以对相关主题图书进行关联采购。同时，利用读者借阅行为的关联信息指导图书排架，把相关联图书安排在相邻架位上，提高读者找书的便利性及文献利用率。③注重阅读引导的年龄针对性，推行分龄分级阅读。从读者决策数据分析不同年龄儿童自主选择读物的主题体裁倾向，并参考国内外分级阅读理论，依据各年龄段孩子自主阅读兴趣偏向，综合考虑儿童心智发展水平和阅读欣赏习惯以及篇幅、主旨难度等方面的因素，从而进行阅读引导。④发掘读者潜在需求，做好阅读引导。通过历年来PDA数据分析，发掘读者潜在的阅读需求，并帮助他们发现从未想过要借阅却有实际需求的资源，走出"信息茧房"。如，在可荐借文献书目控制筛选时，我馆根据读者兴趣重点引导其阅读国内外儿童文学的获奖作品；对外国文学，引导其选择优质译本；在中国作家与外国作家，文学与科普，题材与体裁，经典与时尚等因素上有所平衡与考虑。另外，在荐购现场，配合"羊城之夏"10本好书揭晓，为读者提供"10本好书"借阅机会。"羊城之夏"10本好书由广州青少年阅读指导专家经多轮甄选推荐，对读者起到了较好的阅读引导作用。

2.4 提升社会效能：以读者为中心，有效拓展读者群

2.4.1 设置自助办证，拓展新读者群

从2015年起，广少图在活动现场设置多台自助办证机，新读者持有效身份证20秒就能自动办理我馆借书证，简单快捷。

2.4.2 配合系列未成年人阅读推广活动，提升影响力

多年来，配合"你拣书，我埋单，即借走"读者决策活动，广少图在南国书香节展场及阵地馆配合开展系列阅读推广活动，如"故事荟萃 致敬经典"系列活动，名作家见面会，绘本故事分享会及现场科普实验等，系列活动得到大小读者的热捧，帮助提升图书馆社会影响力，社会效益显著。

2.4.3 借助媒体力量，扩大宣传力度

活动筹备期间，通过图书馆官网、微信平台、App、易拉宝和宣传单派发等多种渠道结合的方式进行宣传预热。活动从一开始便借助媒体的宣传一炮打响。《人民日报》更以"好书带回家里读"为标题，大篇幅图文报道了活动。活动开展以来，我馆 PDA 活动获得新华社、中国新闻网、广东电视台、广州电视台、《广州日报》、《羊城晚报》、《信息时报》等主流媒体报道共计 300 余次，还吸引了《深圳特区报》《福建日报》等广州邻近地区媒体的报道，显示创新服务对邻近地区的影响力，这在全国行业发展中具有典型意义。

3 案例成效与反思

本案例经过五年完整实践运行，根据未成年人认知特点、阅读习惯及少儿读物出版特点，致力打造适合未成年人的 PDA 高效能模式，为未成年人阅读选择方式注入新元素，为国内公共图书馆开展未成年 PDA 提供实践参考，实践具一定的引领、导向和示范作用，具体包括：

（1）打造适合未成年人使用特点的未成年人线上 PDA。书目信息组织具年龄靶向性，界面友好生动，操作指引简单明了；导读指引新书上架，根据小读者借阅情况每天有导向性地上架新书，充分展现图书馆对未成年人阅读的导读功能，读者尝新体验感强。

（2）开展馆内 PDA。使未成年人读者参与更便利，采购命中率更高，PDA 参与和馆藏图书利用相互促进，相得益彰，阅读推广效果得以提高。

（3）未成年人阅读活动助推 PDA 参与热情。丰富多彩的阅读推广活动助推未成年人 PDA 参与热情，使未成年人边"读"边"玩"。

（4）建立针对未成年的 PDA 评估体系。通过 PDA 中的读者利用数据分析等，把握未成年人读者的兴趣热点，为制定新书配置计划提供参考，并参考数据指导少儿文献采购与排架；通过 PDA 数据分析推行分龄分级阅读；通过数据挖掘，了解未成年人读者的潜在需求，帮助他们发现从未想过要借阅却有实际需求的资源，走出"信息茧房"。

资料附录

（一）活动照片

国书香节上，我馆未成年人 PDA 火爆的活动现场。

国书香节上，我馆未成年人 PDA 现场阅读推广活动。

我馆馆内未成年人 PDA 现场

（二）媒体报道

吴翠红副馆长接受采访

《人民日报》的报道

作者信息及贡献说明：

案例开发与策划：吴翠红、卜雪敏、王蓉。

案例主执行策划：邓伟富、戚敏仪、张健生、陈水峰、林燕、周小英、余晓莹、张淑文、黄韵筝。

撰稿人：吴翠红，广州少年儿童图书馆，研究馆员；
　　　　戚敏仪，广州少年儿童图书馆，副研究馆员；
　　　　邓伟富，广州少年儿童图书馆，副研究馆员。

电子邮箱：gzstfd@163.com。

通信地址：广州市中山四路42号广州少年儿童图书馆。

阅读风帆，婴幼起航

——广州少年儿童图书馆婴幼儿早期阅读推广案例

1 案例背景与概况

1.1 案例背景

科学研究表明，0～6岁是人类脑部发展最重要的时期，人的声音、感官、环境等刺激，都会促进脑细胞的联结，有利于以后的学习。3岁之前，幼儿脑神经的联结速度相当惊人，如果这种联结在日常生活中不断地重复出现，就会形成脑部永久的轨迹。书对人并非具有天然的吸引力，如果这个时期，多刺激幼儿脑部，让他们多看图画，增加印象，就能让脑部产生更快速的联结，对阅读产生兴趣。因此，许多研究者都支持幼儿学习阅读，因为错过这个机会，想再培养阅读习惯，就会事倍功半了。随着社会的发展和教育水平的提升，越来越多的年轻父母意识到幼儿早期教育的重要性，阅读习惯及能力的培养应从小抓起，培养"终身阅读"的良好习惯。他们不再满足于为孩子提供良好的居住、饮食环境，开始重视对孩子开展早期阅读的教育，同时更渴望能找到陪伴孩子阅读的方法。

2007年国际图联发布的《婴幼儿图书馆服务指南》指出："每个儿童都有平等享受充分发展其潜能，自由获取信息，文化设施及文化活动等权利，面向婴幼儿群体的图书馆服务至关重要，图书馆为婴幼儿的服务应该与为成人的服务同等重要。"华东师范大学范并思教授认为，图书馆的阅读推广服务目标是让不喜欢阅读的人喜欢阅读，让不会阅读的人学会阅读，让阅读有困难的人跨越障碍。图书馆肩负阅读推广的天然使命，必须承担起对这一群体服务的责任。

2015年广州少年儿童图书馆新馆全面开放，建立了童趣馆、绘本馆、文学馆、科普馆、历史馆等十大主题馆；在同期编制的"十三五"规划中确立了针对未成年人开展"分龄分层精细化服务，建立0～18岁全覆盖的阅读推广产品线"的业务发展目标。童趣馆的服务目标人群定位于0～5岁的学龄前婴幼儿，通过环境再造、书籍储备、馆员调配等一系列准备，2016年7月正式启动0～3岁的婴幼儿阅读项目——"阅读起步走"婴幼儿早期阅读推广计划。

1.2 案例概况

"阅读起步走"婴幼儿早期阅读推广计划是广州少年儿童图书馆新馆开放后重点打造的项目之一。项目以0～3岁婴幼儿各阶段的生理特点及认知能力为依据，通过适龄玩具书、图画故事书、童谣儿歌、手指谣等，让"阅"与"玩"相结合，使孩子对书产生好奇与兴趣，从而开启宝宝的阅读之门。阅读活动让家长体验并感悟到如何陪伴婴幼儿玩阅，提供提升宝宝阅读兴趣的方法；为家长推荐适龄图书，鼓励并指导亲子阅读，营造良好的家庭阅读环境；让孩子们在婴幼儿时期就爱上图书馆，爱上阅读。从项目实施过程中，我们看到了婴幼儿早期阅读项目所带来的社会效益，以及图书馆阅读推广服务的新方向。截至2019年2月，该项目利用研发的婴幼儿阅读活动包，举行了124场婴幼儿早期阅读活动，参加活动人次达4590人，为家长推荐书目920种，7931册。

2 案例实践

2.1 构建"阅·玩"新空间，配置适龄读物及玩具

童趣馆由阅读区、玩具区、活动区三部分组成。玩具区内有优质玩具700多件；阅览区藏有9万多册国内外最新最热门的婴幼儿图画书、玩具书等书籍，并设有"0～3岁婴幼儿阅读荐书专架""学龄前幼儿书架""父母阅读成长专架""体验式荐展书"，方便读者找到适龄的书籍。2018年，童趣馆荣获广东省文化厅颁发的广东省十大"最美粤读空间"。

2.2 确定活动的定位与服务目标

项目策划在内容、形式上有别于普通的早教活动。活动紧紧围绕活动用书开展，强调"阅中玩，玩中读"，以玩具、故事、影视、律动为媒介，每

个环节紧扣"书"中元素进行,引导婴幼儿接触书、爱上书,达到"阅"的终极目标。此阶段的婴幼儿虽然不能自主阅读,但他们有最棒的阅读伙伴——父母,他们会在父母的怀抱中共同完成阅读。这不仅让宝宝通过阅读活动培养了观察力和专注力,提高了认知水平,更是促进了宝宝与父母之间的亲子关系。因此,活动的设计注重亲子阅读互动方法与方式,让父母体验及掌握如何进行亲子阅读。

2.3 阅读活动策划与实施

广少图根据婴幼儿认知特性及阅读能力的发展规律将 0～3 岁的婴幼儿分为两个组别,分别对两个组别的宝宝开展不同形式的阅读活动。大小龄段阅读活动隔周交替进行,每场活动时间定为 30 分钟以内。

(1)小龄段宝宝(6～18 个月)阅读活动。此龄段的婴儿对周围的事物充满好奇,对声音、图像、符号等较敏感。随着视觉的发育,他们在 6 个月时可以辨识熟悉的人脸,并对色彩鲜艳的大图有明显的兴趣,会凝视。而他们的听觉则发育得更快,能快速捕捉声音的来源,会辨别声音,因此他们对色彩鲜艳的图画书和发声书会产生浓厚的兴趣。此外,宝宝喜欢用小手去触摸图书,甚至用嘴啃尝书,用手抠书、撕书;他们还很容易喜新厌旧,对一本书不能保持持久的兴趣。认知和感知是这个年龄段宝宝最需要开发的能力,为此,我们在设计阅读活动内容时,选用的活动用书以趣味性玩具图书、认知图书为主,例如发声书、面具书、触摸书、简单立体书、童谣儿歌书等,此类的玩具书既是图书又是"玩具",容易引发他们的好奇和关注。阅读手段则结合玩具、阅读小工具等吸引宝宝,例如阅读活动"咚咚咚",馆员根据绘本里的内容,运用发声玩具小鼓、铃铛作为阅读小工具,吸引宝宝的阅读注意力,大大增加了孩子阅读兴趣,活动过后家长纷纷拿起绘本《咚咚咚》与宝宝快乐阅读。

(2)大龄段宝宝(18～36 个月)阅读活动。此龄段的宝宝随着月龄的增长,他们的大脑皮层新陈代谢更加活跃,各方面的理解力、认知力、想象力、表达能力都有明显的发展,也是宝宝语言能力发展的黄金时段。他们开始喜欢听故事,并喜欢重复听一个故事,专注时间明显地延长,因此我们要充分利用这个最佳的引导阅读时期,以听、读、动的形式发展孩子的理解力和语言能力。针对这个年龄段的阅读活动,设计时会注重宝宝的体验,通过讲故事、读儿歌童谣、做韵律操、唱手指谣,将阅读内容与生活事物及日常行为习惯相关联,让宝宝们跟着说、读,帮助宝宝理解和认知,促进孩子们语言能力、表达能力、行为能力的发展。例如，认知阅读系列的"油亮亮的茄子"活动中，活动馆员运用律动儿歌"瘦瘦的茄子走走走，胖胖的茄子扭扭扭，圆圆的茄子滚滚滚，茄子茄子戴帽子，茄子茄子笑嘻嘻"，让宝宝通过手舞足蹈地听和咿呀学唱，既认知了茄子，又学会了说话，还通过实物触摸让孩子感受和辨别茄子的特点，将故事立体化呈现。这样的活动方式不但将阅读与游戏有效结合，还与生活中的食物相关联，符合此年龄段宝宝的认知特点，使宝宝对故事内容能够理解，对真实世界有所认知。

2.4 分龄阅读包的设计

经过三年探索，广少图项目成员精心研发设计出多种形式的"分龄阅读包"（如图1所示）。"分龄阅读包"设计要点在于挖掘书中的趣味性和游戏性，通过"阅"与"玩"相结合，丰富拓展婴幼儿的视野，激发他们的认知力，调动他们的阅读兴趣，积极主动参与到阅读中。目前，已研发阅读包11个，其中小龄阅读包（6～18个月）5个，大龄阅读包（18～36个月）6个。

"分龄阅读包"的元素包括：

（1）主题核心活动用书。

（2）活动课件（PPT）。

（3）活动道具：玩具、玩具书、故事衣、手偶、布偶、纸本小剧场、各类主题实物等。

（4）配套主题阅读推荐书单及专架。

（5）活动读者评价表、自评分析。

（6）活动方案、图片、总结、报道等档案资料。

阅读包在内容设计上，注重创意引阅，即在引导阅读过程中体现创意，使阅读变得更有趣、对婴幼儿具有持续的吸引力。引阅中，我们大胆地将玩具元素融入阅读中，并根据各类图书内容选择相关玩具，使玩具成为连接阅读的桥梁，将故事变得立体、生动。例如，在大龄段阅读活动"我会穿衣"中，引阅手段加入乐高玩具搭建的小熊衣架和小熊布偶，通过宝宝给玩具穿衣，让故事更立体、真实。从中我们发现玩具的运用使宝宝更愿意亲近图书，对故事内容有更形象的理解，从而对图书产生好奇和兴趣，激发宝宝的创造力和想象力。对玩具的引阅设计，我们重点把握书与玩具的关系，以书为主，玩具为辅。

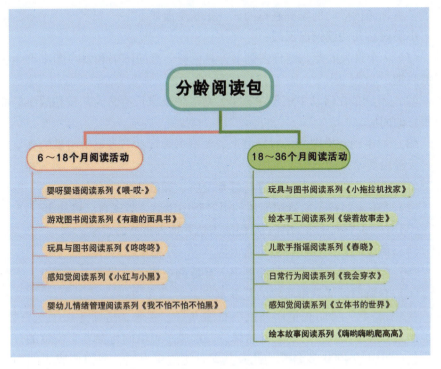

图1 分龄阅读包

2.4 联合媒体宣传，扩大品牌活动影响力

"婴幼儿早期阅读起步走"阅读推广项目通过系统化、科学化的引导，让孩子们从小爱上阅读，好与书为伴。好的项目需要有好的宣传。为树立品牌形象，我们利用场馆设备及自媒体进行宣传，同时深挖亮点，吸引媒体关注，利用媒体的力量对项目进行宣传。《羊城晚报》、《广州日报》、《信息时报》、广州电视台新闻频道、触电新闻等本地知名媒体对项目进行了多次专题报道。通过宣传让更多的人知道，从而使活动更具有持续性和推广性，扩大了品牌影响力。

3 案例成效与反思

3.1 案例成效

经过阅读训练的婴幼儿在行为能力上会表现出对阅读的兴趣。我们对五

对经常参加阅读活动的家庭进行回访,家长反馈如下:

小龄段婴儿阅读情况反馈:

(1) 7 个月大的婴儿能自主翻书,对色彩丰富的图书和发声图书产生浓厚的兴趣。

(2) 不论是在活动中还是在家里,对老师及家长所念的儿歌和故事等能有很好的回应。

(3) 能主动触摸图书,对翻翻书、洞洞书等玩具书表现出明显的喜爱。

大龄段婴幼儿阅读情况反馈:

(1) 在家人的陪伴下能安静持续地凝听、阅读故事。

(2) 2 岁半的孩子能运用简单的语言看图说话,尝试自己讲故事。

(3) 2~3 岁的宝宝对图书画面能表达并加入自己的想象。

(4) 阅读时长能控制在 1 小时以内。

(5) 主动要求到图书馆借阅图书,会取阅书架上的图书。

(6) 会背阅读活动中所学的儿歌童谣。

"阅读起步"婴幼儿早期阅读项目组开启三年来,持续开展了上百场,初步建立了早期阅读推广的服务品牌,并形成了可供同行参考、借鉴的分龄阅读包;吸引了4000多名婴幼儿及其父母走进图书馆,使他们成为图书馆的阅读生力军。通过对婴幼儿科学化、系统化的阅读引导,让他们对图书产生兴趣,形成阅读的习惯,为日后的自主阅读打下扎实的基础;家长则获取了亲子阅读的方法和技巧,成为孩子阅读的领路人。

项目的实施大大促进了馆藏资源的利用率。童趣馆(如图1所示)从正式开馆到现在,每年的图书外借量都有显著的提升,2019 年全年外借量达到 38.60 万册,借书人次达 42354 人。"阅读起步走"婴幼儿早期阅读项目的开发,极大鼓励和激发了馆员的工作、学习热情。通过实践实战,培养了一支具备活动策划、宣传、创意能力的优秀馆员队伍,从而促进和推动婴幼儿早期阅读项目的发展。

图书馆建立了绘本阅读与早期阅读相衔接的机制。如经过三年的陪伴,孩子们从童趣馆转移到绘本馆,成为绘本馆"七色花亲子绘本故事会"(4~6岁)的新生忠实粉丝。

图1 "童趣馆"活泼的阅读空间环境设计巧妙,用造型树划分活动与阅读区域。

3.2 案例反思

婴幼儿早期阅读推广在我国还处于萌芽期,在实施项目过程中有以下几点反思。

(1)目前国内公共图书馆开展婴幼儿早期阅读推广并不普及,尚属起步、探索阶段,社会关注度不够,可借鉴的社会资源有限,馆员需要更积极主动地学习婴幼儿心理学、行为学知识及幼教知识,参考、借鉴国外同行的经验,在实践中应用及创新。

(2)选择核心活动用书是关键。所选图书必须符合婴幼儿年龄段的生理发展水平,同时要注重可读性和互动性。有些图书内容具有较强的游戏性,但内容空洞、可读性欠缺,不建议作为活动用书。部分可借鉴的婴幼儿读物如下:"乐乐趣"童书品牌——由未来出版社出版的"奇妙洞洞书"系列和《过年啦!》;少年儿童出版社"我爱蔬菜"系列;北京联合出版有限公司《我不怕不怕不怕黑》;二十一世纪出版社"小鸡查理"系列;等等。

(3)阅读活动的设计要明确阅读与游戏的主次关系,不可为追求活动的热闹和游戏形式的丰富而忽略图书阅读,使阅读活动失去本身的意义,成为普通的游戏早教课。

资料附录

（一）活动照片

3岁婴幼儿阅读荐书专架父母成长阅读专架，为父母育儿提供专业书籍。

游戏图书阅读系列之"面具书"

婴儿情绪管理系列之《我不怕不怕不怕黑》

"我们的节日"立体书阅读系列之《过年啦！》

认知阅读系列之《小手摸摸全知道》

故事小剧场　　　　　　　　　运用故事衣，进行绘本手工阅读系列之《袋着故事走：鸭子会穿袜子吗》

（二）媒体报道

《广州日报》App 的报道　　　广东少儿频道对婴幼儿早期"阅读起步走"活动进行报道

（三）活动证书

童趣馆荣获2018年广东省文化厅颁发的十大"最美粤读空间"获奖证书

作者信息及贡献说明：

项目开发与策划：吴翠红、王蓉、张淑文。
案例主策划执行：何琳、黄小丽。
撰稿人：吴翠红，广州少年儿童图书馆副研究馆员。电子邮箱：369454047@qq.com。
何琳，广州少年儿童图书馆馆员。电子邮箱：913733170@qq.com。
通信地址：广州市越秀区中山四路42号广州少年儿童图书馆。

在玩中读，与科学和图书做朋友

——越秀区图书馆"创客好望角"系列活动案例

1 背景及概况

时代的发展、科技的进步、人们生活水平的提高和阅读方式的改变等，为公共图书馆阅读推广工作提出了新要求。现代图书馆不仅仅是一处阅读场所，更是信息交流空间、创客服务平台，图书馆应集思广益，探索这个信息化时代更人性化、现代化的服务，思考如何顺应时代发展为广大读者带来更多创新、丰富的阅读推广服务，特别是街道分馆，面对社区居民阅读需求增长，但专业人员缺乏、阅读推广活动资源不丰富、阅读推广活动质量不高等问题，如何打破僵局，焕发阅读推广活力，提升街道分馆服务质量和服务效能，已成为新课题。

随着越秀区公共图书馆总分馆制建设工作的推进，越秀区开展全民阅读工作的条件和环境愈加成熟，为丰富广大人民群众特别是广大青少年的精神文化生活，不断激发千年越秀生生不息的书香活力，推进优质公共文化资源向基层倾斜和延伸。2018年，越秀区图书馆在各街道分馆策划开展"创客好望角"系列活动，通过知识引导、材料创造、分享讨论、作品展示、图书分享等形式，以"创客"为主题，融合越秀区图书馆各街道分馆"一街一品牌"阅读圈特色文化，推荐相关主题馆藏，搭建共同阅读平台，让青少年读者在科学小实验中，将阅读收获的知识融会贯通，并将自己的创意融入创造中，让更多的青少年用阅读和创意浇灌梦想的种子，玩创新、创新玩，与科学和图书做朋友。

2 具体实践

2.1 前期调研与活动策划

越秀区图书馆根据"创客好望角"系列活动"在玩中读,与科学和图书做朋友"的活动定位,通过读者座谈会、读者意见本等形式,调研图书馆现有读者以及图书馆周边社区居民的阅读需求与对阅读活动期许,如活动的时长、频率、活动环节设置、推荐图书的方式和种类、知识分享的方式等,制定个性化、特色化的活动策划方案。

调研后,越秀区图书馆对调研情况进行全面梳理分析,结合读者阅读与活动需求、图书馆馆藏资源、图书馆场地情况等,策划"创客好望角"系列活动方案。

"创客好望角"系列活动面向亲子家庭和广大青少年,每月在各街道分馆开展一次,旨在培养读者获取知识的能力和利用图书馆的意识,让他们在活动中有效利用纸质资源、数字资源等,锻炼读者的创意思维能力、手脑协调能力、沟通协作能力等。内容方面,除向读者科普、数学、物理等知识外,结合各街道分馆"一街一品牌"的特色文化,将本土文化元素融入活动中,把本土文化推广好、传承好。活动形式方面,注重通过知识引导、材料创造、分享讨论、作品展示、图书分享等形式开展活动,让读者在轻松愉悦的氛围中亲近阅读,收获知识,爱上创造;结合阅读奖励性措施——"阅读增值"活动,让读者通过参加"创客好望角"系列活动、借阅活动推荐文献获取积分,再用积分抵消逾期费、兑换文化礼包、获得参与其他活动名额等,激发读者来馆阅读和参加阅读活动的热情。

2.2 实践过程

每个月初,越秀区图书馆会通过网站、微信公众号等平台,发布全月的活动预告,每周活动开始前,会根据每个活动具体的主题和内容,精心编写风格轻快又有趣的微信推文,调动读者参与活动的热情,吸引读者前来参与活动。

"创客好望角"系列活动的流程主要包含 5 个环节:一是知识引导,每期活动开场工作人员都会根据活动的主题,利用日常生活常见的各种物品和现象等,把读者的注意力吸引到要分享的知识点上来,让新知识紧密联系生活实际,引导读者进行主动思考、积极探索。二是材料创造,介绍完相关的原理知识后,工作人员会给每一个读者派发材料包,让读者亲手制作科学小模型,在实践中加深对知识的理解与记忆。三是分享讨论,制作作品的过程中,工作人员会鼓励读者在作品中加入自己的创意,进行创新创造,通过和其他读者交流、分享创作的思路和重难点等,让创新思维碰撞出更绚丽的火花。四是作品展示,作品完成后,工作人员会邀请读者一一展示和介绍自己的作品,为读者提供一个沟通交流和展示的平台。五是图书分享,工作人员会根据当天的活动主题,为读者推荐相关主题馆藏,并请读者互相推荐自己喜欢的图书,引导读者借阅图书,充分利用图书馆资源。

在活动过程中,"创客好望角"系列活动通过纸质阅读、电子阅读等不同的阅读方式,充分调动读者的眼睛、耳朵、嘴巴、大脑等感官,提高读者的立体阅读能力;通过与读者分享电能、动能、力的作用、机械结构等科学知识,引导读者借阅相关馆藏,提高读者的科普阅读兴趣;通过与读者分享传统文化、本土文化等相关内容,坚定读者的文化自信,提高读者的传统文化知识水平等;通过分享讨论、作品展示、图书分享等环节,提高读者的文字语言能力、荐书评书能力、沟通交流能力等,提高读者的综合素质。

活动结束后,工作人员还会通过活动反馈表、读者意见本、与读者现场交流等形式,收集读者的反馈,然后筛选出有针对性的建议,同时根据行业发展、技术创新等不断对活动进行优化,促进活动健康、可持续发展。

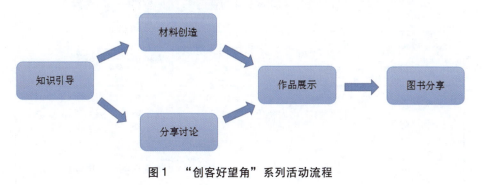

图1 "创客好望角"系列活动流程

2.3 实践特色

注重读者多面兴趣培养和科学素养启发。"创客好望角"系列活动融合数学、物理等学科知识,通过一个个有趣的科学小实验,将相对枯燥的内容变得生动趣味,让读者更加直观和有效地接纳知识,然后在实践中将阅读收获的知识融会贯通,激发读者阅读和创造的兴趣,注重读者多面兴趣的培养和科学素养的启发。

融合街道特色文化与创客元素。"创客好望角"系列活动，根据越秀区图书馆各街道分馆"一街一品牌"主题，结合创客科普元素，以多种形式让街道特色文化"活"起来，创新街道特色文化的推广与传承，形成特色品牌服务项目。如结合黄花岗分馆的军事文化特色开展"黄花岗篇——水陆两栖车"，结合农林分馆的青少年文化特色开展"农林篇——开心游乐场"，结合洪桥分馆的客家文化特色开展"洪桥篇——手工创意音乐盒"等，让广大人民群众，特别是青少年读者在本土的文化积淀中吸收养分，传承岭南文化基因，增强广大人民群众的文化认同感和归属感。

表1 "创客好望角"系列活动一览表

街道分馆名称	特色文化	示例活动
越秀区图书馆流花分馆	以书法、国画等为特色	流花篇——自动绘画仪
越秀区图书馆洪桥分馆	以客家文化为特色	洪桥篇——手工创意音乐盒
越秀区图书馆六榕分馆	以花艺文化和宗教文化为特色	六榕篇——曲线繁花
越秀区图书馆人民分馆	以广府传统文化和民间工艺为特色	人民篇——机械手
越秀区图书馆北京分馆	以广府文化为特色	北京篇——醒狮机器人
越秀区图书馆梅花村分馆	以铁路文化为特色	梅花村篇——电动压路机
越秀区图书馆农林分馆	以青少年文化为特色	农林篇——开心游乐场
越秀区图书馆黄花岗分馆	以军事文化为特色	黄花岗篇——水陆两栖车

续表1

街道分馆名称	特色文化	示例活动
越秀区图书馆建设分馆	以建筑文化为特色	建设篇——斜拉桥
越秀区图书馆大东分馆	以国学文化为特色	大东篇——弹簧琴
越秀区图书馆白云分馆	以本草养生文化为特色	白云篇——拼装小天平
越秀区图书馆登峰分馆	以涉外文化为特色	登峰篇——三球仪
越秀区图书馆矿泉分馆	以祠堂文化为特色	矿泉篇——升降机
越秀区图书馆华乐分馆	以华侨文化和动漫文化为特色	华乐篇——爬行狗机器人
越秀区图书馆珠光分馆	以红色历史文化为特色	珠光篇——穿越火线
越秀区图书馆光塔分馆	以民族文化为特色	光塔篇——民族风万花筒

3 案例成效与反思

3.1 成效

3.1.1 得到读者好评与媒体关注

"创客好望角"系列活动陆续得到《中国文化报》《图书馆报》和中国图书馆学会网站、广东图书馆学会网站、广州市图书馆学会网站等媒体的宣传报道，报道次数约30次。

截至2019年年底，"创客好望角"系列活动开展约170场，参与读者超8000人。该系列活动具有长期性、公益性、便民性、知识性、趣味性、互动性等鲜明特征，普惠于民，深受读者喜爱，让不少读者养成了良好阅读习惯，为拥有不同兴趣爱好、不同家庭背景的读者搭建了一个阅读、交流、创造的平台，增强和提高了读者的立体阅读能力、科普阅读兴趣、沟通交流能力等，助推全民阅读和文化惠民。

3.1.2 强化图书馆社会教育职能

"创客好望角"系列活动，通过深度挖掘创客文化特色，走品牌化发展之路，有利于越秀区图书馆和各街道分馆在公共文化领域塑造服务特色，做到"人无我有，人有我多，人多我精，人精我特"，不断增强越秀区公共图书馆自身文化影响力、竞争力，充分发挥越秀区公共图书馆传播新知、滋养人心、启迪智慧、传承文明等社会教育功能，强化了越秀区公共图书馆的文化责任和文化担当。

3.1.3 推进优质公共文化资源向基层倾斜和延伸

越秀区图书馆策划"创客好望角"系列活动，在实践中将活动送到街道分馆，让广大读者在"家门口"的图书分馆就能享受到独具特色的公共文化服务，促进优质公共文化资源向基层倾斜与延伸，让广大读者乐享"阅读就在家门口"，打通公共文化服务"最后一公里"。

3.2 反思

3.2.1 活动宣传力度较弱

目前，"创客好望角"系列活动主要通过越秀区图书馆网站和微信公众号进行宣传，宣传的渠道较单一、力度较薄弱。今后，越秀区图书馆将充分利用各种宣传渠道，如利用共建单位的宣传平台、巧用环境熏陶法、让活动走出图书馆等方式，加大活动宣传力度，最重要的是注重"口碑效应"，通过不断提升活动品质，引导读者将好的活动分享给家人、朋友等，提高活动知名度。

3.2.2 活动形式较单一

目前"创客好望角"系列活动主要通过科学小实验的形式推荐相关主题馆藏，引导读者养成阅读的良好习惯，活动形式较为单一。今后，越秀区图书馆将紧跟时代潮流，更好地利用科技新成果如5G技术等为阅读推广服务，创新活动形式。今后，该活动将更多地挖掘读者的阅读推广潜力，让读者成为活动的主角，邀请读者分享自己阅读、思考、创造的成果，鼓励读者发出阅读之声、尽享交流阅读之乐。

阅读推广是图书馆的职责和使命。图书馆自身的职责使命、科技的进步创新、社会各界的关注支持和读者的阅读需求为图书馆提供源源不断的发展动力。越秀区图书馆将不断提升"创客好望角"系列活动的品质,创新其活动形式,在实践中不断摸索、持续创新,吸引更多读者走进图书馆,充分利用图书馆资源,积极参与活动,爱上阅读。

资料附录

(一)活动照片

登峰分馆"创客好望角"系列活动现场

黄花岗分馆"创客好望角"系列活动
制作水陆两栖车

矿泉分馆"创客好望角"
系列活动现场

（二）媒体报道

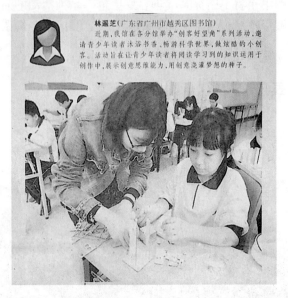

《中国文化报》刊登"创客好望角"系列活动相关信息

《图书馆报》刊登"创客好望角"系列活动相关信息

（三）问卷调查

矿泉分馆读者表达参与"创客好望角"系列活动的收获

作者信息：

林遥芝，广州市越秀区图书馆助理馆员。
电子邮箱：2414848366@qq.com。
通信地址：广州市越秀区署前路8号805室。

让科普阅读动起来

——海珠区图书馆 STEM 科普系列活动案例

近年来，结合公共图书馆具有的传递科学信息、促进科学成就和科技创新、促进全民科学普及等职能，海珠区图书馆在科普阅读推广服务方面进行了有益的探索与尝试，自 2017 年年末启动了"STEM 科普系列活动"项目，旨在向青少年普及推广科学知识，推荐科学普及读物，帮助青少年认识世界、理解自然界的客观规律，培养青少年科学思维，提高青少年的科学素养。

1 活动背景和概况

1.1 活动背景

首先，党和政府、社会各界对科普工作的高度重视。习近平总书记提出，科技创新、科学普及是实现创新发展的两翼，要把科学普及放在与科技创新同等重要的位置。2016 年 6 月，教育部颁布的《教育信息化"十三五"规划》文件、2017 年教育部印发《义务教育小学科学课程标准》等文件均提出探索尝试 STEM 教育。我国科技战略政策已经融入 STEM 教育理念，如《全民科学素质行动计划纲要实施方案（2016—2020 年）》提出要完善科学课程活动体系，更新科学课程和活动，促进学生创新精神和实践能力的发展。

其次，科普教育是公共图书馆的重要职能。根据《中华人民共和国公共图书馆法》《中华人民共和国公共文化服务保障法》《广州市公共图书馆条例》等有关法律法规的规定，公共图书馆应当开展面向少年儿童的阅读指导和社会教育活动，并为学校开展有关课外活动提供支持，支持开展全民科普活动等。国内图书馆界专家也总结了美国公共图书馆、新加坡、中国香港等有关学校开展 STEM 教育、创客教育的实践经验，开始应用到我国公共图书馆实践中，如金陵图书馆充分利用公共图书馆开展 STEM 教育的优势，通过社会力量的多元合作，通过各类科普活动的组织和举办，探索出自己开展STEM教育的创新模式。海珠区图书馆于2017年11月起策划开展了"STEM科普系列活动"项目，以"科学、技术、工程和数学"学科知识为主线展开科普活动，加入项目制、跨学科等元素，打造创新的科普活动品牌。

1.2 活动概况

STEM是科学（Science）、技术（Technology）、工程（Engineering）、数学（Mathematics）四个学科英文首字母的缩写。在美国、中国香港等国家与地区已经成功实施STEM课程体系多年，STEM课程体系是指集4个限定核心科学：科学（包括生物、化学和物理）、技术、工程和数学多领域融合的综合教育，鼓励孩子在科学、技术、工程和数学领域的发展和提高，培养孩子的综合素养，从而提升其全球竞争力。

海珠区图书馆"STEM科普系列活动"以STEM课程体系为基础，将科学、技术、工程、数学四个学科的知识整合起来，以公益性为原则，针对小学、初中等不同年龄段的读者，开展科普系列活动，通过STEM科普实验小课堂、科普讲座、科普展览等系列活动，向青少年普及推广科学知识，推荐科学普及读物，培养青少年科学思维，提高青少年的科学素养。

2 活动实践

2.1 活动内容与过程

海珠区图书馆"STEM科普系列活动"始于2017年11月，截至2019年12月，共计开展活动152场次，活动参与人数达78938人。活动类型及说明如表1所示：

表1 海珠区图书馆STEM科普系列活动内容

序号	活动类型	活动内容	代表性活动
1	STEM科普实验小课堂	读者在老师的指导下阅读科普书籍，研究科学知识，并亲自动手制作科学模型，进行简单的科学小实验，从中学会有关的科学知识，并在分组合作中培养团队协作精神。	创客体验营、科技小达人、"画出科普书的世界"、动植物知识等

续表1

序号	活动类型	活动内容	代表性活动
2	STEM科普讲座	通过邀请专家学者普及科学探究活动，培养群众学会解决问题的科学方法，激发群众探索科学问题的兴趣，讲座突出互动性、实验性、动手能力。	"探秘恐龙时代的远古世界"讲座、"小牙医"科普公益亲子活动等
3	STEM科普展览	通过举办科技创新成果图片展、迷你科普实验装置展、科普原理图片展等科普展览的方式让青少年走进科学、了解科学。	"触摸远古生灵 寻找生命起源"远古世界主题展览、"中国梦–航空梦"航空科技成果科普展等

海珠区图书馆STEM科普活动由馆员与主讲老师共同商定活动主题，准备好活动所需物料，提前在活动报名平台招募读者参加。STEM科普实验小课堂活动一般以亲子活动形式进行，每次活动招募10~15组亲子家庭参加，实验器材由图书馆或合作单位准备。以2019年4月27日举行的"宝石之谜"STEM科普创新系列活动为例，有十多组亲子家庭参加了本次活动。老师先向小朋友们介绍了宝石与我们人类的历史故事，看看我们祖先是如何使用这些珍宝，然后讲解了宝石的五颜六色是怎么来的，揭开它们所蕴含的科学秘密，在哪里可以找到这些大自然的神秘宝石。在授课过程中，老师为小朋友们展示了红宝石、橄榄石、青金石、水晶等多种宝石标本，还对回答问题的小朋友赠送了小宝石作为礼物。最后，小朋友们利用模具、特制液体、小宝石等工具，激活艺术灵感，制作出了各种各样的水晶宝石塔并带回家。

2.2 活动特色

2.2.1 "实验教学"增强动手能力

"实验教学"是我馆STEM科普活动采取的主要方式之一，91.45%的活动都是加入了"实验"的环节。"实验教学"环节一般以合作机构专业人员或外聘科普专业老师为主讲人，结合馆内实际条件，通过有趣的、简化的、小型的科学实验培养青少年学科学、用科学的本领，提高读者的动手操作和实践能力。比如制作宝石塔、"让灯泡亮起来"等实验，通过读者们自己去研究、动手，极大地调动了他们的学习积极性，科学思维也得以进一步发展。

2.2.2 "分龄推广"精准服务读者

为满足大众日益多样化的个性化需求，公共图书馆目前正在积极探索推广分龄分众阅读。海珠区图书馆的 STEM 科普系列活动也采取了"分龄推广"的方式。活动主要针对 3～18 岁青少年，其中面向 3～5 岁学龄前儿童，主要利用乐高大颗粒积木与机械制动装置启发他们对技术、工程等科学世界的感知；面向 6～12 岁的少年儿童，则利用小颗粒积木、简易科学实验装置、平板电脑等，培养他们的动手能力和科学素养；面向中学生及以上的青少年，则通过讲座、展览、小组交流等方式加深他们对科学的兴趣。

2.2.3 提供科普阅读指导，促进科普阅读

活动过程中注重与"阅读指导"相结合，向读者推荐与活动有关的科普图书，达到阅读推广的目的。如在 STEM 科普实验小课堂上，老师讲完知识点后，会跟大家介绍一本与本次课程相关的馆藏图书，让读者们借阅；或者在举办讲座和展览的过程中，邀请老师推荐阅读书单，在媒体上进行广泛宣传，促进科普阅读推广工作。

2.3 活动运作模式

由于在经费、人力方面存在不足，我馆在 STEM 科普系列活动启动之初，采取与社会力量合作的方式进行，只要符合 STEM 课程体系理念的企业或社会组织，我们都积极寻求合作的可能，以此推进活动正常化，从一开始的 1 家合作机构，发展至后期 5 家机构，机构类型包括企业、政府部门以及社会组织在内。合作方式由社会企业组织师资、课程内容、提供一定的实验耗材，我馆提供场地、组织读者参与，并积极向社区、学校拓展。图书馆与社会力量各取所需，共享资源，优势互补，实现共赢。在活动取得初步成效之后，尽管我馆争取到少量的经费支持，但仍存在着人力不足的情况，因此采取社会购买服务的方式，由图书馆提供经费、场地，并组织读者，负责宣传推广工作，同时，购买企业的知识服务、实验器材等，使活动进入常态化管理。

3 活动成效与反思

3.1 活动成效

海珠区图书馆"STEM 科普系列活动"项目启动以来，为读者提供了良

好的科普知识学习场所，为广大读者提供专业、权威的科普学习体验平台，为提升读者的综合素质发挥了较大的推动作用。本项目建立科普实验内容的课外阅读推广平台，可以作为现阶段学校科学知识普及教育的有效补充，通过科普实验活动，建设创新实验室、传播新的学习理念与策略方法，在项目发展中注重培养青少年的综合能力，带领更多的青少年读者了解科学、走近科学、爱上科学，积极探索提高自身的核心竞争力。

本项目活动内容与我国科学课程标准衔接，读者可轻松将 STEM 学习融入已有知识中。项目学习能够有效地考核青少年对各学科基础知识、基本技能的理解、掌握和综合应用知识的情况。在参与学习过程中，读者通过团队协作，独立思考，探究解决方案，培养批判性思维和创新意识。此外，还包含"动手探寻实验室"、职业发展、科技苑、课外活动、在线平台等拓展内容，旨在引导学生关注现实生活、参加社会实践和志愿服务活动、解决实际问题、进行职业准备。

活动在增进读者知识技能、培养读者创新意识和实践能力的同时，也取得了良好的社会效益。2017 年该项目被纳入海珠区科普计划项目，获得上级部门的肯定与支持；2018 年 8 月举办的科普阅读夏令营活动，一连 4 天分别举办了不同的科普活动，如天文学讲座、AR 科普体验、创客"闯关"挑战赛等，新颖的活动形式得到了广东电视台、《羊城晚报》等本地主流媒体报道 10 余次；2019 年 8 月，海珠区图书馆"STEM 科普系列活动"项目参加中国图书馆学会公共图书馆分会主办的第二届公共图书馆创新创意征集推广活动，入选二等案例。

3.2 反思与展望

STEM 科普活动是一个充满生命力的"生长着的有机体"。在以后的活动实践中，还需要在以下几个方面进行改善：一是不断丰富活动内容和改进活动形式，如与 STEM 四门独立学科相关（科学、技术、工程和数学）的活动内容应不断深化，项目制、跨学科的活动应更为丰富，与计算机科学、创客、艺术设计等相关的内容应继续拓展，扩大活动的覆盖面、活动规模等。二是加强对人才的培养，如促进馆员向课程导师的转变，发挥馆员的学科专长与主观能动性，让馆员积极参与活动教学过程，组织读者交流与讨论等。三是充分利用馆藏资源为 STEM 科普活动提供强大的资源支持，如推荐特色馆藏、制作数据库、提供课程关联的知识等文献资源支持。四是积极参与 STEM 教育平台的构建，加强与社会力量的合作，资源共享，吸引外部优秀力量加入公共图书馆科普服务,扩大 STEM 教育资源的传播,发挥好公共图书馆的社会教育职能。

资料附录

活动照片

2018 年 12 月 8 日,海珠区图书馆联合有关机构在宝岗馆区 402 活动室举办了"STEM 科普系列活动之 EV3 机器人搭建和编程"活动。

2019 年 4 月 27 日,海珠区图书馆在区少儿图书馆举行了"STEM 科普系列活动之宝石之谜"活动。

2019年10月27日,海珠区图书馆举行"彩虹之谜"STEM科普实验小课堂活动,老师带领小朋友进行光学折射小实验。

作者信息:

郑茵,广州市海珠区图书馆副馆长、图书资料馆员;
陈鸿,广州市海珠区图书馆活动部主任、图书资料馆员。
电子邮箱:hzlibhuodong@163.com。
通信地址:广州市海珠区宝岗路39号南北广场后座4楼。

特殊人群阅读推广

"爱"悦读

——广州图书馆特殊儿童阅读推广案例

1 案例背景和概况

中国图书馆学会《图书馆服务宣言（2008）》指出：图书馆是一个开放的知识与信息中心，各级各类图书馆共同构成图书馆体系，保障全体社会成员普遍均等地享有图书馆服务，并在服务中体现人文关怀，特别应致力于消除弱势群体利用图书馆的困难，为全体读书者提供人性化、便利化的服务。广州图书馆作为全市中心图书馆，一贯秉着"开放、平等、公益、阅读、交流、分享"的现代化理念，对所有公众实行无差别服务。关注社会弱势群体，是图书馆推进普遍均等服务和体现社会公平正义的重要标志。广州图书馆（简称"广图"）在推动未成年人服务过程中，对患有特殊疾病的儿童读者始终保持着高度关注，致力为其提供具有针对性、多样化的图书馆服务。

广东省残疾儿童康复教育中心（简称"康复中心"）成立于1986年8月，是省政府批准成立的康复机构，为广东省残疾人联合会所属处级公益一类事业单位。康复中心主要承担0～7岁学前残障儿童的康复教育（特殊教育）和训练工作，是集听障、智障、孤独症、脑瘫、视障儿童康复教育、训练、听力诊断检查、助听器验配服务、人工耳蜗调试服务以及残疾预防、残疾评估和成人康复服务等于一体的康复教育机构，也是全省残疾人康复服务工作示范窗口。从成立至今，康复中心已累计收训残疾儿童4000多名，目前年收训残疾儿童约300名。

特殊儿童受身体条件和环境的影响，与正常儿童在各方面有着显著差异。差异常表现为智力低下、想象力缺乏、语言和行为发育迟缓等。因而，这类儿童在文字阅读及理解上存在不同程度的障碍和困难。若要满足特殊儿童的阅读需求，需要公共图书馆和专业机构采用特殊的方法、设备和措施对其进行教育服务。为此，自 2012 年起广州图书馆和康复中心合作，将绘本阅读和健康诊疗相结合，共同为特殊儿童提供文字阅读相关的图书馆延伸服务，并将该活动项目定名为"爱"悦读。

项目主要开展形式包括绘本故事分享、知识讲座及阅读指导等，服务对象包括特殊儿童、家长等。除了安排馆员进入康复中心组织活动外，还会带孩子走出康复中心，参加"遇见·图书馆"主题的系列活动，体验广州图书馆举办的小河马玩具馆、小樱桃阅读树等品牌活动，让特殊儿童也能平等地享用图书馆优质的服务资源。从 2012 年 4 月第一场活动开始，经过八年多的阅读实践探索，已初步总结出了一套系统特殊儿童的阅读经验，并尝试向社会推广，以使更多特殊儿童受惠。

2 案例实践

2.1 双方合作，共同策划

项目活动开展的初期，广图项目负责人和康复中心老师进行了多次沟通和互访，就广图的阅读资源建设情况和阅读推广优势、康复中心家长老师需求及中心儿童的健康状况等方面进行了深入沟通和探讨。由于活动对象的特殊性，康复中心老师对广图馆员做了两期培训，加深馆员对这群孩子（脑瘫、孤独症、听障、智障）的不同特点及应对方法的认识和了解。另外，广图也对康复中心老师开展了两期绘本阅读基础知识普及讲座。

每次开展阅读活动前，双方会对活动主题、时间、成员、场地等事宜进行反复沟通和商议，方案确定后，广图会在官方网站的"少儿天地"版块和"广图少儿"微信公众号上予以公布。

2.1.1 确定活动主题

考虑参与儿童人数、身体状况、学习和认知情况，活动所处季节、节假日安排等方面，确定适宜的活动主题。

2.1.2 固定活动时间

项目开展的初期阶段，活动的场次及时间比较灵活。随着活动推进，影响力逐渐扩大，活动场次和时间逐步固定，形成常态化机制，广图每月选取 2～3 次周一或周三的上、下午时段作为特殊儿童的固定活动时间。

2.1.3 商定活动成员

活动成员包括广图儿童与青少年部老师、康复中心老师、志愿者及特殊儿童家庭成员。为便于管理和保证活动效果，每场活动亲子家庭限定在20～25个，根据孩子认知水平分部门、分班级进行。

2.1.4 选定活动地点

以康复中心和广图为活动基地，灵活安排地点。个别场地需结合相关主题活动来确定，如在花城汇广场与某艺术中心联合举办"风筝带我飞"绘画活动，在广图报告厅举办大型义诊讲座。

2.2 便利的硬件设施和丰富的馆藏资源

广图辅助设备配有无障碍通道，无障碍洗手间等硬件设施。广图供特殊儿童阅读的馆藏，主要集中在视障人士服务区和亲子绘本馆中。视障人士服务区总建筑面积达300平方米，为视障读者提供专用座位52个，藏书3617册，12台安装语音转换软件的电脑以及多种辅助阅读设备。亲子绘本馆丰富的馆藏是特殊儿童服务的基础，现有馆藏文献13万册，其中，荣获凯迪克大奖、安徒生大奖、丰子恺图画书奖等国际大奖的系列绘本为重点入藏。

2.3 系统丰富的活动安排

2.3.1 定期互访，增进双向了解

广图老师每学期初会与康复中心老师交流本学期的阅读重点；康复中心老师会给广图老师介绍本学期中心新加入孩子的特点及互动过程中的注意事项。双方老师的相互学习、理解和支持，为"爱"悦读活动顺利开展奠定了基础。

2.3.2 加入"遇见·图书馆"奇妙之旅

除了把图书馆优质的服务和阅读送到康复中心外，"爱"悦读项目更希望通过馆员不断努力，让特殊儿童和家长多点机会"走出来"、愿意"走出去"。广图无条件向智障、脑瘫、听障、孤独症等儿童及其家长开放了广图品牌活动"遇见·图书馆"。

2.3.3 开展家长培训，提升亲子关系

家庭教育在特殊儿童教育中起着不可忽视的作用，部分家长受自身知识结构及经济条件的限制，对阅读的重要性认识不足。从活动开始至今，项目已向康复中心各个部的家长开展10次阅读指导和主题讲座，讲座内容包括

《亲爱的小鱼》《跳舞》《天啊，错啦》等一些经典绘本，通过绘本中动人的故事情节和唯美的画面让参与者体会阅读的力量。同时要求家长全程陪同儿童参加各类活动，与儿童实时互动及时了解儿童的学习动态，拉近亲子关系。

2.3.4 探索玩具馆，开展互动游戏

本着图书馆优质资源向所有群体共享的原则，从2014年4月11日开始，在"爱"悦读活动过程安排玩具馆的主题活动。如为康复中心孤独症康复部的20个"星星的孩子"亲子家庭举办"玩具总动员"活动，挑选适合自闭症儿童训练视觉、触觉、平衡觉，提高社交活动能力的玩具资源组织活动，深受家长和孩子的喜爱。

2.3.5 开展手工制作，训练动手能力

提升孩子的动手能力是老师、家长看重的，也是重要的辅助教学内容。广图馆员结合手工书制作的原理，对老师、家长进行了6场绘本书的制作讲座，让家长将其融入孩子日常生活中，使亲子关系得到进一步提升。手工书中穿插写作、涂鸦，大大提高了孩子的动手能力和想象力。

2.3.6 分享绘本故事，激发学习兴趣

"爱"悦读亲子读书会是广图推广特殊儿童阅读及指导的主要内容。广图与康复中心已联合举办了近110场次，累计受众7200人次，取得了良好的社会反响。故事以绘本分享为主要内容，开场前和过程中会增加短视频、音频、玩偶和异形、立体书热场，活跃气氛，拉近和儿童的距离，受到了儿童的广泛欢迎。

2.4 收集反馈信息，改进活动策略

每场活动结束后，广图的主讲老师都会向家长和老师发放并回收本次活动的反馈表，家长的反馈内容主要集中在评价和改进意见两方面。结合收集的反馈意见，定期和康复中心的老师开展讨论，为提供更高水准、更合适的阅读活动提供了保障。

2.5 招募志愿者团队，优化组织结构

为发挥高校志愿团体力量，该项目招募一些有爱心的大学生加入项目及活动过程。如活动前课件准备，活动中设备调制和课堂秩序维护，活动后反馈意见收集和整理等。志愿者们在活动中得到锻炼提升，为今后进入社会储备更多的能力和经验。

3 案例成效与反思

3.1 跨界合作提高了阅读服务的专业性

康复中心是承担全省残疾儿童康复及教育的专业政府机构,广图和康复中心的合作是残疾儿童康复工作和广图阅读指导的有机结合。在特殊儿童阅读指导、图书馆服务等方面,双方紧密合作、各取所长,广图充分发挥了其专业优势,为特殊儿童提供了高品质的阅读服务。

3.2 持续完善确保了阅读服务的多样性和趣味性

从2012年4月开始至今,广图和康复中心开展"爱"悦读活动已达8年之久,举办了近110场次活动。双方不断的努力和磨合,为特殊儿童提供了更为人性、体贴和专业的服务,大大增进了老师和孩子之间感情、提高康复效果。图书馆一日游、玩具总动员、绘本故事会、制作手工书等活动形式,为与社会接触较少的特殊儿童提供了充足的图书馆个性化服务,使这些孩子充分感受到阅读带来的快乐。

3.3 家长全程参与增强了亲子互动效果

特殊儿童的家庭教育对其成长起着十分重要的作用。广图服务和阅读活动都是在特殊儿童家长的陪同下共同完成的。这种活动形式不但能够及时处理特殊儿童在活动当中出现的问题,还能让家长和孩子们一起互动、共同学习,及时发现孩子的成长变化,如专注力的提高、反应和表达力的提升等。

3.4 活动受到社会的广泛关注和业界的肯定

组织特殊儿童参加2015南国书香节的现场阅读活动,得到《广州日报》等媒体关注和报道,嘉佳卡通和南方电视台也多次对活动进行了宣传报道;2018年在广图举行的第19届"全国爱耳日"活动进一步提高了活动的关注度,中国残疾人联合会网站、南方电视台、《羊城晚报》、南方网、新浪网等对阅读活动进行了大篇幅的报道。"爱"悦读活动曾荣获"2017年度广州市优秀文化志愿服务项目";"广州图书馆对特殊儿童服务及阅读指导案例"曾荣获"2020年中国图书馆学会业务案例征集二等奖"。

3.5　活动反思和改进建议

活动开展至今已有 8 年,但由于服务对象的特殊性,参与活动的主讲老师过于单一、活动的覆盖面和深度有待加强、对活动效果的追踪和总结还不到位。建议广图定向培养一批志愿者以增强活动团队的力量和拓宽活动的覆盖面;现存用于特殊群体的儿童馆藏资源有限,随着这类人群进馆数量增加,建议定期更新和补充适合他们的玩具、电子及其图书资源;针对活动的内容,合作双方应进一步扩大媒体宣传度,使社会各界多关注和关心特殊儿童。

资料附录

(一) 活动照片

2012 年,面向广东省康复中心老师举办第一场培训。

2013年，为广东省康复中心脑瘫孩子开展阅读活动。

2014年，为广东省康复中心家长培训如何给孩子分享绘本。

2015年，组织广东省康复中心的孩子参加2015年南国书香节的现场阅读活动。

2017年，组织广东省康复中心孤独症儿童参加广州图书馆阅读活动。

2017年，组织广东省康复中心智障儿童参加广州图书馆玩具活动。

2020年，面向广东省康复中心听障儿童开展阅读活动。

(二) 反馈表

部分反馈表

(三) 活动预告、简讯和报道链接（部分）

(1) 2014年12月"爱"阅读故事会活动预告（广州图书馆官网）

(2) 2015年6月"爱"阅读故事会活动预告（广州图书馆官网）

(3) 2017年1月用绘本点亮心灯——"爱"悦读亲子主题读书会系列活动报道（广州图书馆官网）

(4) 同一天空，共享一片蓝天——2018年"爱"悦读活动回顾（来源：省残联）（广东省残疾人联合会）

(5) 2018年3月"听见未来，从预防开始"——广东省第19次全国"爱耳日"宣传教育活动于广州举办（广东省残疾人联合会）

(6) 第19次全国"爱耳日"宣传教育活动在穗举行（南方网）

作者信息：

丁玲，女，广州图书馆儿童与青少年部馆员。先后组织广州图书馆"爱绘本、爱阅读"亲子故事会、青少年的"悦赏书影"读书会、"爱"悦读绘本故事会（服务对象为脑瘫、自闭、唐氏、听障等特殊儿童）、"图书馆来了"（服务对象偏远地区儿童）等品牌阅读活动。曾获"全国图书馆员绘本讲述大赛"一等奖、"全国青年图书馆员朗读大赛"一等奖、广州十佳红色金牌讲解员等奖项。

电子邮箱：414086988@qq.com。

通信地址：广州市天河区珠江东路4号广州图书馆。

阅读助残　精准服务

——白云区图书馆"云语者"捐声活动

1　案例背景

《中华人民共和国公共图书馆法》第三十四条规定"政府设立的公共图书馆应当考虑老年人、残疾人等群体的特点，积极创造条件，提供适合其需要的文献信息、无障碍设施设备和服务等"。为了解决公共文化服务领域发展不平衡、不充分的问题，弘扬中华民族扶贫助弱的优良传统，更好地服务视障人群等特殊群体，白云区图书馆关注到该群体阅读纸质书籍的困难以及有声读物资源短缺的现状，在服务中积极担当，先行先试，创立了"云语者"捐声活动。

"云语者"捐声活动于2016年9月起常态化开展，把阅读推广和志愿服务创造性地结合起来，充分整合服务资源、活动资源、社会资源，以残障人士的阅读需求为出发点，惠及各类特殊群体读者和普通读者，提供高质量、个性化的阅读资源，让阅读变得触手可及。

2　案例实践

2.1　需求调研

活动前期对视障群体阅读需求及有声读物资源做调查。首先，该馆通过电话、问卷、座谈等多种方式摸查视障群体的阅读需求，66.67%的视障读者表示平时有固定的阅读习惯；83.33%的人表示听书机是主要的阅读工具；83.33%表示喜欢阅读娱乐休闲类书籍；有50%的人表示对文学类、社科类书籍感兴趣。其次，调研喜马拉雅FM、中文在线等有声读物网站的资源现状，寻找读者需求量大但市面上稀缺的资源种类和内容。为此，该活动重点录制本土化有声读物并面向视障人士提供个性化服务，如为传播本土文化，特别策划粤语音频资源栏目方便有普通话障碍的老年读者聆听；针对视障人士需求，招募志愿者录制指定篇章，再把定制好的音频送到他们手中。

2.2 活动架构

"云语者"捐声活动以"捐声"为主线，设有日常捐声、"云语者"选拔大赛、"云语者"语言艺术系列培训、"云语者"服务基地四大模块。四个模块之间紧密相连，捐声集聚志愿者，比赛选拔志愿者，培训培养志愿者，基地锻炼志愿者。项目启动以来，参加录制的志愿者人数节节攀升，截至2020年6月，累计1242人参与捐声，录制时长约2569小时，有关资源的点击量高达41.9万次。

日常捐声活动全年常态化进行，有朗读特长的志愿者经过报名、试音、录用，成为一名"云语者"，可在家录制或提前预约前往图书馆使用录音设备录制音频，音频经过工作人员审核、剪辑后成为有声读物，上传到官网和微信公众号的各个专栏，供广大读者聆听。为了方便志愿者报名参加有声读物录制，特设网站、微信公众号、电话、现场四种途径，招募个人志愿者；还加强与志愿团队、高校、文化单位等合作，组织团体志愿者参与活动。

"云语者"选拔大赛，由白云区委宣传部、白云区文广旅体局、白云区残联共同主办，白云区图书馆承办，每年举办一届，至今已连续成功举办三届，以比赛的方式挖掘和选拔优秀志愿者，加入日常捐声的志愿队伍。

"云语者"语言艺术系列培训，每月一讲，邀请专业的语言艺术教师讲授发音、咬字、断句、停顿、情感表达等朗诵的技巧和方法。主要对象为参与捐声志愿服务的"云语者"，同时欢迎有朗诵基础或爱好的读者参与。通过定期培训，提升志愿者朗诵水平，让每一位参与者都能得到发展和进步的空间，不断提高有声读物质量。

2019年5月19日，第二十九次全国助残日暨第三届"云语者"选拔大赛启动仪式上，成立云翔学校、广州市康纳学校、区康园工疗站服务中心的"云语者"服务基地。不定期组织志愿者前往基地开展阅读活动，面向智力障碍、自闭症、脑瘫、肢体残疾等群体，创新方式方法，有针对性地提供个性化服务。例如针对有识字障碍的自闭症群体，志愿者采用图片、口述、肢体动作等形式，让他们更容易感受和理解书本内容，让特殊群体平等享受公共文化服务。

2.3 关于"云语者"选拔大赛

2017年5月—7月，首届"云语者"选拔大赛举行，共吸引了91位选手参赛，开启了招募志愿者的新途径。"捐声"这一形式得到各界人士关注和支持，在社会上奠定了活动的知名度和影响力。2018年5月—6月，第二届"云语者"选拔大赛举行，共有109名选手参加。对赛制、形式进行了创新，首次引入网络海选形式，与贯彻学习十九大精神紧密结合，海选的必选朗读内容为《习近平谈治国理政》第二卷中的节选内容，以独特的形式，让十九大精神深入人心。决赛采用配音环节，让比赛过程更刺激、精彩。

2019年5月—8月，第三届"云语者"选拔大赛举行，共收到441份作品，其中少儿组362份，青年组25份，成年组54份。除了来自白云区的选手参与外，还有来自海珠、越秀等全市各区的选手，更吸引了来自香港及马来西亚选手参加。恰逢新中国成立70周年，大赛融入了爱国主义元素，海选必选篇目及决赛特邀嘉宾朗诵篇目均为反映爱国情怀的篇章。这一届大赛取得四大突破，具有里程碑意义。第一，决赛在南国书香节阅读推广沙龙区举行，首登南国书香节，白云区图书馆成为广州市首家在南国书香节上开展阅读推广活动的区级图书馆。第二，首次把大赛理念及文化转化为视觉识别符号，精心设计以黄雀为原型、头顶"白云"祥纹的吉祥物，象征"云语者"美妙的声音，向社会传递无障碍阅读的理念。第三，启动仪式上成立了云翔学校、康纳学校、白云区康园工疗站三个服务基地，供长期开展特殊群体个性化服务，象征着服务对象从视障人士延伸到各类残障人士。第四，海选期间同步建立了名家专藏，目前已收录汤聪、祖晴、方素珍、兆尔桉等名家作品，并在决赛上进行了名家专藏入藏仪式。

"云语者"选拔大赛充分利用线上线下相结合的方式，通过海报、传单、宣传视频、微信公众号、官方网站等途径进行宣传推广。比赛期间通过各主办方的微信公众号、官网报道比赛盛况。运用手机直播技术，实现网上同步直播，吸引了数以万计读者同时收看、评论。这次大赛在全市引起较大反响，引起了全社会对视障等特殊群体阅读需求的关注。

历届大赛邀请了中国儿童戏剧研究会理事祖晴、广东广播电视台新闻广播主持人林鲁阳、广州市广播电视台媒体融合发展中心编审谢睿、广东广播电视台资深制片人杨凤、广州市盲人协会副会长许韵、广州汽车音乐电台FM102.7知名主持人邓国栋、广东广播电视台的首席记者陈晓等知名专家担任评委，使得比赛更具专业性、权威性，选手和观众都从中学习到朗诵的相关知识,提高了个人鉴赏能力和朗诵水平,激发了对有声读物的阅读兴趣。

"云语者"选拔大赛得以越办越好,有赖于白云区图书馆与上级单位、兄弟部门、社会机构建立良好合作关系,有赖于他们的大力引导和鼓励以及社会力量参与。白云区委宣传部、白云区文广旅体局、白云区残联分别负责活动指导、经费支持、媒体联系、残障群体组织发动等工作,充分发挥各自领域的优势,广东省新华出版发行集团提供经费、场地支持,广州青年志愿者协会启智服务总队负责推荐评委名单、联系残障群体、组织会务志愿者,白云区图书馆负责文案撰写、制作宣传片和宣传物料、组织作品评审。多方分工合作,扬长避短,整合资源,实现人力、物力、财力的利用率得到最大限度优化,真正做到低投入、高产出。

2.4 活动特色

创新活动形式。"云语者"捐声活动开展以来,取得的成绩来源于一次又一次的探索和大胆创新。日常捐声的方式,不仅有传统的志愿者预约时间前往图书馆录音,更有充分利用"互联网+"技术的线上捐声渠道,打破了捐声的时空限制,真正实现随时随地参与志愿者服务。"云语者"选拔大赛为了扩大参与面,让选手更便捷地参赛,从第二届开始便采用了网络海选的形式,让远在国外的选手也能轻松参与。大赛的决赛环节也在不断改良和创新,从合诵到配音,再到嘉宾示范,每一年都有新增环节。"云语者"培训从原来的赛中突击培训发展为赛后常规培训,不难发现,长期固定的培训效果更好,受众获益更多。"云语者"服务基地的成立,为活动的成果输出搭建了一个对口平台,可以定点、有针对性地提供服务,更好地实现无障碍阅读的目标。

大力弘扬主旋律。党的十九大以来,白云区图书馆开设聆听新时代有声读物专栏,招募志愿者录制《决胜全面建成小康社会夺取新时代中国特色社会主义伟大胜利——在中国共产党第十九次全国大会上的报告》《之江新语》《习近平谈治国理政(第二卷)》《习近平的七年知青岁月》等书籍的有声读物,为广大读者尤其是特殊群体读者了解党的创新理论提供便利。第二、三届"云语者"选拔大赛分别融入十九大、新中国成立70周年元素,选取反映时代精神和爱国主义思想的朗诵篇目,比赛的过程就是一次次宣传和弘扬主旋律的过程。

多形式传播捐声作品。经过3年多的常态化开展,积累了大量优质的有声读物资源。为了让更多人享受这些资源,志愿者录制的音频经过后期处理后全部上传到白云区图书馆官方网站，供社会上有需要的人士聆听，还择优定期在微信公众号上推送，供读者们分享，更刻录成光盘派发给视障人士，多种传播形式让有声读物发挥应有的作用。

3 成效与展望

3.1 活动成效

"云语者"服务基地自2019年5月19日成立以来，志愿者已累计在基地开展活动16场，服务特殊人群216人次，活动深受服务对象的喜爱，更得到服务基地的教师及工作人员的一致好评。

"云语者"选拔大赛广泛发动社会各界人士参与，选手来自各行各业，包括学前儿童、学生、职场人士、退休人士等，年龄层覆盖范围广，包括老、中、青、幼年龄段。三届选拔大赛累计吸引641名选手参加，还吸引了视障人士参赛，真正做到残健共读。

"云语者"选拔大赛有别于以往的所有助残活动，这是一种助人者和受助者双赢的模式。志愿者在参与的过程中可以得到社会的认同，提升个人朗诵能力；特殊群体在聆听的过程中可以增广见闻，享受阅读的快乐。从大赛结果看，筛选培养了一批批优秀的捐声志愿者，投入到日常捐声活动中，为活动的可持续发展注入新鲜活力；邀请视障人士等特殊群体到活动现场参与、体验，为他们带来难得的文化盛宴；比赛中产生大量优质有声读物，充实了有声读物资源库；在社会上引起广泛反响，从而带动了更大一批人参与到捐声志愿服务活动中。

"云语者"捐声活动得到社会各界关注，创造性地走出一条助残新路子，实现文化领域的精准扶贫，极大促进全民阅读。活动启动以来深受媒体的青睐，至2020年6月，先后被省、市等多家媒体报道72次，包括《广州日报》《南方都市报》《新快报》《信息时报》、广州电视台、珠江台等主流媒体。第三届"云语者"选拔大赛决赛手机直播吸引累计154.4万人次在线观看。

"云语者"项目荣获2017年度广州市优秀文化志愿服务项目、白云区2017年优秀文化项目、2018年优秀阅读推广案例评选活动二等奖、2018年广佛肇清云韶六市图书馆学会联合年会创新服务案例，"云语者"詹惠心、晏敏分别荣获"2018年度广州市公共图书馆优秀志愿者"和"2018年度广州市优秀文化志愿者"称号。

3.2 活动展望

"云语者"有声读物资源库上线以来，白云区图书馆一直密切关注和收集利用情况，经过分析有声读物的点击量和收集读者反馈，目前最受欢迎的栏目是绘本小剧场，以后将会增加绘本有声读物的录制，便于还不识字的低龄段幼儿聆听，从小感受阅读的乐趣，培养阅读习惯。部分有专业学习需求的视障读者反映，在市面上能找到的学习教材只有纸质版的，难以找到音频等视听教材，学习过程中存在阅读困难。读者的需求就是努力的方向，白云区图书馆高度重视读者的意见，已经组织志愿者开展相关教材的录制，以后将会加强学习教材有声读物资源的建设工作，让读者学习知识更轻松。

未来，白云区图书馆将会持续开展这项捐声活动，深挖活动价值和内涵，探索形成相关的项目成果（出版物或文创产品），做好项目的多维度宣传，让更多残障人士共享文化建设的成果。

资料附录

（一）宣传海报

第三届"云语者"选拔大赛海报

（二）活动照片

"云语者"正在捐声

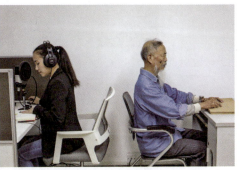
"云语者"为视障人士捐声

第一届"云语者"选拔大赛

第二届"云语者"选拔大赛

"云语者"服务基地授牌

"云语者"名家专藏入藏仪式

第三届"云语者"选拔大赛颁奖仪式

(三)媒体报道

《信息时报》的报道

用声音讲述书本的世界！云语者在书香节诠释不一样的阅读之美

南都讯 记者刘军 通讯员云宣 云声朗朗，妙语解颐，捐声润心田。第三届"云语者"选拔大赛于5月19日全国助残日启动，并于8月18日在南国书香节阅读推广沙龙区举行决赛。云语者，用声音讲述书本的世界，用声音传递阅读的魅力，用声音唤起社会的关注，携手为特殊群体开辟书山之径，让特殊群体平等享受文化发展的成果。云语者们，在南国书香节诠释了不一样的阅读之美。

由中共广州市白云区委宣传部、广州市白云区文化广电旅游体育局、广州市白云区残疾人联合会主办，广州市白云区图书馆承办，广东省新华出版

《南方都市报》的报道

"G4出动"电视节目的报道

作者信息：

冯欢珊，广州市白云区图书馆助理馆员。
电子邮箱：826285800@qq.com。
通信地址：广州市白云区云城西路1211号。

精彩暑假与来穗"小候鸟"共享

——海珠区图书馆"悦读夏令营"活动案例

1 案例背景

随着我国城市化进程不断推进，农村外出务工经商创业人员越来越多，留守儿童作为农村的一个特殊群体，对其进行人文关怀具有重大的社会意义。每年暑假，更是留守儿童到大城市与父母共聚天伦的好时机。

海珠区图书馆作为区内公共文化服务体系的主要阵地之一，根据自身职能的要求，也根据暑假期间的社会实际需要，创新服务方式，灵活开展服务工作，自2017年起，每年暑假在馆内举办"悦读夏令营"阅读推广活动，既满足家长在暑假陪伴孩子的渴望，又促进青少年阅读及发展成长。同时，为了让"来穗小候鸟"儿童度过一个平安、快乐且有意义的假期，在度假的同时融入本地青少年群体、融入广州，"悦读夏令营"活动专门面向"小候鸟"群体进行招募，使广大来穗儿童可以享受免费的、高质量的公共文化服务。

2 案例实践

2.1 活动概况

海珠区图书馆"悦读夏令营"活动创办于2017年，至2020年已连续举办三届。该活动旨在以生动有趣的形式在青少年群体中推广阅读、普及图书馆使用知识，让青少年暑假期间更多地走进图书馆，对阅读产生更为浓厚的兴趣。每次活动均在暑假期间举行，活动一连举行4～6天，每天的内容均围绕一个主题展开，又有所不同，以公益免费夏令营的形式，吸引青少年参加。每年活动主题均有所创新，活动内容精彩丰富，活动形式新颖别致，受到读者热烈追捧，获得媒体的广泛关注。

"悦读夏令营"活动在组织方面，经历了"图书馆独立组织实施""邀请专家、机构参与""各单位联动参与"三个阶段。第一届"悦读夏令营"由图书馆独立举办，活动策划人及活动导师、实施人员全部由图书馆馆员担任，第一届活动招募本地读者为主，通过任务制形式，组织读者分组进行比赛，采取激励机制提高参与者的积极性。30个小读者被分成两队，每队15人，每天参与图书馆的指定任务，每天在任务中获胜的队伍可以获得一定奖励，活动最后一天评选出优胜队伍及优秀个人，给予相应奖励。以此提升小读者的参与感，培养青少年的团队意识，提高他们的凝聚力。

从第二届"悦读夏令营"开始，活动被纳入了2018年海珠区"小候鸟"暑期圆梦行动，更好地满足了区内外来务工人员子女的暑期文化生活需要，有一半的参加者是来穗"小候鸟"。第二届活动在组织方面，以图书馆策划活动主题，邀请专家讲师、合作机构共同参与的形式。小读者们围绕"科普"主题，每天学习不同的课程，拥有不一样的活动体验，连续4天打卡参与活动的读者还将有机会获得纪念品。

第三届"悦读夏令营"在组织过程中采取了与区委宣传部、团区委等单位联动的方式，在全区来穗"小候鸟"中统一招募，扩大的活动覆盖范围和宣传渠道。在活动最后环节中，还与区内有关单位合作共同举办汇报演出，让读者们在夏令营的学习成果得以在舞台上呈现，活动效果得到进一步提升。

2.2 活动特色

2.2.1 充分利用图书馆空间

"悦读夏令营"活动通过多种形式宣传图书馆、推广阅读。第一届活动通过图书馆知识竞赛、书库寻宝大赛等小活动，让读者熟悉新建的区少年儿童图书馆空间布局，并向青少年普及图书馆日常使用知识；通过整理书籍环节，让小朋友对图书馆的工作更加熟悉，提高他们的阅读兴趣，培养良好的阅读习惯。第二届活动充分利用区少儿图书馆报告厅，在科普讲座的现场布置天文科普展览，举办创客科技"闯关"挑战赛，现场布置了"挑战疯狂的陀螺"等6个游戏关卡，体现了图书馆空间的包容性和可塑性。

2.2.2 注重沉浸式体验

"悦读夏令营"活动注重读者的沉浸式体验，如第一届活动中的"VR科普课堂"及第二届活动中的"3D + AR科普之旅"，让读者穿戴VR、AR

设备亲身感受科技所带来的新感官体验；第一届活动中的"印象海珠"书签DIY活动及第二届的科技传统与创新剪纸活动，让读者自己动手制作书签和剪纸，在感受动手乐趣的同时更好地理解、传承传统文化；第三届的戏剧训练工作坊，更是让读者在学习名著的同时，亲自编排戏剧、扮演书中角色、制作服装及舞台道具，让读者沉浸式体验《西游记》的故事。

2.2.3 注重传统文化传承

三届活动都加入了与传统文化有关的内容，如第一届的"印象海珠"书签DIY活动、"畅想美丽广州"绘本戏剧体验课，带领读者体验地方传统文化特色；第二届的"当科技遇上传统"科技创新剪纸活动，向读者普及推广了"剪纸"这一传统工艺特点；第三届围绕中国古代四大名著之一《西游记》开展研读活动，通过学生自己创编戏剧、排演戏剧的输出方式，对传统文化进行创造性转化，激活传统文化生命力，更好地弘扬和传承中华优秀传统文化。

3 案例成效

3.1 促进了读者对图书馆的认识

"悦读夏令营"为精品型阅读推广活动，每届活动均受到读者好评，活动名额供不应求，三届"悦读夏令营"共计举办主题活动20余场次，累计参与人数700多人。活动力求细致深入地向读者推广图书馆知识、科学知识等，使读者深刻地感受到图书馆的魅力。知识竞赛、队制比赛、整理图书、讲座、展览、科普体验、名著研习等不同的方式，让读者了解图书馆的功能及空间布局特点，学习了图书分类索引知识，增强了对图书馆的认同感和归属感，让他们在未来的学习生活中懂得如何更好地利用图书馆、如何更好地获取有用的资讯。

3.2 提升了图书馆的公益形象

自2018年第二届活动起，为了更好地满足区内外来工子女暑期文化生活需要，"悦读夏令营"活动被纳入了海珠区"小候鸟"暑期圆梦行动中，让来穗"小候鸟"在海珠区能够度过一个平安、快乐且有意义的假期，同时促进本地青少年群体与来穗"小候鸟"的融合、共度欢乐暑假，也使"悦读夏令营"这一活动服务范围更为广泛、服务规模有所扩大。第三届的夏令营活动结营在毕业典礼上,营员们向到场的100多名来穗儿童及其家长汇报演出了一周以来的学习及排练成果,活动影响力继续扩大,参与人群更为广泛。通过多种形式宣传图书馆、推广阅读,新颖的活动形式受到省、市主流媒体广东电视台、《广州日报》《羊城晚报》等媒体报道共计30余次,扩大了海珠区图书馆的影响力。

资料附录

(一)活动方案

2017年海珠区图书馆"悦读夏令营"活动方案

一、活动时间:8月14日—18日下午14:30—16:30

二、活动地点:海珠区少年儿童图书馆(滨江东路樱花街18号)

三、活动对象及人数:6~15岁的青少年20~30人(13岁以下青少年需成年人陪同参与)

四、活动安排:

活动时间	活动名称	活动内容	主讲老师	活动地点
第一天 (8月14日)	小图书馆员	1. 夏令营开营仪式并布置任务。 2. 全体成员参观区少年儿童图书馆,认识图书馆的功能。 3. 馆员介绍图书馆日常工作及图书分类知识,全体成员参与图书整理工作。	图书馆馆员	海珠区少年儿童图书馆、报告厅
第二天 (8月15日)	1. VR科普课堂 2. 故事大王培训	1. 通过VR了解科学知识。 2. 培训讲故事技巧,布置最后一天讲故事的作业。	图书馆馆员 故事老师	海珠区少年儿童图书馆VR活动室、报告厅

续上表

活动时间	活动名称	活动内容	主讲老师	活动地点
第三天（8月16日）	书库寻宝大赛	全体成员利用所学的图书分类知识，开展找书比赛，分组根据书名或索书号在图书馆寻找书籍，然后进行评比发奖品。	图书馆馆员	海珠区少年儿童图书馆书库
第四天（8月17日）	手工DIY绘本活动或书签制作	以小组为单位在老师指导下进行"印象海珠"手工DIY绘本/书签制作。	图书馆馆员	海珠区少年儿童图书馆报告厅
第五天（8月18日）	"畅想美丽广州"故事会	以讲故事的形式，以青少年角度反映广州历史文化、民俗风情、美景美食、好人好事等。	故事老师	海珠区少年儿童图书馆报告厅

2018年海珠区图书馆"阅读科普·融创未来"悦读夏令营活动方案

一、活动时间：8月16日—19日每天14:30—16:30

二、活动地点：海珠区少年儿童图书馆（滨江东路樱花街18号）

三、活动对象及人数：3～15岁的来穗"小候鸟"、本地区青少年及其家长，共计50组家庭约100人。（12岁以下青少年需成年人陪同参与）

四、活动行程：

活动时间	活动名称	活动内容	主讲老师	活动地点
第一天（8月16日）	让我们仰望星空——天文科普知识分享活动	1. 悦读夏令营开营仪式。2. 嘉宾主讲"让我们仰望星空"科普知识讲座。3. 在嘉宾的带领下参观"北回归线上的星空"天文科普图片展。	李首华（海珠区北山小学副校长）	

续上表

活动时间	活动名称	活动内容	主讲老师	活动地点
第二天（8月17日）	"3D+AR科普之旅——心脏和血液循环"主题活动	1. 3D视频介绍人体血液循环系统知识。2. 体验3D打印机技术、VR技术模拟心脏工作过程。3. 小朋友发言讲收获。	广州云盘信息科技有限公司	海珠区少年儿童图书馆报告厅
第三天（8月18日）	创客科技"闯关"挑战赛	亲子家庭进行陀螺游戏、玩具积木搭建比赛、机器人格斗等关卡挑战，共6个关卡，每挑战成功一个关卡可获得相应印花，印花数量越多，名次越高，奖品越丰富！	"粤嵌小创客"工作人员	
第四天（8月19日）	"当科技遇上传统"科技创新剪纸活动	1. 科技创新剪纸活动：当传统剪纸遇到现代科技会碰出怎样的火花？传统文化跟创新元素结合，体现现代科学技术之美呢！2. 悦读夏令营闭营仪式。	韩艳（著名儿童美术教育家、中国剪纸工艺大师）	

"阅读经典 创意戏剧"传统文化戏剧训练营——2019年第三届"悦读夏令营"活动方案

一、活动时间：7月22日—27日（周三闭馆除外）每天9:30—11:30，14:30—16:30

二、活动地点：海珠区少年儿童图书馆（樱花街18号）二楼报告厅

三、参与对象：20组6~12岁少年儿童及其家长（其中来穗"小候鸟"15组，本地少儿家庭5组）

四、报名方式：通过海珠区图书馆微信公众号报名

五、备注：报名成功后需连续5天参加活动，前4天排演及观摩，最后一天公开演出

六、活动安排：

时间	上午活动内容	下午活动内容
第一天 （7月22日）	破冰游戏、介绍自己、认识营员、熟悉《西游记》小说背景和内容	通过看电影的方式观摩戏剧元素
第二天 （7月23日）	认真研读《西游记》小说内容，选定表演的剧情	
第三天 （7月25日）	学习编排剧情、安排角色及台词等	
第四天 （7月26日）	制作道具、选定舞台背景等	
第五天 （7月27日）	公开演出	营员交流

（二）活动照片

2017年首届"悦读夏令营"开营仪式

2018年8月16日第二届"悦读夏令营"首日,海珠区北山小学李首华副校长主讲"让我们仰望星空"科普讲座。

2019年7月28日海珠区图书馆第三届"悦读夏令营"活动营员们在琶洲建设者之家为来穗"小候鸟"们演出了自己创编的戏剧《新西游之悟空的理想》大获好评。

(三) 媒体报道

2017年8月18日《广州日报》报道

2018年8月20日广东电视台"直播广东"栏目报道

2019年7月29日《信息时报》报道

作者信息：

郑茵，广州市海珠区图书馆副馆长、图书资料馆员；
陈鸿，广州市海珠区图书馆活动部主任、图书资料馆员。
电子邮箱：hzlibhuodong@163.com。
通讯地址：广州市海珠区宝岗路39号南北广场后座4楼。